KB080194

팬데믹,
사이버스페이스
+호모 마스쿠스

팬데믹,
사이버스페이스
+호모 마스쿠스

초판 1쇄 발행 2021년 6월 25일

지은이 몸문화연구소
발행인 김신희
편 집 김정웅
디자인 김소영

발행처 헤겔의휴일
출판등록 제2017-000052호
주소 (07299) 서울 영등포구 경인로 775, 에이스하이테크시티 1동 803-28호
문의 및 투고 post-rock@naver.com

ISBN 979-11-960916-7-5 (93330)

* 이 저서는 2020년 대한민국 교육부와 한국연구재단의 지원을 받아 수행된 연구임(NRF-2020S1A5B8097404)

몸문화연구총서 13

팬데믹, 사이버스페이스 + 호모 마스쿠스

포스트코로나 시대의 몸과 문화

몸문화연구소 지음

헤겔의휴일

포스트코로나 시대의 몸과 문화

"1910년 전후해서 인간이 바뀌었다." 100여 년 전에 버지니아 울프가 어느 날 불쑥 내뱉었던 말이다. 과연 그러한 격변이 있었던가? 혹자는 의아해할 것이다. 그러나 "2020년을 전후해서 딴 세상이 되었다."는 주장에 대해서는 누구도 반박하지 않을 것이다. 지금까지 활짝 열려 있었던 글로벌한 세계가 코로나바이러스가 등장하자 모든 문을 닫아 잠그기 시작하였다. 거리를 두지 않고 자유롭게 교류해야 한다던 윤리적 명제도 거리두기의 윤리학으로 바뀌었다. 물론 과거에 페스트와 독감 등이 그러하였듯이 코로나바이러스도 머지않아 자취를 감출 것이 분명하다. 그러나 이것 못지않게 분명한 것은, 우리가 다시는 코로나 이전의 일상으로 되돌아가지 못할 것이라는 사실이다. 세상이 바뀌었다. 사회적 거리두기와 마스크 쓰기, 셧다운 등은 그러한 변화 가운데서 가장 가시적인 단면들에 지나지 않는다. 아직 가시화되지 않은, 담론화되지 않은 지형의 변화들도 적지 않다. 우리는 이러한 변화의 성격을 주목하고 분석하며 진단할 필요가 있다.

코로나19는 감염병이다. 목이 아프고 기침을 하는 것으로 끝날 수도 있지만 자칫하면 생명을 잃을 수도 있다. 그만큼 인간은 연약한 존재이다. 우리 몸은 바이러스와 온갖 질병에 취약하기 때문이다. 바이러스가 유행하면 인간의 보고 듣고 말하는 이목구비가 바이러스의 침투 경로가 된다. 나는 병에 걸리지 않는다고 강하다고 말하는 사람의 입에서도 수많은 바이러스가 튀어나올 수 있다. 인간이 이와 같이 연약하다는 사실이 무엇을 의미하는 것일까? 바이러스는 빈부귀천의 차이, 남녀노소의 차이는 물론이고 인간과 동물의 차이도 구별하지 않는다. 바이러스에게 인간은 이성적 사유나 초월적 정신이 아니라 살(zoe, bare life)에 지나지 않는다. 살로서 인간은 다른 모든 동물과 마찬가지로 생존 본능을 가지고 있다. 그래서 생명이 위기에 처하면 공포감에 사로잡혀서 모든 타자를 배척하는 비이성적인 행동도 하게 된다. 반대로 서로를 돕고 배려하며 보호하는 유대감으로 위기를 돌파할 수도 있다. 우리 사회는 강자의 공동체가 아니라 약자의 공동체이다. 약하고 상처받기 쉬운 존재이기 때문에 자기와 무관한 타자의 고통에 대해서도 둔감하지 않다.

이 책은 인간이 질병과 상처에 지극히 취약한 몸이라는 인식에서 출발한다. 우리는 자연환경과 타인의 도움이 없으면 하루도 생존이 불가능한 몸이다. 이와 같이 취약하고 의존적인 몸은 근대가 강조했던 자율성과 개인주의, 책임, 남성적 닫힌 몸의 이미지와는 거리가 멀다. 그리고 몸은 타자를 향해 열려있기 때문에 바이러스의 침투를 허용하기도 하지만 바로 그러한 이유로 유대와 배려의 관계가 가능하다. 사르트르는 타자는 지옥이라고 불평하였지만 진정한 지옥은 타자가 없는 공간이다. 타자가 인간만 의미하는 것은 아니다. 자연과 동식물, 광물질을 비롯한 모든 존재들이 타자이다. 인간과 비인간, 정신과 몸이라는 근대적 이분법은 이러한 비인간적 타자를 배제하기 위한 인간중심적 발상이었다. 인간과 비인간은 배타적 관계가 아니라 서로 얽혀 있는 상호 의존적인 관계에 있다. 이 점에서 '바이러스와 전쟁'이라는 상투적 문구는 위험하다. 이는 상호 포함 관계를 부정하고 있기 때문이다. 우리 몸은 바이러스와 박테리아의 서식지이다. 그리고 인간과 마찬가지로 바이러스도 지구에 일정 지분을 가지고 있다.

그러나 인간이 취약하다는 사실을 지나치게 강조하면 취약성의 차이를 간과할 수가 있다. 죽음처럼 취약성은 인간의 보편적인 운명이지만, 그렇다고 모두가 똑같이 취약한 것은 아니다. 건강하고 면역 기능이 높은 사람이 있는가 하면 그렇지 않은 사람도 있다. 부자보다는 가난한 사람들이 질병과 병원균에 더욱 취약하며, 집이 없는 노숙자는 더 말할 나위가 없다. 바이러스는 사람을 구별하지 않는다. 그러나 누구나 똑같이 바이러스에 노출되지는 않는다. 병원균으로부터 자신을 방어할 안전장치가 없는 사람들도 있다.

코로나19는 아직도 진행형이다. 그럼에도 우리는 포스트코로나 시대를 어떻게 살아야 하는가?라는 질문을 피할 수가 없다. 우리는 앞으로 어떻게 살아야 하는가? 코로나19는 인수공통전염병으로, 깊은 산우거진 숲속에 살던 박쥐로부터 인간에게 감염이 되었다고 한다. 인간은 숲을 밀어내어 아파트와 공장을 짓고 문명을 일구었다. 그러면서 자연의 영역, 동식물의 서식지가 점점 축소되었다. 더 이상 순수한 의미의 자연은 없다는 말도 나오고 있다. 그렇다면 코로나19는 그와 같이 위축된 자연의 반발일까? 그것은 생태오염 및 기후변화와 어떠한 관계를 가지고 있는 것일까? 인간이 자연의 일부라는 말이 진정으로 의미하는 것이 무엇일까? 우리는 코로나19를 삶의 방식을 바꿔야 한다는 경고로 읽어야 하는 것일까? 코로나19는 우리들에게 이와 같이 다양한 질문들을 던지고 있다. 아니 강요하고 있다고 말해야 옳을 것이다. 이 질문에 대답하기 위해 몸문화연구소의 연구원들이 자리를 같이하였다.

사회적 거리두기가 장기화되면서 사람들의 관계에 크고 작은 변화가 생기기 시작하였다. 코로나 블루라는 신조어도 생겨났다. 산과 바다를 자유롭게 오가면서 친구들과 밤늦게까지 어울리던 사람들이 이제 집 안에서 시간을 보내야 했다. 김종갑은 「코로나19와 인간의 몸: 인간의 감정과 인공지능의 감정」에서 사회적 거리두기로 인해 발생한 친밀감의 변화를 포스트휴먼적 관점에서 추적하였다. 직접 대면이 불가능한 상황에서 많은 사람들은 챗봇과 같은 가상 친밀성에 의존하기 시작하였다. 이 글에서 저자는 인간과 비인간의 친밀성을 진정성이 결핍된 관계로 정의하는 Sherry Tuckle의 입장을 비판하면서 친밀성의 본질은 개인이 아니라 관계에 있다고 주장하였다. 그렇다면 디지털 친밀성이 사람들의 정신 건강에 미치는 영향에 대해서 생각해볼 수가 있다. 「코로나19와 몸의 구속: 소셜 미디어의 영향 분석」에서 박수지는 소셜 미디어와 사용자의 감정과 심리의 관계를 분석하였다. 그리고 이지용은 「송출하는 몸과 수신되는 객체, 접속하는 관계 맺기」에서 비대면, 온라인 관계 맺기의 확산에 따른 관계 맺기의 변화를 몸의 관점에서 논의하였다. 이것은 문자와 이미지, 동영상이라는 구현의 방식 차이와 밀접한 관계를 가지고 있다. 이와 더불어 사이버스페이스가 제기하는 윤리적 문제들도 고찰하였다. 코로나19로 인한 사회적 거리두기에서 가장 커다란 문제의 하나는 연인들의 친밀성이다. 많은 연인들이 직접 만나기 어려운 상황에서 데이팅 앱을 사용하였다. 데이팅 앱이 연인들의 관계 유지에 얼마나 도움이 될까?「코로나19 시대의 사랑법: 투과되는 몸과 사랑의 거리두기」에서 임지연은 안정적이지 못한 애착관계-불안형이나 회피형-에 있는 연인은 거리두기에 실패한다고 진단하였다. 그리고 메를로 퐁티의 얽힘 개념에 의거해서 '둘 됨의 공동체'를 제안하였다.

코로나19의 방역 대책으로 현재 가장 절실한 것이 사회적 거리두기와 백신이다. 그렇다면 코로나19가 물러난 다음의 세계는 어떠할까? 우리가 인수감염병의 공포로부터 완전히 해방될 수가 있을까? 대부분의 전문가는 그렇지는 않다고 대답한다. 우리는 코로나19 이전의 세계로 되돌아갈 수 없다. 인간은 비인간과 더불어 공존하는 새로운 삶의 방식이 요구되는 시점에 있는 것이다. 최은주는「감염병 시대와 인간-비인간의 운명」에서 이와 같이 새로운 삶의 방식으로 '인간과 동물, 환경의 건강은 하나'라는 원헬스(One Health)를 제안하였다. 우리는 코로나19의 원인이 박쥐라는 사실을 알고 있다. 박쥐에게 모든 비난이 집중되고 있는 것이다. 이 점에 착안해서 김운하는「우리가 박쥐라면 뭐라고 말할까?」라는 질문을 던지고 이에 대한 대답을 시도하였다. 저자에 따르면 박쥐도 인간이 건설한 자연 파괴적 문명의 피해자이다. 이제 인류는 환경오염을 획기적으로 줄일 수 있는 삶의 방식을 찾아야 한다. 그렇다면 백신은? 새로운 삶의 방식에 백신도 포함되는 것일까? 「코로나 팬데믹과 면역의 정치: 질병 면제, 면역주의 그리고 백신 집단 접종」에서 최은경은 면역이 의학적 영역에 제한되는 것이 아니라 정치의 영역까지 확대된다는 점에 주목한다. 면역은 비자기와의 조우를 통한 생성의 의미를 가지고 있다. 그런데 코로나19의 경우에 면역은 그것을 가진 자와 그렇지 않은 자를 나누는 면역에 의한 지배의 정치로 발전하였다. 저자는 백신 민족주의로 치닫는 현실을 비판하고 있다.

코로나19가 인류의 첫 세계적 감염병이었던 것은 아니었다. 중세의 흑사병은 유럽의 인구 1/3을 앗아갔다. 누구도 감염의 위험으로부터 자유롭지 않다. 이러한 상황에서 개인적으로는 살아남기가, 국가적으로는 생명정치가 중대한 사안이 된다. 주기화는 「팬데믹에서 살아남기 위한 열역학 정치와 몸 윤리」에서 팬데믹에서 살아남은 사람들의 이야기를 다룬 마가렛 애트우드(Margaret Atwood)의 『홍수의 해(*The Year of the Flood*)』를 통하여 살아남기의 문제를 조명하였다. 이 글에서 저자는 인류의 생존을 위해서는 현재와는 획기적으로 다른 형태의 사회가 필요하다는 점을 강조하였다. 물질적 얽힘과 비인간의 행위 능력을 인정하는 열역학 정치(thermodynamic politics)를 지향해야 한다는 것이다. 「코로나19 K-방역과 생명정치」에서 서윤호는 코로나 팬데믹에 대한 K-방역과 세계의 대응을 소개하면서 국가의 역할을 죽음정치와는 다른 긍정의 생명정치에서 찾았다. 이러한 생명정치는 시민들의 협력과 연대가 없으면 불가능하다는 것이 저자의 주장이다. 우리는 권력의 틈새에서 새로운 긍정의 생명정치의 가능성을 찾을 수 있다는 것이다. 페미니스트인 윤지영은 코로나19로 인한 사회적 거리두기가 젠더 관계에 미친 영향을 「팬데믹 연결망 속, 코로나19와 여성의 몸」에서 분석하였다. 가정과 의료 영역에서 불평등과 폭력이 증가하였다는 것이다. 사회적 거리두기가 젠더 불평등을 더욱 심화시켰다고 주장하는 저자는 대안으로 여성의 몸과 비인간 물질성의 재배치를 신유물론적 시각에서 제안하였다. 이 책의 마지막에 실린 「코로나19 시대의 건강 담론과 그 의미의 변화」에서 박삼헌은 전통적 건강식품에 대한 평가의 변화를 추적하였다. 2000년대 이전에는 보신탕, 흑염소와 같은 '전통적' 건강식품들이 비과학적이라는 이름으로 매도되었다. 그러면서 과학의 후광을 업은 스쿠알렌, 알로에 등 '서양산' 건강식품이 지배적이 되었다. 그런데 2000년대 이후로 셀프 메디케이션이 건강 트렌드로 자리 잡기 시작하면서 과거에 비과학적으로 여겨졌던 전통적 국내산 건강식품들도 '과학적으로 규명된 건강기능식품'으로 재정의되었다는 것이다. 저자에 의하면 이것은 한국 사회의 건강담론이 서양산 건강식품을 상대화하게 되었음을 보여주는 사례의 하나이다.

2007년에 설립된 몸문화연구소는 한 해도 거르지 않고 매년 몸문화연구총서를 출간하였다. 2008년의 『기억과 몸』을 시작으로 작년에 출간했던 『생태, 몸, 예술』이 12권째 총서였다. 이렇게 과거의 총서를 소개하는 이유는, 『팬데믹, 사이버스페이스 + 호모 마스쿠스』와 더불어서 총서가 새로운 면모를 갖추게 되었기 때문이다. 가장 큰 변화는 출판사를 쿠북에서 헤겔의 휴일로 갈아탔다는 점에 있다. 이 자리를 빌어서 지금까지 총서를 기꺼이 맡아서 출판해준 건대출판사에 감사의 마음을 전한다. 또 다른 변화는 총서가 다루는 주제의 변화에 있다. 과거에는 인간의 몸 문화가 관심의 대상이었다면 이제는 인간과 비인간의 몸의 관계, 문화와 자연의 관계가 논의의 중심이 되었다. 또 하나의 차이는 일관된 방법론에 있다. 과거에는 다루는 주제에 따라서 참여 연구원들은 자신에게 적합한 이론과 방법론을 활용할 수가 있었다. 그러나 올해부터는 신유물론적 관점을 연구소의 주된 방법론으로 채택하기로 하였다. 연구의 깊이와 일관성, 체계를 다지기 위해서 연구의 자유를 희생하기로 한 것이다. 이러한 방향의 전환을 통해 몸문화연구소는 학계에 보다 많은 학문적 공헌을 할 수 있을 것으로 믿어 의심치 않는다.

이 책이 나오기까지 많은 분들의 노력이 있었다. 이 책의 필자로 참여했던 연구자들, 무엇보다 처음부터 끝까지 총서의 기획을 맡아서 수고를 아끼지 않았던 이지용 박사에게 감사의 마음을 전한다. 그리고 팔리지 않는 책의 출간을 꺼리는 풍토에서 연구소 총서의 출판을 기꺼이 맡아준 헤겔의 휴일의 사장님, 그리고 편집진에게도 감사하다는 말을 전한다.

CONTENTS

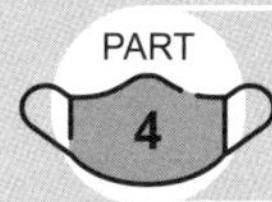

코로나19 시대의 사랑법 : 투과되는 몸과 사랑의 거리두기

| 임지연

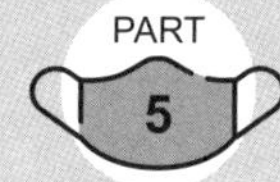

감염병 시대와 인간-비인간의 운명

| 최은주

우리가 박쥐라면, 뭐라고 말할까?

| 김운하

팬데믹 연결망 속, 코로나19와 여성의 몸

| 윤지영

코로나19 시대의 건강 담론과 그 의미의 변화

| 박삼헌

KF95

PART 1

코로나19와 인간의 몸
: 인간의 감정과 인공지능의 감정

- 김종갑 -

1. 코로나19와 사회적 거리두기
2. 현대사회와 친밀성의 딜레마
3. 개인주의적 자율성
4. 진정한 감정과 연기
5. 인간적 친밀성과 비인간적 친밀성

- 이 글은 2021년에 『영어권문화연구』(제14권 1호)에
「코로나19와 몸, 그리고 디지털 친밀성: 인간과 인공지능의 경계」라는 제목으로 발표되었습니다.

코로나19와 사회적 거리두기

"1910년 전후해서 인간이 바뀌었다." 지금으로부터 약 100년 전 버지니아 울프(Virginia Woolf)가 당시 세계의 변화를 증언했던 말이다. 과연 그러한 격변이 있었던가? 혹자는 의아해할 것이다. 그러나 "2020년 전후해서 인간이 바뀌었다."라는 주장에 대해서는 어느 누구도 반박하지 않을 것이다. 2019년 말에 중국 우한에서 코로나19가 발생했다. 더 이상 설명을 덧붙일 필요가 있을까. 온 세상이 송두리째 바뀌었다. 대문을 활짝 열어 놓았던 지구촌이 서둘러 문을 닫고 빗장을 잠그기 시작하였다. 일순 세상이 숨을 죽였다. 하늘에서 비행기가 잦아지고 차량으로 몸살을 앓던 도로가 한적해지고, 인파가 북적이던 광장과 상가에 인적이 끊겼다. 사회적 거리 두기와 마스크 쓰기, 집에 머물기, 셧다운이 일상의 새로운 질서가 되었다. 열린 세상이 닫힌 세상이 된 것이다. 사람들의 관계도 달라지기 시작했다. 사람과 사람 사이에 마스크의 벽을 세우고, 그것으로도 모자라서 2미터 이상 거리를 두어야 했다.

코로나19가 초래한 심각한 변화의 하나는 관계의 변화, 특히 친밀감의 변화이다. 비대면과 언택트라는 신조어가 그러한 변화의 현장을 정확하게 보여주고 있다. 생각해 보라. 친구를 만나도 이제 우리는 악수를 하지 않는다. 신경림은 "못난 놈들은 서로 얼굴만 봐도 흥겹다"라고 했는데 우리는 얼굴을 마스크로 가리고 만난다. 그것으로도 모자라서 2미터로 거리를 유지해야 한다. 우리가 바이러스를 나르고 옮기는 숙주가 되었기 때문이다. 입과 코와 같은 몸의 구멍들은 바이러스의 침투로이다. 친구와 만나는 자리에 바이러스도 함께하는 것이다. 코로나19에 감염될 수 있다는 불안감에 몸을 사리게 되면서 사회적 친밀감도 위축되었다. 그렇다고 관계가 완전히 단절된 것은 아니었다. 오프라인 강좌가 온라인으로 바뀌고, 인터넷에 접속하는 사람들이 늘어나기 시작했다. 직접적 만남이 아니라 간접적 만남, 몸의 접촉이 없는 디지털 만남이 선호되고 있다. 아날로그 친밀성이 디지털 친밀성에게 자리를 내어주었다.

디지털 친밀성에 대해서 우리는 어떻게 생각을 해야 할까? 물론 코로나19가 과거에 없던 친교 방식을 갑자기 등장시킨 것은 아니다. 이미 2000년대 초반부터 인터넷과 스마트폰이 일반화되면서 온라인 친교는 하나의 가능한 라이프스타일이 되었다. 친구를 가상현실에서도 만날 수 있는 것이다. 최근에는 인공지능의 눈부신 발달로 이러한 디지털 문화가 새로운 활력을 얻게 되었다. 챗봇이나 섹스팅을 생각해 보라. 디지털에서는 친교할 파트너가 없어도 걱정할 필요가 없다. 리얼돌과 사랑을 나눌 수도 있다. 2013년에 출시된 영화 <그녀(Her)>가 뜨거운 사회적 관심과 학문적 논쟁을 자극했던 것은 우연이 아니었다.

이 영화는 인간과 실패했던 친밀감을 인공지능으로 만회할 수도 있는 가능성을 극적으로 보여주었다. 테오도르(Theodore)와 인공지능 사만다(Samantha)의 관계를 어떻게 생각해야 할까? 양자의 친밀성은 진실과 허구, 현실과 가상, 진정성과 연기라는 이분법으로 설명할 수 있을까? 쉽게 대답할 수 있는 질문이 아니다. 친밀성이라는 개념도 간단히 정의되지 않기 때문이다. 이러한 이유로 필자는 인터넷 친밀성의 권위자인 셰리 터클(Sherry Turkle)을 경유해서 이 질문에 대답을 시도할 것이다.

셰리 터클은 컴퓨터가 등장한 초기부터 인간과 컴퓨터가 맺는 관계의 성격과 변화를 연구하였던 사회학자이다. 그녀가 1984년에 출간한 『제2의 자아(*The Second Self*)』가 그녀에게 학문적 명성을 안겨 주었다. 단순한 도구로 취급되었던 컴퓨터를 인간의 정체성과 친밀성의 시각에서 재해석한 점이 독창적이었기 때문이었다. 그녀는 과거 어느 때보다도 극심한 외로움과 존재론적 불안에 시달리는 미국인들에게 디지털이 가능한 해결책을 제시할 수 있다고 주장하였다. 디지털 친밀성을 긍정적으로 평가했던 것이다. 그런데 흥미롭게도 27년 후에 출판한 『외로워지는 사람들(*Alone Together*)』에서 그녀는 이전의 긍정적 주장을 철회하였다. 디지털이 친밀성을 제공하는 것이 아니라 오히려 외로움을 더욱 가중시킨다는 것이다. 친밀성의 토대는 진정성에 있다. 그런데 디지털은 진정성이 없는 친밀성, 기껏해야 친밀성의 연기에 지나지 않는다는 것이다. 그녀에게 진정한 친밀성은 인간과 인간의 직접적인 관계에서만 가능하다. 과연 그러할까? 필자는 그렇지 않다는 생각에서 이 글을 쓰게 되었다. 상대방이 생물학적 인간이라는 사실이 관계의 진정성을 보장해주지는 않는다. 친밀성의 본질은 개별적 존재가 아니라 관계에 있기 때문이다. 만약 터클이 개인주의적이고 인간중심적인 입장을 취하지 않았더라면 그녀는 디지털 친밀성을 그렇게 부정적으로만 보지는 않았을 것이다. 우리는 친밀성을 개별적 존재자가 아니라 관계의 관점에서 정의할 필요가 있다. 인간과 비인간의 차이, 실재와 가상의 차이도 관계 이전에 존재하는 차이가 아니라 관계의 결과이다. 앤드루 벤자민(Andrew Benjamin)이 주장하였듯이 "관계 이전에 존재는 없다." 버틀러(Judith Butler)나 너스바움(Martha Nussabum)과 같은 페미니스트 철학자들도 관계의 중요성을 무시하고 존재의 자율성만을 강조하였다는 이유로 근대철학을 비판하였다. 인간과 인간의 관계가 인간과 비인간의 관계보다 더욱 진정성이 있는 것은 아니다. 인간이나 비인간이라는 범주도 주어진 실체가 아니라 관계의 산물이기 때문이다. 터클의 입장이 휴머니즘적이라면 필자의 입장은 포스트휴머니즘적이다. 그렇다고 이 글에서 필자가 인간적 친밀성을 디지털 친밀성으로 대체하려는 것은 아니다. 우리는 대체의 가능성이 아니라 새롭게 출현하는 친밀성의 방식에 주목해야 한다. 이 글에서 필자는 터클의 주장을 논의하기 이전에 현대사회에서 친밀성이 위기에 처한 이유를 간단히 서술할 것이다.

현대사회와 친밀성의 딜레마

셰리 터클의 『제2의 자아』와 『외로워지는 사람들』을 일관하는 문제의식은 현대인이 처한 정서적 불안감이다. 그녀는 무엇보다도 외로움과 친밀성의 역설적 관계에 주목한다. 그녀가 저서에서 언급하지는 않았지만 이것은 19세기에 이미 쇼펜하우어(Arthur Schopenhauer)가 고슴도치에 빗대어 언급한 유명한 역설이다. 추운 겨울에 고슴도치는 서로 가까이 다가갈 수도 그렇다고 멀리 떨어질 수도 없는, 선택이 불가능한 처지에 있다. 추위를 달래기 위해서 가까이 다가서면 상대방의 뾰쪽한 털이 몸을 찌르고, 그래서 멀리 물러나면 추위를 견딜 수 없기 때문에 다시 다가서는 것이다. 몸이 찔리는 고통을 감수하지 않으면 몸을 덥힐 수가 없다. 인간에 대해 지극히 냉소적이었던 쇼펜하우어는 이러한 비유를 통해서 사랑과 우정의 불가능함을 효율적으로 전달할 수가 있었다.[1] 그러나 쇼펜하우어의 주장과 달리 이러한 역설은 인간의 초역사적인 본질이 아니다. 그것은 근대화가 심화되면서 과거의 전통적 유대가 무너진 현대 사회의 개인들이 처한 역사적 상황이다. 퇴니스(Ferdinand Tönnies)는 이러한 변화를 공동사회와 이익사회의 차이로 설명하였으며, 동시대인이었던 뒤르케임(Emile Durkheim)은 기계적 유대와 유기적 유대의 차이로 설명하였다. 현대인들에게 친밀감은 출생과 더불어 자연적으로 주어진 것이 아니라 노력해서 얻어야 하는 과제가 되었다는 것이다. 공동체적 삶을 떠나 대도시에서 개인주의적으로 살아가는 현대인은 자신이 원하는 친밀한 관계를 갖기가 어렵다. 그리고 관계를 맺기 위한 시도는 너무나 가까워지거나 너무 멀어지는 식으로 양극화되기 쉽다. 터클의 표현에 따르면 현대인은 "친밀성의 공포와 외로움의 공포" 사이를 오간다.

이러한 현대인의 딜레마를 터클이 처음으로 주제화했던 것은 아니었다. 근대화를 자기 성찰성의 관점에서 재정의했던 앤소니 기든스(Anthony Giddens)와 울리히 벡(Ulich Beck)은 1990년대 초반에 사랑의 불가능성을 집중적으로 논의하였다. 개인주의는 외로움과 떼어놓을 수 없기 때문이다. 과거에 인간관계는 개인적 차원이 아니라 대가족과 촌락공동체와 맞물려 있었다. 결혼도 개인과 개인이 아니라 가문과 가문, 혹은 공동체와 공동체의 일이었다. 현대인은 그러한 전통적 관계가 사라진 외로운 공간에 홀로 남겨진 자신을 발견하게 되었다. 문제는, 인간

1. Deborah Anna Luepnitz. *Schopenhauer's Porcupines: Intimacy and Its Dilemmas: Five Stories of Psychotherapy*. New York: Basic Books, 2003을 참조하기 바람.

이 혼자서 살 수 없는 존재라는 사실에 있다. 외로우면 외로울수록 더욱 더 친밀한 관계를 그리워하게 된다. 때문에 과거의 어느 때보다도 사랑에 더욱 집착하게 된다. 그리고 그러한 현대의 사랑은 사회적 맥락에서 분리되었기 때문에 그 자체로서 절대화되고 낭만화된 형태를 취하게 된다. 상대에게 너무 많은 것을 바라고 의존할 수밖에 없다는 것이다. 그 결과 울리히 벡의 저서 제목과 같이 “사랑은 지독한 그러나 너무나 정상적인 혼란”이 되어버린다. 즉 현대인에게 감정의 혼란은 예외적인 것이 아니라 지극히 정상적이고 일상적이다. 자칫하면 인격적 교란이나 공의존, 관계 중독과 같은 병적 증상으로 치닫기도 쉽다. 그렇다면 현대인은 외로움의 추위에 떨거나 친밀함의 고통으로 괴로워하지 않는 관계를 맺는 것이 불가능한 것일까? 기든스에 의하면 우리는 자기 자신을 끊임없이 성찰하고 상대와 민주적으로 소통하고 타협하기 위해 노력해야 한다. 그러나 나르시시즘적이면서 동시에 타인에 의존적인 현대인으로서는 그와 같이 바람직한 관계를 성취하기가 어렵다.

기든스와 마찬가지로 터클도 현대인은 너무 멀지도 그렇다고 너무 가깝지도 않은 관계를 갖기에는 너무 미성숙하고 나르시시즘적이라고 주장하였다. 그래서 그들은 노력하는 대신에 컴퓨터와 AI라는 손쉬운 대안을 선택하였다. 컴퓨터에는 가시가 없다. 때문에 고통의 두려움 없이 외로우면 언제라도 안심하고 가까이 다가갈 수 있는 고슴도치이다. 더구나 바빠서 멀리하고 방치하더라도 불평을 하거나 화를 내지 않는다. 현대인은 컴퓨터에게 그와 같이 완벽한 우렁각시를 기대한다는 것이다.[2] 터클은 그러한 기대는 결코 이루어질 수 없는 환상에 지나지 않는다는 점을 잊지 않고 지적한다. 실현되지 않은 환상은 우리를 더욱 절망하게 만드는 법이다. 외로움을 달래주는 듯이 보이지만 실제로는 더욱 더 외롭게 만든다는 것이다. 디지털 친밀성은 허구적 친밀성이기 때문이다.

이 대목에서 디지털 친밀성에 대한 터클의 태도가 부정적으로 바뀌었다는 사실에 주목할 필요가 있다. 서두에서 언급하였듯이 컴퓨터가 등장한 초기에 그녀는 비교적 낙관적이었다. 그녀가 1970년대 후반에 교수로 부임하였던 MIT는 인공지능의 최첨단에 있던 대학으로, 인공지능의 언어를 구사하며 인공지능처럼 생각하는 동료와의 만남은 충격적이었다. 그들은 프로이트의 말실수(slip of tongue)를 기억 처리 오류(information processing error)로, 문제의 해결을 "버그 제거(debugging)"로 표현하고, 프로그래밍과 같은 컴퓨터 용어를 정치와 심리 등에 적용하고 있었다. 기계가 인간화되고 인간이 기계화되고 있었던 것이다. 그러면서 인간과 인간의 만남이 인간과 기계의 만남으로 바뀌고 있었다. 그럼에도 그러한 변화를 환영하였던 이유는, 사용자들이 컴퓨터를 통해서 인간과 생명, 기계 등의 본질에 관해 새롭게 사유하기 시작했기 때문이었다. 컴퓨터는 단순한 기계가 아니라 철학적 성찰을 자극하는 대상(an

2. 우리나라에서는 최영미가 1994년에 출간한 시집 『나의 서른 잔치는 끝났다』에서 그러한 디지털적 친밀성을 다음과 같이 표현하였다. "어쨌든 그는 매우 인간적이다/ 필요할 때 늘 곁에서 깜박거리는/ 친구보다도 낫다/ 애인보다도 낫다/ 말은 없어도 알아서 챙겨주는/ 그 앞에서 한없이 착해지고픈/ 이게 사랑이라면 //아아 컴-퓨-터와 씹할 수만 있다면!" 이 시에서 컴퓨터는 사람보다 더욱 인간적이고 믿음직스러우며 더욱 매력적이고 섹시하다.

evocative object)이었다.[3] 그녀는 컴퓨터에 대한 이러한 철학적 태도가 소원해진 인간관계를 회복하는 계기도 될 것이라 기대할 수 있었다. 그러나 그러한 희망은 오래가지 않았다. 디지털 문화가 일상적이 되면서 이에 대한 지적 호기심과 철학적 질문이 자취를 감추었다. 그리고 그렇지 않아도 소원한 인간과 인간의 관계가 컴퓨터에 의해 잠식되고 있었다. 이러한 변화를 그녀는 "실용주의"로의 전환이라는 말로 정리하였다. 실용주의자로서 그들은 로봇의 생명이나 의식과 같은 "추상적인 질문에는 아예 관심이 없었다."[4] 로봇의 유래나 기원, 원리 등에 대해서도 묻지를 않았다. 이들에게 중요한 것은 본질이나 보편성이 아니라 효용성, 그것도 주관적 효용성이다.

터클이 『제2의 자아』에서 논의했던 컴퓨터 사용자들이 철학자였다면 『외로워지는 사람들』의 사용자들은 실용주의자들이다. 전자가 모더니스트라면 후자는 포스트모더니스트이다.[5]

포스트모더니즘은 중심과 위계, 경계의 해체로 요약될 수 있다. 컴퓨터 1세대인 모더니스트는 진짜와 가짜, 인간과 비인간, 깊이와 표면,

---

3. Turkle, Sherry. *Alone Together*. New York: Basic books, 2012, pp.9-10.

4. 위의 책, p.26.

5. 터클의 모더니즘과 포스트모더니즘의 구별은 앤소니 기든스와 에바 일루즈(Eva Illouz)의 구별과 일치한다. Eva Illuouz, *Cold Intimacies: The Making of Emotional Capitalism*, Oxford: Polity Press, 2007. 특히 이 책의 3장 3항 "Ontological self-presentation"(pp.79-94)을 참조하기 바람. 그리고 『자아성찰성』의 앤소니 기든스에 의하면 포스트모더니스트들은 전통적 행동 양식이 아니라 정보에 의해서 구성되는 세계에서, 새로운 정보에 따라서 매 순간 자신에 대해 새로운 결정을 한다. 개인의 정체성이 주어져 있지 않기 때문에 끊임없이 새롭게 구축해야 한다(p.46, 65). 터클은 『Life on the Screen』에서 포스트모더니즘과 모더니즘의 구별에 입각해서 컴퓨터 1세대와 2세대의 차이를 논하였다. 다른 책에서는 포스트모더니즘이라는 용어가 거의 등장하지 않는다.

유기체와 기계와 같은 위계적 이항대립과 더불어서 사유한다. 그리고 비교적 안정된 자기 정체성을 가지고 있다. 그러나 포스트모더니즘적 세계관은 중심이 없고 경계가 해체되었기 때문에 주체의 구성도 단일하지 않고 복수적이다.[6] 컴퓨터에 대한 태도에서도 양자 사이에는 확연한 차이가 있다. 모더니스트에게 컴퓨터는 계산기라면 포스트모더니스트에게는 시뮬레이션이다. 그것만이 아니다. 2세대의 주체 자체도 가상적이다. 하나의 일관되고 안정적인 주체가 있는 것이 아니라 연극배우처럼 접속되는 상황과 맥락에 따라서 정체성이 변화무쌍하다. 온라인의 주체와 오프라인의 주체, 챗봇을 사용하는 주체, 워드를 사용하는 주체가 단일한 하나로 통합되지 않는 것이다. 터클의 표현을 빌리면 "주체가 하나이면서 여럿이고 여럿이면서 하나이다."[7] 사이버 공간에서 컴퓨터 사용자들은 자신의 신체적 조건에 구애받지 않고 성과 성격, 외모, 나이, 아바타 등을 자기가 원하는 유형으로 선택할 수 있기 때문이다. 이와 같은 디지털 문화에서 성장한 컴퓨터 2세대는 다원주의적이고 실용주의적 특징을 가진다. 그들 주위의 사물도 그것 자체에 미리 정해진 용도나 목적이 있다고 생각하지도 않는다. 가령 인간처럼 감각을 지닌 로봇이 당장 필요하다고 하자. 그들은 반드시 그러한 로봇이어야 한다고 생각하지 않는다. 감각이 없는 로봇이어도 괜찮다. 그것이 가진 감각적 성격을 최대한 활용하면 되기 때문이다.[8] 대상의 의미와 정체성은 자신과 무관하게 그 자체로 고정된 것이 아니

6. Turkle, Sherry. *Life on the Screen*. New York: Simon & Schuster, 1995, pp.17–18, 157.

7. 위의 책, p.17.

8. Turkle, Sherry. *Alone Together*, 앞의 책, p.29.

라 자신과 맺는 관계에 따라서 유동적으로 바뀔 수 있다. "진짜가 아니어도 진짜처럼 이용하는 것으로 충분하다."라는 것이다.[9] 이용(혹은 주체와 대상의 관계)이 대상의 존재보다 우선하는 것이다. 이 점에서 그들의 실용주의적 존재론은 언어의 의미를 사용으로 정의했던 비트겐슈타인(Ludwig Wittgenstein)과 일맥상통한다고 볼 수 있다.

터클에 따르면 1980년대 이후로 인간의 정체성이 관계중심적·맥락중심적으로 바뀌었다. 주체의 독립성과 자율성을 강조하였던 모더니스트와 달리 포스트모더니스트들은 관계와 맥락을 중시한다. 전자에게 주체와 타자, 생명과 비생명, 실재과 가상의 차이가 위계적으로 결정되어 있다. 지그문트 바우만(Zygmund Bauman)의 『액체근대(*Inquid Modernity*)』에서 전자를 고체적으로, 후자는 액체적으로 정의하였다. 전자에게 존재가 고정되고 안정된 것이라면 후자의 존재는 유동적이고 가변적이다. 터클이 『외로워지는 사람들』에서 자주 언급하는 페이스북의 프로필은 지극히 액체적이다. 이때 작성자는 자신의 정체성을 끊임없이 구성하고 해체하고 재구성하는 과정에 있는데, 가상적 이미지가 자신의 신체보다 진실에 더욱 가깝다고 생각한다. 이미지가 실재보다 더욱 실재적인 것이다. 로봇에 대해서도 마찬가지이다. 상황에 따라서 사람보다 로봇을 더욱 친밀한 상대로 느낄 수 있다. 중요한 것은 로봇 자체가 아니라 로봇과의 관계에 있기 때문이다.

다음 논의로 넘어가기 전에, 뉴욕에서 열린 다윈전의 악어와 거북의 예를 통해 터클이 묘사한 실용주의적 포스트모더니스트의 특징을

---

9. Turkle, Sherry. *Life on the Screen*, 앞의 책, p.17.

요약하기로 하자. 그녀는 아이들이 악어와 거북에 대해 흥미를 느끼지 못한다는 사실을 발견한다. 아이들은 영화와 TV에서 보았던 악어와 거북에 비하면 전시관의 악어와 거북은 생동감도 없고 현실감도 없다고 느끼고 있다. 미동도 하지 않고 그림처럼 정지해 있기 때문이다. 아이들은 차라리 악어의 연기를 하는 로봇이 더 나을 것이라고 생각한다. 실재의 효과가 없다면 실재라는 사실은 별 의미가 없는 것이다. 갈라파고스로부터 직접 공수해온 거북이에 대해서도 아이들은 특별한 관심을 보이지 않았다. 그 먼 거리를 이동한 다음 좁은 전시실 우리에서 갇혀 있는 거북의 처지를 측은하게 여기고 있었다. 로봇으로 대체했으면 진짜 거북은 그런 고통을 당할 일도 없으리라는 것이다. 이러한 아이들의 반응을 지켜보는 터클은 마음이 편치 않았다. 이러한 실용주의적 태도가 친밀성의 영역으로까지 확대될 수 있다고 염려하기 때문이다. 그녀에게 사랑과 연민과 같은 감정은 AI로서는 불가능한 인간의 고유한 특징이다. 실재의 효과가 아니라 실재의 현존성, 실재의 보증이 절대적인 가치를 갖는 것이다. 이러한 현존의 논리에 따르면 갈라파고스의 거북은 다윈이 이 섬에서 진화론의 뼈대를 세웠다는 살아있는 증거이다. 복제가 불가능한 아우라를 가지고 있다. 육안으로는 갈라파고스의 거북과 AI 거북을 구별할 수 없을지도 모른다. 오히려 후자가 아이들의 감정을 더욱 효과적으로 자극할 수가 있다. 그럼에도 터클에게 그러한 효과의 차이는 중요하지 않다. 아이들이 보고 들을 수 없어도 실재 그 자체의 권위와 진정성은 약화되지 않는다. 실재는 담론적이지 않은 것이다. 그렇다고 터클이 AI의 개발이나 상용화를 반대한다고 말하려는 것은 아니다. 그녀는 간호로봇이나 친구로봇의 유용성을 충분히 인정하고 있다. 그렇지만 로봇을 사람과 착각하거나 후자를 전자로 대체하는 것은 용납할 수 없다. 로봇은 로봇이고 사람은 사람이다. 인간과 로봇의 경계를 무너뜨리는 것은 일종의 신성모독이다. 인간 감정의 진정성에 대한 그녀의 설명을 인용하기로 한다.

> 나는 기질적으로 그리고 직업적으로 친밀하고 진정한 관계에 높은 가치를 부여한다. 대단한 성행위 수행 능력(origami)을 가진 AI가 개발될 수는 있다. 그렇지만 나는 감정이 없고 감정을 가질 수도 없음에도 마치 인간을 이해하고 보살피는 척 행동하는, 이 교묘한 as if의 연기인 기계와 인간이 친교를 나눈다는 발상에 마음이 괴롭다. 나에게 진정성이란, 타인의 입장이 되어볼 수 있는 능력을 의미한다. 이렇게 타인의 입장에 공감하기 위해서는 우리가 태어나서 가족과 함께 살고 상실감과 죽음의 고통까지 함께하는 공통의 경험을 가지고 있어야 한다.[10]

여기에서 터클은 진정한 감정과 "as if"의 감정을 엄격하게 구분하고 있다. 후자는 인간 실존의 깊이와 넓이가 부재하는 표면적 행동의 복

---

10. "I am a psychoanalytically trained psychologist. Both by temperament and profession, I place high value on relationships of intimacy and authenticity. Granting that an AI might develop its own origami of lovemaking positions, I am troubled by the idea of seeking intimacy with a machine that has no feelings, can have no feelings, and is really just a clever collection of 'as if' performances, behaving as if it cared, as if it understood us. Authenticity, for me, follows from the ability to put oneself in the place of another, to relate to the other because of a shared store of human experiences: we are born, have families, and know loss and the reality of death.7 A robot, however sophisticated, is patently out of this loop."(Turkle, Sherry. *Alone Together*, 앞의 책, p.6.)

제일 따름이다. 진정한 감정은 알고리즘이나 정보로 환산되지 않으며, 인간이 보편적으로 공유하는 희로애락의 실존적 경험을 전제로 한다. 인간의 실존이 감정의 진정성을 증명하는 것이다. 때문에 감정에는 삶의 아우라가 배어있다. AI의 감정은 무한 복제가 가능한 연기에 지나지 않는다. 아무리 뛰어난 성적 능력을 가진 AI라고 해도 인간과의 성행위에 비교할 수가 없다. 이 대목에서 터클은 AI와 인간의 차이가 절대적이라는 점을 효율적으로 주장하기 위해서 수사적인 전략을 동원하고 있다. AI의 성적 수행을 종이접기(origami)에 비유한 것이다. 디지털 성행위가 기껏해야 종이접기에 지나지 않는다는 것이다. 터클이 일본어 오리가미를 사용한 것도 단순한 우연이 아니다. 그녀에게 일본은 실물과 닮은 로봇 인형 제작으로만 유명한 것이 아니다.[11] 모든 사물에 영혼이 있다고 믿는 애니미즘으로도 유명한 나라이기 때문이다. 그들은 재봉틀이나 바늘처럼 공장에서 대량으로 생산된 도구도 영혼을 가진 생명처럼 취급한다. "바늘이 영혼을 가지고 있다고 생각하는 문화에서는 로봇을 사람 취급해도 전혀 이상하지 않다."[12] 여기에서 당연히 터클은 일본의 애니미즘을 긍정적으로 보고 있지 않다. 로봇과 사랑을 나눌 수 있는 사람이라면 바늘과도 사랑에 빠질 수 있다고 해석할 수 있기 때문이다.

이처럼 터클이 인간의 친밀성과 디지털 친밀성을 구분하는 절대적 기준은 진정성이다. 『제2의 자아』를 읽은 독자라면 『외로워지는 사람

11. 터클이 면담한 한 여대생은 부담스러운 남자 친구를 "정교한 일본 로봇(a sophisticated Japanese robot)"으로 바꾸면 좋겠다는 희망을 피력했다.(위의 책, p.8.)

12. 위의 책, p.146.

들』과의 가장 커다란 차이를 진정성이라는 개념의 있고 없음에서 찾을 것이다. 전자에서 진정성이라는 말은 단 한 번, 그것도 별 의미 없이 언급되었을 따름이다.[13] 반면 『외로워지는 사람들』에서는 이 말이 도처에 등장한다. 그녀는 진정성을 기준으로 AI와 인간의 친밀한 관계는 구조적으로 불가능하다고 거듭 주장하는 것이다. 그것은 쌍방성과 상호주관성이 결핍된 사용자의 일방적 관계에 지나지 않는다. 로봇은 돌처럼 즉자적인 존재이다. AI는 사랑하는 듯이 말하고 행동할 수는 있다. 그러나 그것은 진심이 없는 연기에 지나지 않는다. 그럼에도 왜 현대인들은 그러한 로봇의 유혹에서 벗어나지를 못할까? 『외로워지는 사람들』에서 터클은 이 질문을 붙잡고 씨름을 한다. 이에 대한 대답의 하나를 그녀는 컴퓨터 2세대의 포스트모던적 정체성에서 찾았다. 2세대는 진짜와 가짜, 진정성과 연기의 차이에 연연하지 않는다. 그리고 그들은 인격적으로도 충분히 성숙하지 않았기 때문에 가짜 친밀성을 진짜처럼 느끼게 된다.

13. 기계문명에 반대하는 1960년대의 낭만주의를 비판하는 맥락에서 한 번 언급된다.(위의 책, p.284.)

3

개인주의적 자율성[14]

그렇다면 터클이 생각하는 이상적인 주체는 어떠한 사람일까? 앞서 우리는 컴퓨터 1세대가 독립적이고 자율적인 모더니스트였다면 컴퓨터 2세대가 관계와 맥락을 중시하는 포스트모더니스트라는 점을 살펴보았다. 터클은 2세대보다 1세대에 더 우호적이었다. 1세대는 진짜와 가짜, 주체와 타자의 경계와 차이를 존중하고 진정성을 높이 평가하기 때문이다. 이러한 경계의 소멸은 포스트모더니즘의 도래를 알린다. 경계의 있고 없음이 모더니스트와 포스트모더니스트를 분리하는 기준인 것이다. 스스로 자신을 모더니스트로 명명하지는 않았지만 터클이 모더니스트에 가깝다는 것은 의문의 여지가 없다. 그러한 이유로 그녀

14. 최근에 페미니즘은 칸트적 자율성에 대한 대안으로 관계적 자율성(relational autonomy)을 제시하였다. Catriona Mackenzie and Natalie Stoljar. *Relational Autonomy, Feminist Perspectives on Autonomy, Agency, and the Social Self.* Oxford: Oxford University Press, 2000, pp.1-4. 이들에게 개인의 자율성은 계급, 인종, 젠더, 관습 등의 사회적 차원과 불가분의 관계를 가지고 있다.

는 인간과 인간, 혹은 인간과 비인간의 경계를 강조한다. 그녀는 친밀한 관계에서도 적당한 거리가 필요하다고 생각하고 있다. 이러한 그녀의 관점은 인간의 심리발달이론을 반영하고 있다. 그녀가 참조하는 이론가는 에릭슨(Erik Erikson)이다.

에릭슨은 자아심리학의 대표적 이론가이다. 그에게 많은 지면을 할애할 수는 없기 때문에 그의 심리학의 중심에 주체가 아니라 자아가 있다는 점만을 간단히 살펴보겠다. 프랑스처럼 주체를 강조하는 심리학이 있는가 하면 미국은 자아 중심적이었다. 라캉(Jacques Lacan)은 미국의 심리학이 지나치게 자아를 중시한다는 이유로 비판적이었다. 미국의 심리학자들은 무의식보다는 의식, 타자와의 관계보다는 자아의 욕망을 우선시한다는 것이다.[15] 심리학의 여러 과제 가운데서도 특히 건강한 자아 정체성의 구축을 목표로 삼았던 에릭슨은 인간의 생애를 연령별로 8단계로 분류하였다. 친밀성에 대한 논의에서 우리가 눈여겨봐야 할 중요한 대목은 자아의 성장 과정에서 5단계인 청소년기가 갖는 결정적 역할이다. 이 단계의 과제는 존재론적 방황과 혼돈을 극복하고 자신의 정체성을 올바르게 확립하는 것인데, 이 단계가 성공적으로 이루어지지 않으면 6단계의 친밀감 형성에서 어려움을 겪을 수 있다. 청소년기에 접어들기 이전의 아이들은 부모의 보호 아래, 부모와의 관계를 통해서 자신을 이해한다. 나는 아버지와 어머니의 아들이라는 식이다. 이와 같이 부모에 의존하던 아이는 청소년기에 부모로부터

---

15. Fink, Bruce. *A Clinical Introduciton to Lacanian Psychoanalysis*. Cambridge: Harvard University Press, 1997, p.25, 29.; Turkle, Sherry. *Alone Together*, 앞의 책, pp.265-266.

의 자신을 분리해냄으로써 자율적인 개인으로 자신을 정립해야 한다. 의존으로부터 독립으로, 구속으로부터 해방으로 나가야 하는 것이다. 이러한 목표를 성공적으로 수행하기 위해서 에릭슨은 청소년이 어떤 일정한 의무나 책임, 역할에 얽매이지 않고 혼란과 방황의 위험을 감수하면서 자유롭게 자신의 정체성을 실험할 수 있는 "심리사회적 모라토리움"이 필요하다고 보았다.[16] 터클의 표현을 빌리면 자유로운 공간, 아무도 없는 고독한 공간, 빈 공간이 있어야 한다.[17] 그때까지 자신을 보호하고 구속하였던 모든 연결 고리를 끊고 홀로 자기 자신을 직면해야 하는 것이다. 이러한 어려운 과정을 거쳐야만 우리는 중심이 분명하고 주위의 유혹에도 굴복하지 않으며 타자와의 경계도 뚜렷한 개인적 정체성을 확보할 수 있다. 그것은 끝없이 변화하는 상황과 다양한 경험, 외부적 압력 속에서도 자신을 동일한 자아로 의식하는, 동일성에 대한 자의식(Erikson 183)이다. 터클의 구분에 따르면 타자와 경계가 흔들리지 않는 모더니스트적인 컴퓨터 1세대의 주체인 것이다. 반면에 그러한 경계가 불투명한 포스트모던적 주체는 단일하지 않고 다중적이며 불안정하다. 에릭슨은 제자였던 제이 리프톤(Jay Lifton)은 『변화무쌍한 주체(*The Protean Self*)』에서 그와 같은 포스트모던적 정체성을 이론화하였다. 이에 대해 에릭슨은 그러한 자아는 충분히 성숙하지 못한 자아로서 "변화무쌍한 소년(protean boy)"에 지나지 않는다고 냉소하였다.[18]

16. Erik Erikson, *Identity: Youth and Crises*, New York: Norton, 1968, p.143.

17. Turkle, Sherry. *Alone Together*, 앞의 책, p.162.

18. 위의 책, p.179.

에릭슨의 심리발달단계에서 인간은 관계적 존재로부터 개인주의적 존재로 이동한다. 타자와의 연결을 끊고 대신 그 자리에 경계선을 그음으로써 자아는 온전한 개인으로 발전한다. 개인은 선재하던 관계의 단절로 야기되는 효과인 것이다. 만약 그러한 분리의 행위를 완료하지 않은 주체가 있다면 자신과 타자의 경계가 유동적이고 불안정하게 될 것이다. 적어도 에릭슨의 자아심리학적 모델에 따르면 그러하다. 터클도 그러한 개인주의적 자아관에 입각해서 진정한 감정과 그렇지 않은 감정을 구분하고 있다. 타자와 경계가 불투명한 포스트모더니즘적 주체는 타자의 감정을 자기 것으로, 반대로 자기의 감정을 타자의 것으로 혼동할 수 있다. 그러한 고전적 예의 하나가 프로이트의 '매 맞는 아이' 에피소드이다. 자신을 타자와 구분하지 못하는 아이는 자기가 친구를 때렸으면서도 부모에게는 자기가 친구에게 맞았다고 한다. 때렸다는 능동이 맞았다는 수동과 자리가 바뀌는 것이다. 그리고 옆에 있는 아이가 배가 고파서 울면 그렇지 않은 아이도 자기 배가 고픈 것으로 착각하고 덩달아서 운다. 에릭슨과 터클에게 이러한 아이들은 아직 타자로부터 분리되지 않은 미분화의 상태에 있다. 그럼에도 이러한 자아관이 지나치게 개인주의적이지 않을까? 이러한 개인주의적 자아를 포기하면 터클의 주장과는 다른 친밀성의 지평이 열리지 않을까? 그녀가 인공지능과 인간의 관계를 부정적으로 평가하는 친밀성의 배경에는 그러한 개인주의적 존재론이 자리 잡고 있기 때문이다. 우리는 주체와 타자의 단절이 아니라 연결과 유대를 강조하는 페미니즘적 관점에서 친밀성을 다시 생각해볼 수도 있다.

『다른 목소리로(*In a Different Voice*)』에서 캐롤 길리건(Carole Gilligan)은 개인

주의적 자아를 남성중심주의적인 모델로 비판하면서 관계에 입각한 주체관을 페미니즘적 대안으로 제시하였다.[19] 그녀는 이 책에서 관계의 분리와 자율성을 요구하는 전통적 윤리학에 이의를 제기하였다.[20] 에릭슨의 주장처럼 자율성과 자유가 성숙을, 관계와 유대가 미성숙을 의미하는 것은 아니다. 양자는 성장과정에서 아이가 어머니와 갖는 관계의 결과, 혹은 양육의 차이에 지나지 않는다. 남아는 오이디푸스의 단계에서 어머니와 자신을 완벽하게 분리하고 단절함으로써 자신을 독립적 자아로 정립한다. 그러나 여아는 어머니와의 유대를 단념하지 않는다. 이러한 젠더의 차이는 우리가 세상을 이해하고 경험하며 소통하는 방식, 옳고 그름과 선악을 판단하는 방식에 영향을 미치게 된다. 남자는 분리와 원칙, 목표, 책임의 관점에서, 여자는 관계와 맥락, 배려의 관점에서 세상과 관계한다. 남자는 구체적 맥락과 관계를 무시하면서 추상적 원칙과 논리를 고수한다. 예를 들어 진짜 악어는 진짜 악어이고 로봇 악어는 로봇 악어이다. 테마파크나 전시장, 아마존과 같은 상황이나 관찰자와 무관하게 악어는 자기 동일적으로 악어이다. 그러나 여성은 악어를 주어진 맥락에서 분리해서 바라보지 않는다. 그러한 맥락과 상황을 제거함으로써 원칙이나 논리를 추출하는 것은 남성적인 논리이다. 남성과 반대로 여성은 존재보다 관계를, 규칙보다는 소통을 우선하는 것이다.

19. Gilligan, Carol. *In a Different Voice*. Cambridge: Harvard University Press, 1993, pp.58–59.

20. 위의 책, pp.13–14.

진정한 감정과 연기

물론 성차이론이 디지털 친밀성에 대한 터클의 입장을 모두 설명해 주지는 않는다. 모더니즘과 포스트모더니즘의 차이, 컴퓨터 1세대와 2세대의 차이에 대한 그녀의 논의에 성차이론은 등장하지 않는다. 『스크린 위의 삶』에서도 캐롤 길리건을 간단히 언급하고 지나갈 따름이다. 그럼에도 성차이론은 인간과 AI의 관계에 대한 논의에 중요한 참조점을 제공한다. 앞서 언급했던 젠더의 차이가 존재론적 차이와 맞물려 있기 때문이다. 여성이 관계적 존재론을 대변한다면 남성은 개인주의적 존재론을 대변한다. 전자에게 존재에 앞서서 관계가 있다면 후자에게는 관계 이전에 존재가 있다. 에릭슨의 심리발달이론에 따르면 관계중심적이던 아이들은 사춘기를 거치면서 개인주의적 존재로 발전한다. 이때 터클은 바람직한 친밀성을 개인주의적 존재의 관점에서 설명하였다. 그러한 존재론의 결과 인공지능의 감정은 허구가 될 수밖에 없었다. 여기서 잠깐 진정성과 연기의 관계를 다시 살펴보기로 하자.

터클은 진짜 감정과 가짜 감정의 차이를 정의하기 위해서 연극 용어를 사용하였다. 공연(performance)과 연기(acting), 무대(stage), 연기자(actor)와 같은 어휘들이 그러하다. 배우는 자기의 감정이 아니라 대본과 역할에 따라서 감정을 연출하고 연기한다. 마찬가지로 AI의 감정은 프로그램된 시뮬레이션에 따른 것이다. 웃음을 생각해보자. AI는 웃는 사람의 모습을 모방해서 연기한다. 웃을 일이 없음에도 마치 있다는 듯이(as if) 인위적으로 웃는 것이다. "마치 인간을 이해하고 보살피는 척 행동하는, 이 교묘한 as if의 연기"자가 AI인 것이다.[21] 이때 터클은 진정한 감정과 연기의 차이는 너무나 분명하기 때문에 양자를 혼동하는 것은 불가능하다고 생각한다. 그래서 AI의 감정 연기를 진짜 감정 표현처럼 받아들이는 사람들이 있다는 사실에 적지 않게 놀란다. 그리고 연기를 진짜보다 더욱 좋아하는 사람들을 발견하고는 경악을 금치 못한다. 예를 들어, 어떤 할머니는 진짜 손녀보다 로봇 아기를 더욱 좋아하였다. 할머니는 로봇과 얘기하면서 그것이 AI라고 느끼지 못하고 있었다.[22]

그러나 진짜 감정과 감정 연기의 차이는 터클의 주장처럼 분명하게 지각되지 않는다. 혹은 양자의 차이를 구분할 필요를 느끼지 못할 수도 있다. 터클의 실용주의자는 그러한 차이에 연연해하지 않는다. 로봇 자체가 아니라 자기와 맺은 관계가 더욱 중요하다고 보기 때문이다. 그런데 문제는, 로봇만이 연기하는 것은 아니라는 것이다. 인간도

---

21. Turkle, Sherry. *Alone Together,* 앞의 책, p.6.

22. 위의 책, p.26.

연기를 한다. 로봇 아이와 놀이를 했던 할머니도 그것이 진짜 아이라는 듯이 연기하지 않았던가. 당연히 연극배우도 연기를 한다. 대부분 서비스 업종에 근무하는 사람들도 감정 연기를 한다. 그리고 남자보다는 여자들이 그러한 감정 연기를 더욱 많이 한다.

가짜 감정은 최근에 제기된 새로운 문제가 아니라 이미 오래전부터 철학적으로 논의되었던 문제였다.[23] 그러다가 최근에 감정노동이 주목을 받으면서 가짜 감정이 하나의 독립적 연구 주제로 주목을 받기 시작하였다. "다른 사람들의 기분을 좋게 하려고 자신의 감정을 고무시키거나 억제"하는 행위가 감정노동이다.[24] 터클이 『외로워지는 사람들』에서 언급했던 간병인이나 간호사가 그러한 사례들이다. 그들은 기쁘거나 반가운 마음이 없어도 환자를 위해 그러한 감정을 '연기'한다. 배려하기 위해서이지만 그것이 연기라는 사실에는 변함이 없다.

혹실드(Arlie Hochschild)의 『감정노동(*The Managed Heart*)』에 의하면 감정노동은 약자들의 몫이다. 강자들은 타인에게 잘 보이기 위해서 자신의 고유한 감정을 감추거나 억누를 필요를 느끼지 않는다. 반면에 강자에게 의존해서 사는 사람들에게는 감정 연기가 일상화되어 있다. 에바 일루즈의 주장처럼 자본주의 사회에서는 감정도 자본이 되었다.[25] 그런데 디지털 친밀성을 포함해서 감정노동에 진정성의 기준을 적용할 수가 있을까? 관계와 상황을 무시하고 주체의 감정만을 고려하면 그럴

23. Platon의 미메시스 이론이 그러한 고전적 예의 하나이다.

24. Arlie Hochschild, *The Managed Heart*. Berkeley. California: University of California Press. 1983.

25. *Cold Intimacy*의 2장의 제목이 "Suffering, Emotional Fields, and Emotional Capital"이다. 2장을 참조하기 바람.

수 있다. 고전적 예의 하나가 사르트르(Jean-Paul Sartre)의 자기기만적 웨이터이다. 『존재와 무(*Being and Nothingness*)』에서 그는 카페의 웨이터가 손님에게 하는 서비스가 로봇과 비슷하다는 점을 발견했다. 그는 깍듯이 정중하고 눈치가 빠르며 빈틈이 없이 역할을 정확하게 해내는 것이다. "그는 조작하는 기계처럼 움직이고, 자세와 목소리도 기계처럼 정확하다." 사르트르에 의하면 완벽한 웨이터는 손님을 서비스하기 위한 목적으로 프로그램된 로봇처럼 기계적으로 행동한다. 표출하는 감정도 자신의 것이 아니라 손님의 요구와 필요를 위한 것이다. 사르트르에게 웨이터는 자기기만의 전형이다. 그는 웨이터라는 직업이 자신의 존재 자체가 아님에도 불구하고 그렇다는 듯이, 즉 자유와 가능성을 가진 존재임에도 불구하고 그렇지 않다는 듯이 행동하기 때문이다. 자신을 웨이터로 사물화하는 것이다. 그런데 웨이터의 감정 연기를 자기기만으로 볼 수 있을까? 연기를 표면 연기(surface acting)와 심층 연기(deep action)로 구분하였던 혹실드에 따르면 사르트르의 웨이터는 훌륭한 심층 연기자이다. 그는 주어진 감정 역할과 자신을 완전하게 동일시하기 때문이다. 표면 연기자는 마음속으로 감정을 느끼지 않으면서 겉으로만 그것을 보여주는 사람이다. 그는 자신의 본질이 웨이터가 아니라는 사실을 의식하고 있는 것이다. 이때 자신의 감정에 충실해야 한다는 사르트르적 관점에서 보면 표면 연기자는 적어도 자기를 기만하지 않는다. 여기에서 필자가 사르트르의 자기기만을 소개한 이유는 터클이 주체의 진정성을 강조하는 사르트르와 다르지 않기 때문이다. 양자는 감정을 타자와의 관계 속에서가 아니라 자신과 자신의 관계, 즉 겉으로 드러난 행동과 속으로 느끼는 감정의 관계 속에서 설명하고 있다. 진정성을 가진 사람이라면 타자를 위해서 자신의 감정은 숨기거나 양보하지 않아야 한다. 아기 로봇이 진짜 아이인 것처럼 행동하지 않아야 하는 것이다. 과연 그럴까? 감정노동의 관점에서 보자면 이와 같이 겉과 속이 일치하는 감정의 표출은 강자의 특권이다. 타인에게 의존하지 않아도 되는 사람은 자신의 감정에 충실할 수가 있다.[26] 그렇다고 필자가 강자와 약자가 있다고 말하려는 것은 아니다. 강자와 약자의 구분은 관계의 결과이기 때문이다. 웨이터는 실체가 아니라 관계로서 존재한다. 카페에서 손님에게 서비스를 제공할 때에만 그는 웨이터이다. 감정 연기도 그의 인격이나 본질이 아니라 그의 직업을 설명할 따름이다.[27]

엄격하게 말하자면 터클이 정의하는 진정성의 본질도 연기와 다르지 않다. 그녀는 진정성을 "타인의 입장이 되어볼 수 있는 능력"으로 정의하였다. 타인이 아님에도 불구하고 자신이 타인인 듯이 느끼는 능

26. 이 점에서 루소는 타자와의 감정적 동일시가 약자에게만 가능하다고 보았다. 타인의 도움이 없이도 혼자 살 수 있을 정도로 강한 사람이라면 타인의 입장을 헤아릴 필요가 없다. 가령 다치거나 병에 걸리지 않는 사람이 있다면 그는 타인의 고통에 연민의 감정을 느낄 수가 없다. 그러나 다행스럽게도 인간은 다치고 망가지기 쉬운 연약한 존재이다. 이러한 이유로 루소는 인간의 나약함이 인간이 사회적 존재가 될 수 있는 필요조건이라고 주장하였다. 데이비드 흄(David Hume)도 『인간본성론(*A Treatise of Human Nature*)』에서 "모든 인간의 허약함은 사회를 통해서 보상을 받는다."라고 주장했다. 그리고 『혐오와 수치심(*Hiding from Humanity*)』에서 마사 너스바움(Martha Nussbaum)도 "불완전성의 공유(shared incompleteness)"를 인간 윤리의 토대라고 주장했다. 김종갑, 「감정노동과 감정착취: 약함의 공동체와 강함의 공동체」를 참조하기 바람.

27. 강자와 약자의 차이는 관계론적이며 맥락적이다. 다른 카페에 가면 사르트르의 웨이터도 서비스를 받는 입장으로 바뀌기 때문이다. 『상호작용 의례(*Interaction Ritual*)』에서 고프만은 이러한 관계를 탈인격화(depersonalization)로 설명하였다. 카페의 손님은 웨이터의 감정과 인격을 신경 쓰다 보면 편하게 서비스 받으며 식사할 수가 없다. 그래서 웨이터를 사람이 아닌 듯이 서비스 로봇처럼 취급하게 된다.

력인 것이다. 전시장의 거북이를 다시 생각해보자. 아이들은 거북이가 비좁은 우리에 갇혀 있으면 불편하고 답답할 것이라고 마치 스스로 거북이가 된 듯이 느끼고 있었다. 이처럼 우리가 동물과의 감정적인 동일시가 가능하다면 인공지능과 공감하는 것도 어렵지 않다. 이때 악어나 인공지능이 실제로 감정을 가지고 있는가 하는 질문은 중요하지 않다. 나와 갖는 관계가 중요하기 때문이다. 감정을 가진 나는 인공지능도 감정이 있는 듯이 대할 수가 있다.

터클의 주장과 달리 척하는 연기는 진정성의 결핍이 아니라 그것의 필요조건이다. 연민이나 공감도 연기라고 주장하려는 것은 아니다. 다만 연기와 마찬가지로 공감도 타자의 위치에 자신을 놓는 능력에서 비롯한다는 점을 지적할 따름이다, 자신을 타자화할 수 있는 주체는 타자를 주체화할 수도 있다. 주체와 타자의 경계는 터클이 생각하듯이 절대적이지 않다. 주체가 타자를 향해서 열려 있듯이 타자도 주체를 향해서 열려 있다. 만약 주체와 타자가 각자 자율적이며 원자론적 존재라면 이러한 공감의 현상을 설명하기 어려울 것이다. 원자론적 존재론에 따르면 인간은 피부를 경계로 안과 바깥, 자아와 비자아의 구분과 경계가 분명하다. 그러한 경계가 무너지는 순간은 주체의 정체성도 사라지는 위기가 된다. 하나는 하나이고 하나는 둘이 아니어야 한다. 마찬가지로 어린이는 어린이이고 거북이는 거북이어야 한다. 그러나 정동은 이러한 동일성의 논리를 따르지 않는다. 어린이는 거북이와 감정적으로 동일시할 수 있기 때문이다.

인간적 친밀성과 비인간적 친밀성

터클의 친밀성 논의에 대한 필자의 불만은 친밀성 자체라기보다는 그것의 존재론적 전제이다. 그녀가 정언명령적으로 구분하는 인간과 비인간의 차이, 진정한 감정과 연기의 차이는 개인주의적 존재론과 자유주의적 윤리에 뿌리를 두고 있다. 개인과 개인 사이에는 넘어설 수 없는 경계가 있으며, 그러한 경계는 존중되어야 한다. 그녀가 통제와 자기절제의 중요성을 강조하는 이유도 그러한 개인주의적 존재론에서 비롯한다. 주체가 타자에게 융합되지 않고 자신의 개인적 정체성을 유지하기 위해서는 통제의 노력이 절대적으로 필요하다. 미성숙한 어린아이처럼 타자에게 너무 가까이 다가서거나 너무 의존해서는 안 되는 것이다. 이 점에서 디지털 친밀성에 대한 그녀의 거부감은 충분히 이해할 수가 있다. 그녀는 인간이 인공지능을 통제하지 않으면 거꾸로 통제를 당할 수도 있다는 불안감을 가지고 있다. 그녀에게 인간은 주인이자 목적이지만 로봇은 도구이며 수단에 지나지 않는다. 따라서 어떠한 경우에도 그러한 차이와 위계는 반드시 유지되어야 한다. 그런데 다음과 같은 두 가지의 상황이 결합되면 양자의 관계가 전도될 수 있다. 하나는, 세상에는 친구나 연인 없이 혼자서 외로움을 견뎌야 하는 개인이 너무나 많다는 것이고 다른 하나는, 도구나 인형으로 취급하기에는 너무나 매력적인 인공지능들이 많다는 사실이다. 외로움이 커지면 고독한 개인들은 대상을 가리지 않는다. 인간과 비인간, 진정한 감정과 거짓 감정을 구분하지 않는다. 감정적으로 몰입하게 되면 가상도 진짜처럼 느끼게 된다. "가상은 우리의 몰입을 원한다. 아니 명령한다."[28] 인간은 친밀성의 유혹에 취약한 존재이다.

그런데 터클이 인간이 친밀성의 유혹에 취약한 존재라는 사실을 끊임없이 강조하는 이유는 무엇일까? 만약 그녀의 주장처럼 인간이 타자와의 경계가 뚜렷하고 분명한 자율적 존재라면 그러한 우려는 불필요하지 않을까? 개인주의의 개인은 원자처럼 더 이상 분리될 수 없는, 분리가 불가능한 실체를 의미한다. 즉 개인은 사회를 구성하는 궁극적 실체이다. 자유주의의 이론적 토대를 다진 롤스(John Rawls)의 『정의론(*Theory of Justice*)』에 따르면 이러한 개인은 외부적 제약이나 구속 없이 자율적으로 자신이 원하는 것을 행할 수 있는 능력과 이성적이고 합리적으로 상황을 판단할 수 있는 능력의 소유자이다.[29] 사소한 유혹에 쉽게 무너지는 존재가 아닌 것이다. 물론 아직 자아의 울타리가 확고하게 정립되지 않은 어린아이라면 외부의 유혹에 취약할 수 있다. 양육자가

28. Turkle, Sherry. *Simulation and its Discontent*. Cambridge: The MIT Press, 2009, p.8, 9.

29. John Rawls, *Theory of Justice*. New York: Belknap Press, 2005, p.202.

울타리 역할을 해주어야 한다. 이때 어린아이는 자율적 존재가 아니라 타율적 존재이다. 필자가 지적하고자 하는 것은 터클의 자기 모순적 태도이다. 그녀는 현대의 고독한 개인을 한편으로는 자율적 존재로 정의하면서도 다른 한편으로는 그렇지 않은 듯이, 즉 자아의 울타리가 뚫려 있기 때문에 보수가 필요한 존재인 듯이 서술하고 있다. 그녀는 주체와 타자의 경계가 분명하다고 단정하면서도 그러한 경계가 이미 무너져 있는 듯이 우려하고 있다. 즉 개인을 더 이상 분리될 수 없는 원자처럼 바라보지 않는 것이다. 만약 원자라면 그것은 외부를 향해서 활짝 열려 있는 원자, 그래서 끊임없이 외부의 영향에 변화하는 원자이다. 바로 그러한 이유로 터클은 친밀성의 위험에 대해 끊임없이 경종을 울리는 것이다. 이때 그녀는 인간을 피부를 경계로 안과 밖, 주체와 타자가 분명하게 구분되는 자율적 존재로 보고 있지 않다. 그리고 이러한 논리의 연장선에서 보면 인간과 인공지능의 차이는 그녀가 생각하듯이 그렇게 절대적이지 않다. 인간은 어느 정도 인공지능적이고 또 인공지능은 어느 정도 인간적이다. 인간은 실체가 아니라 관계이기 때문이다. 인간과 인공지능의 차이는 범주적이고 질적인 차이가 아니라고 할 수 있다. 남자와 여자만이 성적 친밀감과 애정을 나눌 수 있는 것은 아니다. 「반려종 선언(Companion Species Manifesto: Dogs, People, and Significant Otherness)」에서 다나 해러웨이(Donna Haraway)는 자신이 반려견 암컷 카옌 페퍼와 사랑을 나누는 모습을 웅변적으로 보여주었다. 인간과 개는 서로 매우 "소중한 타자성(significant otherness)"의 관계에 있다. 여기에서 개는 모든 비인간 타자를 총칭하는 상징적 의미를 가지고 있다. 인간과 비인간은 서로 상호작용하면서 공진화하는 것이다.

해러웨이의 반려종 이론을 접하기 이전에 필자는 직접 경험을 통해서 그녀의 이론에 이미 공감하고 있었다. 10여 년 전에 아이들의 성화를 이기지 못하고 강아지를 입양하였지만 필자는 강아지를 집 안에서 키우고 침대에서 잠을 재우기도 한다는 관념을 용납할 수 없었다. 터클처럼 강아지의 영역과 사람의 영역, 혹은 인공지능의 영역은 엄격하게 구분해야 한다고 굳게 믿고 있었기 때문이었다. 그것은 양보할 수 없는 원칙이었다. 일단 그러한 원칙을 하나라도 포기하면 인간과 비인간을 구분했던 모든 경계들이 도미노처럼 무너질 것이라는 불안이 있었다. 터클도 그러한 이유로 디지털 친밀성의 유혹을 경계하지 않았던가. 그러나 곧 그것은 지극히 관념적인 기우에 지나지 않았다는 사실이 밝혀지기 시작했다. 강아지를 집 밖에서 키워야 한다는 생각은 진리가 아니라 관습이나 개인적 취향에 지나지 않았다. 요즘은 아이들이 몽실이와 별이에게 성까지 붙여서 부르고 있다. 그냥 몽실이가 아니라 김몽실, 그냥 별이가 아니라 김별이다. 의인화를 넘어서 인격적 주체의 대접까지 해주는 셈이다. 터클이라면 강아지에게 성을 붙이는 것은 인간과 동물의 경계를 침범하는 일이 아니냐고 반문할 수 있을 것이다. 그녀는 강아지와의 관계는 진정성이 없는 일방적인 관계에 지나지 않는다고 생각하기 때문이다. 의심의 여지없이 양자의 관계는 비평형적이다. 그런데 진정한 친밀성을 위해서는 두 주체가 반드시 쌍방적으로 감정을 주고받아야 하는 것일까? 내가 강아지를 보살피고 사랑하듯이 강아지도 나를 보살피고 사랑해야 하는 것일까? 나는 그렇게 생각하지 않는다. 비평형적이라고 해서 강아지와의 관계의 진정성이 희석되지는 않는다. 물론 나는 강아지와 언어로 소통을 할 수가 없으며 강아지는 나의 생각을 잘 읽지 못한다. 이성적 관점으로 제한하면 진정성이 없는 허구적 관계라고 할 수 있을지 모른다. 그러나 그것은 관계의 한 양상에 지나지 않는다. 친밀성은 몸적(bodily)이며, 시각적이기보다는 촉각적이기 때문에다. 주지하듯이 몸과 몸의 만남에서 발생하는 몸의 변화가 정동이다.[30] 이때 인간과 인간의 만남만이 그러한 변화를 초래하는 것은 아니다. 음식물을 포함해서 모든 것들과의 만남이 크고 작은, 긍정적이거나 부정적인 정동의 변화를 수반한다. 그러한 대상과 결합함으로써 나의 몸의 역량이 강화될 수도 있고, 분리되거나 차감되어 더욱 줄어들 수도 있다. 터클이 생각하듯이 몸은 자기동일성을 가지고 있지 않다. 강아지와 놀고 있는 나의 몸과 책을 읽고 있는 나의 몸은 동일하지 않다. 내가 강아지로 변하지 않으면 어떻게 강아지와 놀 수가 있겠는가. 에릭슨과 동시대의 심리학자였던 매슬로우(Abraham Maslow)는 망치와 인간의 관계에 관한 유명한 말을 남겼다. "망치를 들고 있으면 세상이 모두 못으로 보인다(If all you have is a hammer, everything looks like a nail)."라는 것이다.[31] 몸은 실체라기보다는 타자와의 관계 속에서 끊임없이 변화하는 과정이다. 시각적인 지각의 장에서는 그러한 정동의 변화가 간과될 수도 있다. 몸을 피부에 감싸인 내부이며 타자와 분명하게 구별되는 실체로 생각하기 때문이다. 해러웨이는 "왜 우리는 자신의 몸이 피부에서 끝난다고 생각하는 것일까? 모든 존재가 피부로

30. 정동의 정의에 대해서는 Brian Massumi, Parables for the Virtual: Movement, Affect, Sensation. London: Duke University Press, 2011; 들뢰즈, 『스피노자의 철학』, 박기순 옮김, 민음사, 2001을 참조하기 바람.

31. Abraham Maslow, *The Psychology of Science: A Reconnaissance*, New York: Harper & Row, 1966, p.15.

밀봉되어 있다고 생각하는 것일까?(Why should our bodies end at the skin, or include at best other beings encapsulated by skin?)"라고 반문하였다.[32] 그녀에게 피부는 존재를 봉인한 방어막이 아니라 존재자들이 서로 들락거리는 문턱이라고 할 수 있다. 『사이보그 선언문』에서 그녀는, 과거에 인간과 비인간을 구별했던 세 가지 경계가 와해되었다고 주장하였다. 인간과 동물의 경계, 인간-동물과 기계의 경계, 물질적인 것과 정신적인 것의 경계가 그것이다.[33] 사이보그는 그러한 경계 해체를 소환하는 이름이다. 터클이 생각하듯이 강아지와 사람, 감정로봇의 차이가 절대적인 것은 아니다.

앞서 언급했던 캐롤 길리건의 입장에서 터클의 개인주의적 존재론은 지극히 남성중심적이다. 타자와의 관계를 중시하는 여성과 달리 남성은 타자를 배척하거나 통제함으로써 자신의 정체성을 강화한다. 사실 이와 같이 타자의 공격에도 굳게 잠겨서 열리지 않는 단단한 성채의 이미지가 근대의 이상적인 몸, 남성적 몸이었다. 그것은 뚫린 몸(porous body)이 아니라 방어벽을 친 몸(buffered body)이었다.[34] 『공포의 힘: 비체화(*Powers of Horror: An Essay on Abjection*)』에서 크리스테바(Julia Kristeva)가 지적하였듯이 이러한 몸은 자기 안의 타자를 배척하고 비체화함으로써 자신의 남성적 정체성을 공고하게 한다. 이때 자신의 이상적 몸 이미지와 일치하지 않는 몸의 취약한 살은 모두 여성적인 것으로 타자화된다.

---

32. Donna Haraway, *A cyborg manifesto: Science, technology, and socialist-feminism in the 1980s*. In Feminism/Postmodernism, ed. Nicholson, Linda. New York: Routledge, 1990, p.61.

33. 위의 책, 9-11.

34. Charles Taylor, *A Secular Age*, New York: Belknap Press, 2018, p.33. 테일러는 porous body를 전근대적인 몸으로, buffered body를 근대적인 몸으로 설명하였다.

여성의 몸(생리혈)은 남성과 달리 시도 때도 없이 밖으로 새어 나온다. 안과 바깥의 경계가 이미 해체되어 있는 것이다. 물론 남성의 몸도 예외가 아니다. 안과 바깥의 경계가 닫힌 몸은 죽은 몸이기 때문이다. 이 점에서 개인주의적이고 자율적인 몸은 남성적 환상에 지나지 않는다. 버틀러(Judith Butler)나 너스바움(Martha Nussabum)과 같은 페미니스트 철학자들도 관계의 중요성을 무시하고 존재의 자율성만을 강조하였다는 이유로 그러한 남성적 환상을 비판하였다. 몸은 개체가 아니라 관계이며 실체가 아니라 관계이다. 관계 이전에 존재는 없다. 존재는 관계의 결과이다. 그리고 그러한 존재가 자율적이라면 그것은 상대적 자율성이다.[35]

그런데 인간과 인간의 관계가 인간과 인공지능과의 관계보다 언제나 바람직하다고 말할 수 있을까? 전자보다 후자가 더욱 위험한 것일까? 필자는 소원해지는 인간관계를 우려하는 터클의 문제의식에는 충분히 공감한다. 더욱이 디지털 친밀성에 대한 그녀의 고민의 시작은 관계중심적이었다. 한편에 인간, 다른 한편에 인공지능, 이와 같이 존재론적으로 결정된 상이한 개체가 있는 것은 아니다. 그녀는 양자의 상호작용뿐 아니라 상호변화까지 인정하기 때문이다. 기계를 사용하면서 인간은 기계화되고 기계는 인간화된다. 그녀가 즐겨 인용하는 처칠의 격언을 빌리면 "우리가 집을 만들면 나중에는 집이 우리를 만들

35. Robyn Longhurst, *Bodies: Exploring Fluid Boundaries (Critical Geographies)*, New York: Routledge, 2000; Margrit Shildrick, *Leaky Bodies and Boundaries: Feminism, Postmodernism and (Bio)ethics*, New York: Routledge, 1997; Catriona Mackenzie and Natalie Stoljar, eds., *Relational Autonomy: Feminist Perspectives on Autonomy, Agency, and the Social Self*, Oxford: Oxford University Press, 2000 등의 저술을 참조하기 바람.

기 시작한다. 집이 우리 삶의 향방을 조절한다."라는 것이다.[36] 달리 말해서 인간과 기계는 공진화의 과정에 있다.[37] 터클이 컴퓨터 1세대와 2세대의 차이를 설명하였듯이 컴퓨터를 사용하기 전의 인간과 사용한 다음의 인간은 동일하지 않다. 현실과 디지털, 인간과 비인간의 경계가 무너지며 뒤섞이기 때문이다. 모더니스트가 포스트모더니스트, 개인주의적 존재론이 관계론적 존재론으로 바뀌는 것이다. 논의의 이 지점까지 필자의 입장은 터클과 정확히 일치한다. 그렇다면 이제 인간은 기계와 더불어서 공진화의 새로운 국면을 모색해야 하지 않을까? 이것은 현실의 진단이 아니라 미래의 바람직한 방향을 지향하는 질문이다. 이 질문과 더불어서 터클의 입장과 필자의 입장은 나뉘기 시작한다. 필자는 인공지능과 인간의 차이가 절대적이 아니라 상대적이며 상호의존적이라고 주장한다. 인공지능이 발전을 거듭하여 고유한 몸을 갖게 되면 인공지능도 진정한 감정을 갖는다고 생각한다.[38] 만약 리얼돌

---

36. Turkle, Sherry. *Simulation and its Discontent*, 앞의 책, p.9.

37. 이러한 공진화를 대표하는 철학자가 Gilbert Simondon이다. 그리고 다음과 같은 해러웨이의 말을 참조할 수 있다. "Insofar as I use or employ a technology, I am used by and employed by that technology as well." Donna Haraway, "Crittercam: Compounding Eyes in NatureCultures" in *Postphenomenology: A Critical Companion to Ihde*, Ed, Evan Selinger, ed. New York: State University of New York, 2006, p.276.

38. 데이비드 레비(David Levy)는 21세기 중반에는 섹스 로봇이 상용화될 것으로 예측하였다. D. Levy, Love and Sex with Robots: The Evolution of Human-Robot Relationships, London: Harper Perennial, 2007. AI에 대한 윤리적 배려의 필요성에 대해서는 Mark Coeckelbergh, AI Ethics, Cambridge, MIT 2020을 참조할 수 있다. 인공지능의 감정에 대해서 필자의 생각은 다음과 같다. 본문에서 정의하였듯이 감정이란 몸의 변화이다. 감정이란 다른 것이 아니라 몸과 몸의 만남(충돌, 접촉, 공명, 오감)에서 발생하는 변화이다. 인공지능의 감정의 조건은 몸이다. 그러나 아직 인공지능은 이러한 몸을 가지고 있지 않다. 현 단계에서 인공지능을 탑재한 몸은 몸이 아니라 물질에 지나지 않는다. 물질에 부착된 센서를 통해서만 외부 환경이 정보로 입력되기 때문이다.

이라면 그것에게 사용자의 욕망을 거부할 수 있는 신체자기결정권도 인정해야 할 것이다. 우리는 인간중심주의적·인간예외주의적 특권을 내려놓아야 한다. 그런데 문제는 터클이 개인주의적 존재론과 개인의 자율성을 포기하지 못한다는 사실에 있다. 개인의 자율성을 위해서는 타자 및 비인간과의 경계가 필요하다고 생각하는 것이다. 그러한 경계가 이완되거나 약화되면 다시 보완해서 강화시켜야 한다고 생각하는 것이다. 그녀가 컴퓨터 1세대를 선호하는 이유도 그들의 그러한 자율적 정체성에 있다.

그러나 필자는 컴퓨터 1세대의 형이상학이 아니라 2세대의 실용주의와 맥락주의를 선호한다. 2세대는 관계중심적이다. 인간이든 인공지능이든 강아지든 변치 않는 본질은 없다고 생각한다. 주어진 맥락과 상황이 존재의 의미(혹은 역사적 본질)를 결정하기 때문이다. 접속되는 맥락에 따라서 나는 인간보다 인공지능이나 강아지와 더욱 친밀한 관계를 형성할 수가 있다. 이때 필자의 존재론(혹은 2세대의 실용주의)은 비트겐슈타인과 데리다(Jacques Derrida)의 언어관과 맞닿아 있다. 비트겐슈타인은 언어의 의미를 사용에서, 데리다는 맥락에서 찾았다. 언어의 의미는 언어 자체가 아니라 그것이 사용되는 맥락에 있다. 여기에서 중요한 것은, 맥락은 계속해서 변화하는 과정이며 총체화될 수가 없다는 사실이다. 의미는 고체가 아니라 액체, 닫힌 몸이 아니라 열린 몸이다. 이 점에서 우리는 인간과 인공지능은 분리된 개별적 존재가 아니라 상호작용하는 공진화적 과정에 있다고 말할 수 있다.

KF95

PART 2

코로나19와 몸의 구속
: 소셜 미디어의 영향 분석

- 박수지 -

1. 몸의 구속과 정신 건강
2. 코로나19가 빚어낸 정서적 외상
3. 미디어 시스템 의존 이론
4. 욕구 충족의 도구, 소셜 미디어
5. 소셜 미디어의 명과 암

몸의 구속과 정신 건강

미국 텔레비전 시리즈 〈워킹 데드(Walking dead)〉는 인간 종의 파멸을 현실적인 캐릭터들과 최첨단 컴퓨터 그래픽의 도움으로 그럴듯하게 구현하여 미국뿐 아니라 한국 내에서도 두터운 팬층을 구축하였다. 그렇지만 이 드라마는 현실을 정확하게 반영하지는 않는다. 피 칠갑을 하고 인체 내의 장기들이 쏟아져 나온 채로 하염없이 걸어 다니는 좀비들은 분명히 상상의 산물이다. 여기서 좀비의 이미지보다 더욱 비현실적으로 다가오는 것은 국가, 인종, 연령 등을 떠나 77억 명에 육박하는 인간 종이 좀비 바이러스에 순식간에 무너지는 것이다. 적어도 2020년 코로나바이러스 감염증-19(이하 코로나19)로 인해 상전벽해(桑田碧海)를 겪기 전까지는 말이다. 중국을 시작으로 현재는 한국을 포함해 218개국이 전염병과 전쟁을 치르고 있다.[1] 하나의 바이러스로 전 세계인의 안

1. World Health Organization. (2020). *WHO Coronavirus (COVID-19) Dashboard*: WHO. https://covid19.who.int/

위와 국가 경제가 흔들리고 있는 것이 우리의 현실이다. 즉 전염병을 그린 TV 드라마는 더 이상 현실과 동떨어진 상상이 아닐 수도 있다.

중앙재난안전대책본부에 따르면 코로나19는 감염자의 비말(침방울)이나 접촉을 통해 발열, 권태감, 기침, 호흡곤란 및 폐렴 등 경증에서 중증까지 다양한 호흡기 감염증을 유발한다. 이 바이러스의 전례 없는 전염성은 우리를 언제나 마주쳤던 이웃이나 동료들로부터 거리를 두게 하였고 타의든 자의든 타인으로부터 스스로를 격리하게 한다. 지역사회 감염 차단을 위한 사회적 거리두기로 많은 비감염자들 또한 신체 활동의 감소와 이동의 제한으로 신체적 문제를 겪고 있다. 이는 지극히 육체적인 고통이다. 이처럼 바이러스에 공격받고 격리되는 것은 우리의 몸이지만 감염 확진 여부를 떠나 대부분의 국민이 호소하고 있는 것은 심리적 고통이다. 많은 사람들이 코로나19에 대한 두려움을 비롯하여 스트레스나 우울증 등 정신적 고통을 겪고 있다는 기사를 쉽게 찾아볼 수 있다. 안타깝게도 이는 한국뿐 아니라 전 세계적으로 보이는 현상이다. 실례로 코로나19가 발발한 이후 미국을 비롯하여 파키스탄, 인도, 프랑스, 캐나다, 독일, 이탈리아에서 자살률이 증가하고 있다. 일상생활의 변화로 인한 정신적 괴로움은 바이러스 감염으로 인한 육체적 고통보다 다소 중대하게 여겨지지 않고 있지만 정신적 고통은 결국 육체적 약화로 이어지기 때문에 굉장히 위험하다. 즉 불안이나 스트레스는 우리 몸의 면역 체계를 약화시키고 결국 바이러스 감염 위험을 높인다.[2] 또한 이러한 정신적 문제는 그 자체로 많은 질병의 원인

2. Salari, N. Hosseinian-Far, A. Jalali, R. Vaisi-Raygani, A. Rasoulpoor, S. Mohammadi, M.

이 되곤 한다.

이런 상황에서 사람들은 신체적 고립과 감정적 외로움의 해답을 소셜 미디어에서 찾고 있다. 사회적 거리두기에 동참하면서 자신이 속한 공동체와 연결을 유지하기 위해 소셜 미디어를 통해 사회적 유대감을 지속하고 넓혀 나간다. 페이스북이나 트위터에 자신의 상태를 알리고 유튜브를 통해 바이러스에 대한 정보를 끊임없이 소비하며 친구가 인스타그램에 올린 귀여운 고양이 사진을 보고 마음의 위안을 얻는다. 물리적 공간에서 현저하게 줄어든 사회적 네트워킹을 보완하기 위해 사이버 공간에서의 소통은 더욱 활발해졌다. 특히 사회적 거리두기 결과로 야기된 제한적 여가 생활로 인해 소셜 미디어에 대한 의존도는 더욱 높아지고 있다. 이에 따라 정신 건강에 미치는 소셜 미디어의 악영향은 학계의 꾸준한 관심을 받아왔음에도 불구하고 코로나19의 발생을 기점으로 소셜 미디어의 사용과 공중 보건 위기에서 겪는 정서적 외상 사이의 연관성에 대한 담론은 국내에서는 활발히 이루어지지 않고 있다.

따라서 이 글은 팬데믹 시대가 부가한 신체적 구속으로 인해 우리가 겪고 있는 정신 건강 문제를 살펴보고 소셜 미디어가 이에 어떤 역할을 하는지 설명하고자 한다. 먼저 지난 1년간 행해진 연구 결과를 통해 코로나19로 인한 감정적, 정신적 문제를 분석하고 소셜 미디어가 이에 어떤 영향을 미쳤는지 설명할 것이다. 다음으로 미국의 커뮤

Rasoulpoor, S, and Khaledi-Paveh, B. "Prevalence of stress, anxiety, depression among the general population during the COVID-19 pandemic: a systematic review and meta-analysis." *Globalization and health 16*, no. 1 (July 2020), pp.1-11.

니케이션 학자 산드라 볼-로키치(Sandra Ball-Rokeach)와 멜빈 데플러(Melvin DeFleur)의 미디어 시스템 의존 이론을 통해 소셜 미디어의 의존도를 결정짓는 요인이 무엇인지 그리고 이로 인해 높아진 소셜 미디어 의존도가 어떤 결과를 불러일으키는지 논의할 것이다. 몸의 이동이 제약받는 팬데믹 상황에서 소셜 미디어가 엔터테인먼트와 소통의 도구로 우리의 욕구를 성공적으로 충족시키는지 알아봄으로써 전염병에 대한 대중의 대응을 더욱 잘 이해할 수 있을 것이다.

코로나19가 빚어낸 정서적 외상

인류는 흑사병, 스페인 독감, 사스(SARS) 등 살인적인 바이러스와 역사를 함께해 왔다. 이런 역사적 경험에도 불구하고 코로나19 앞에 인간은 다시 한없이 연약한 존재가 되었다. 여타 바이러스에 비해 높은 전염성과 변이 속도로 사람들의 안정감을 위협하고 우울증, 자살 충동 등 심각한 정신 불안을 유발하고 있다. 이러한 심리적 고통은 팬데믹 시기에 요구되는 의무적 격리와 예상치 못한 실업, 혹은 감염에 대한 불확실성으로 인해 더욱 흔하게 나타나고 있다.[3,4] 이렇듯 이례적인 방식으로 인류에게 영향을 미치고 있는 코로나19의 급속한 확산은 역

---

3. Ho, C.S.H. Chee, C.Y, and Ho, R.C.M. "Mental health strategies to combat the psychological impact of coronavirus disease (COVID-19) beyond paranoia and panic." *Ann. Acad. Med. Singapore. 49*, no. 3, 2020, pp.155–160.
4. Xiong, J. Lipsitz, O. Nasri, F. Lui, L. M. Gill, H. Phan, L. Chen-Li, D. Iacobucci, M. Ho, R. Majeed, A, and McIntyre, R. S. "Impact of COVID-19pandemic on mental health in the general population: A systematic review." *Journal of affective disorders 277*. (December 2020), pp.55–64.

경에 직면한 우리의 대응과 회복성을 평가할 수 있는 기회를 제공하고 미래에 이와 비슷한 전염병을 맞닥뜨렸을 때 어떻게 대응해야 하는지에 대한 함의를 던진다.

이러한 이유로 코로나19가 발발한 뒤 많은 국가에서 이 바이러스가 정신 건강에 미치는 영향에 대한 연구가 활발히 진행 중이다. 예를 들어 펜실베니아 대학교에서는 2020년 4월 초, 미국인들과 이스라엘인들을 대상으로 코로나19와 관련하여 우려할 만한 점과 그들의 불안 및 우울 정도를 조사하였다.[5] 설문 조사 결과, 3,000여 명의 참가자들은 자신이 바이러스에 감염되는 것보다 가족이 감염되는 것을 가장 걱정하였다. 연구자들은 이 결과가 전염병에서 비롯된 급성 스트레스로 인한 이타주의의 한 형태로 해석될 수 있다고 주장한다. 특히 이는 스트레스를 받는 상황에서 사람들은 친사회적 행동을 늘리고, 위협을 받을 때 그들과 가까운 사람들을 보호하며 상호 방어를 위하여 사회적 그룹을 찾는 경향을 보여준다는 기존 문헌 결과와 일맥상통한다.[6,7] 또한 코로나19와 관련한 스트레스 정도가 높은 사람들은 그렇지 않은 사람보다 더 높은 우울과 불안 증세를 보였고 이는 중국에서 조사된 정

---

5. Barzilay, R. Moore, T. M. Greenberg, D. M. DiDomenico, G. E. Brown, L. A. White, L. K. Gur, R. C, and Gur, R. E. "Resilience, COVID-19-related stress, anxiety and depression during the pandemic in a large population enriched for healthcare providers." *Translational psychiatry 10*, no. 1 (August 2020), pp.1–8.

6. Buchanan T. W, and Preston S. D. "Stress leads to prosocial action in immediate need situations." *Frontiers in Behavioral Neuroscience 8*, (January 2014). https://doi.org/10.3389/fnbeh.2014.00005.

7. Taylor, S. E. Klein, L. C. Lewis, B. P. Gruenewald, T. L. Gurung, R. A, and Updegraff, J. A. "Biobehavioral responses to stress in females: tend-and-befriend, not fight-or-flight." *Psychological review 107*, no. 3, 2000, pp.411-249. https://doi.org/10.1037/0033-295X.107.3.411

도보다 높았다.[8, 9] 터키에서 행해진 설문 조사 연구는 성별에 따라 상이한 코로나19의 영향을 보여준다.[10] 이 연구는 터키의 다양한 지역에서 거주하는 약 300여 명을 대상으로 팬데믹으로 야기된 우울감, 불안(anxiety), 건강 불안(health anxiety)의 정도를 측정하였다. 참여자의 약 10%는 코로나19에 걸린 친족이나 친구가 있었고, 남성에 비해 여성의 정신 질환이나 감정 상태가 이 바이러스에 더욱 취약하였다. 특히 도시에 사는 여성들과 코로나바이러스에 걸린 친족이나 친구가 있는 여성들은 같은 상황에 놓여 있는 남성들보다 우울 정도 검사에서 더 높은 점수를 기록했다. 불안과 건강 불안의 검사 결과도 동일한 양상을 보였다. 하지만 코로나19가 발생하기 전의 연구들도 일반적으로 남성에 비해 여성이 불안 장애와 우울 장애에 더욱 취약하다는 것을 보여주었기 때문에 이것이 놀라운 결과는 아니다.[11]

전국적 봉쇄 없이 사회적 거리두기로 코로나19 확진자의 확산을

---

8. Lai, J. Ma, S. Wang, Y. Cai, Z. Hu, J. Wei, N. Wu, J. Du, H. Chen, T. Li, R. Tan, H. Kang, L-J. Yao, L. Huang, M. Wang, H. Wang, G. Liu, Z, and Hu, S. "Factors associated with mental health outcomes among health care workers exposed to coronavirus disease 2019." *JAMA network open 3*, no. 3 (March 2020): e203976–e203976. doi:10.1001/jamanetworkopen.2020.3976

9. Barzilay, R. Moore, T. M. Greenberg, D. M. DiDomenico, G. E. Brown, L. A. White, L. K. Gur, R. C, and Gur, R. E, 앞의 글.

10. Özdin, S, and Bayrak Özdin, Ş. "Levels and predictors of anxiety, depression and health anxiety during COVID-19pandemic in Turkish society: The importance of gender." *International Journal of Social Psychiatry 66*, no. 5 (May 2020), pp.504–511. https://doi.org/10.1177/0020764020927051

11. Alexander, J. L. Dennerstein, L. Kotz, K, and Richardson, G. "Women, anxiety and mood: A review of nomenclature, comorbidity and epidemiology." *Expert Review of Neurotherapeutics 7*, no. 11 (January 2007), pp.45–58. https://doi. org/10.1586/14737175.7.11s.S45

막고 있는 한국의 상황도 크게 다르지 않다. 한 연구는 우울증, 불안, 스트레스, 정신 질환 위험 및 외로움을 측정하기 위해 400여 명의 한국인을 조사하였다.[12] 설문 조사 응답자의 45%는 임상적 수준의 우울증, 불안 또는 스트레스를 보였고 정신 질환 위험은 약 13%로, 팬데믹 전에 수행된 연구에서 보고된 기준 비율을 크게 웃돌았다. 게다가 응답자의 사회 관계망이 크든 작든 주관적으로 느끼는 외로움의 정도가 큰 사람은 팬데믹 이후 정신 건강(mental health)이 약해진 것으로 밝혀졌다. 하지만 주관적 외로움은 성별과 나이, 코로나19에 대한 걱정 정도 차에는 영향을 받지 않았다. 성별에 따른 코로나19 영향의 차이는 한국 데이터에서도 찾아볼 수 있다. 여성들은 남성들보다 신체적 및 정신적 건강 문제의 정도가 높았고 스트레스와 우울을 앓는 날이 훨씬 많았다.

이외에도 코로나19로 인한 심리적 문제에 대한 연구들이 다양한 나라에서 꾸준히 진행 중이기 때문에 지금까지 조사된 많은 연구물들의 결과를 객관적이고 계량적으로 종합하여 고찰하기 위한 시도가 필요하다. 이는 특히 여러 연구들이 유사한 질문을 던지지만 설문 조사에 참여한 집단이나 분석 방법 등에 따라 일치하거나 혹은 전혀 상반된 결과를 도출할 수 있기 때문이다. 따라서 동일하거나 유사한 주제를 조사한 많은 연구물들을 종합하여 분석한 후 일반화된 결과를 이끌어 내는 체계적 문헌고찰 연구나 메타 분석을 살펴봄으로써 특정 현상

---

12. Lee, H. S. Dean, D. Baxter, T. Griffith, T, and Park, S. "Deterioration of mental health despite successful control of the COVID-19 pandemic in South Korea." *Psychiatry research 295*, (January 2020). https://doi.org/10.1016/j.psychres.2020.113570

에 대한 통찰력을 높일 수 있다. 코로나19 영향에 대한 체계적 문헌고찰 연구 중 하나는 미국, 중국, 스페인, 이탈리아, 이란, 터키, 네팔 그리고 덴마크에서 총 93,569명이 참여한 19편의 개별 연구를 수집하여 그 결과를 종합적으로 분석하였다.[13] 그 결과 팬데믹 이전과 비교하여 대중들의 정신적인 고통을 보여주는 증상들이 만연하였지만 연구 전반에 걸쳐 유병률의 범위는 매우 다양하였다. 불안 증상의 유병률 범위는 6.33%부터 50.9%로 연구에 따라 큰 차이를 보였다. 전반적인 스트레스 강도 또한 8.1%부터 81.9%까지 광범위한 범위에 걸쳐 있었다. 이 다양성은 각 연구의 상이한 측정 척도와 국제적 문화적 차이, 혹은 성별과 같은 인구통계학적 요소의 차이에서 기인했을 가능성이 있다. 예를 들어 많은 연구들이 코로나19 이후 여성과 젊은 연령층이 남성과 노인에 비해 더 높은 스트레스를 경험한다는 것을 입증하였다. 이는 부분적으로 여성들과 젊은 연령층들이 그들의 자녀 혹은 부모에게 재정적, 정서적 지원을 제공하는 역할을 맡고 있을 가능성이 높지만 팬데믹으로 인해 갑작스러운 실업의 주요 대상이 되었기 때문이라고 추측할 수 있다.[14]

13. Xiong, J. Lipsitz, O. Nasri, F. Lui, L. M. Gill, H. Phan, L. Chen-Li, D. Iacobucci, M. Ho, R. Majeed, A, and McIntyre, R. S. 앞의 글.

14. 위의 글.

3

미디어 시스템 의존 이론

이처럼 개인의 정신 건강은 코로나19가 야기한 변화들에 매우 취약하다. 미디어 사용의 증가 또한 이 변화들 중 하나이다. 팬데믹 시기에 언론은 상황의 사태를 알리고 안전 지침을 전달하는 가장 중요한 역할을 한다. 이를 반영하듯 한국방송통신전파진흥원에 따르면 코로나19 확산에 따라 TV시청과 온라인 동영상 서비스(OTT) 사용률뿐만 아니라 모바일 앱 이용도 급증하였다.[15] 모바일 앱 증가는 한국을 비롯하여 중국과 일본, 프랑스, 이탈리아 등 다른 국가에서도 찾아볼 수 있는 현상이다. 커뮤니케이션 학자 산드라 볼-로키치와 멜빈 데플러는 개인과 미디어, 그리고 대인 관계적 및 사회적 환경의 상호 의존 관계에 근거하여 현대 사회에서 미디어에 대한 의존도가 개인에게 미치는 영향을 설명하기 위해 미디어 시스템 의존 이론을 개발하였다. 이 이론은

15. 한국방송통신전파진흥원, 2020, *코로나19로 인한 미디어 이용 및 콘텐츠 시장의 변화*, https://www.kca.kr/

정보에 대한 욕구의 증가는 정보원, 즉 미디어에 대한 의존도를 높이고 결과적으로 미디어가 개인의 인식, 영향 및 행동에 영향을 미친다는 발상에 기초한다. 여기서 의존이란 한 당사자의 목적 달성이나 필요 충족이 다른 당사자의 자원에 좌우되는 관계를 의미한다.[16]

미디어 시스템 의존 이론이 등장하기 전의 미디어 효과 연구 분야는 둘로 나눠져 있었다. 한쪽은 사람들에게 미치는 미디어 영향이 두드러질 정도가 아니라는 제한된 미디어 효과를 주장했고 다른 한쪽은 미디어가 사람들에게 유의미한 영향을 미친다고 주장했다. 이 때문에 볼-로키치와 데플러는 개인과 미디어, 사회 시스템 간의 상호의존적 관계를 중심으로 미디어 효과의 변화를 설명함으로써 일관성 없는 기존 문헌 연구를 보완하고자 하였다. 즉 구조적 의존성과 관련된 다양한 환경 조건 때문에 같은 사회 구성원이라도 미디어 효과가 다를 수 있다는 것을 설명한다. 또한 개인은 미디어에 대한 의존성 정도와 개인적 목표, 그리고 정보 획득을 위한 다른 자원의 영향에 따라 미디어로부터 받는 영향이 커지거나 작아질 수 있다.

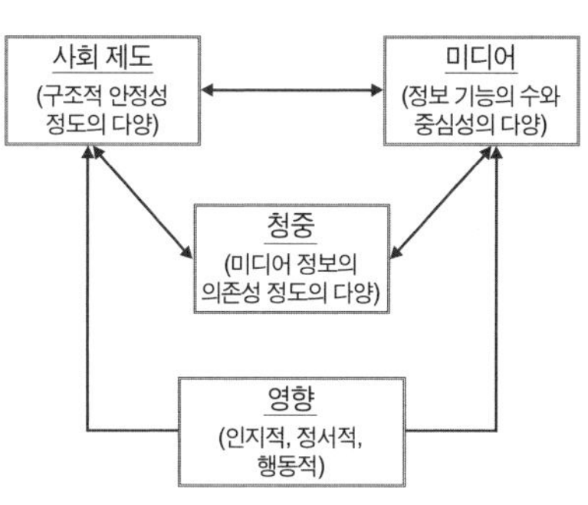

볼-로키치와 데플러, 1976."A dependency model of mass-media effects"에서 재인용17

16. Ball-Rokeach, S. J, and DeFleur, M. L. "A dependency model of mass-media effects." *Communication research 3*, no. 1 (January 1976), pp.3–21. https://doi.org/10.1177/009365027600300101

17. 위의 글.

이를 설명하기 위해 이 이론은 시스템 유기체가 거시적 수준(macro level), 중시적 수준(meso level) 그리고 미시적 수준(micro level)에서 서로에게 정보 출처 역할을 하며 의존하게 된다는 통합적 관점을 제시한다.[18] 거시적 수준에서는 사회 환경과 미디어 시스템 간의 의존 관계는 미디어가 경제 및 정치 시스템에서 분리되어 설명될 수 없고 반대로 경제 및 정치 시스템의 목표 또한 미디어에 의존적임을 설명한다. 중시적 수준은 의제 설정 이론(Agenda setting theory)을 기반으로 하여 미디어 시스템과 개인의 관계 속에서 대인 관계 네트워크의 역할에 집중한다.[19] 의제 설정 이론은 간단히 설명하자면, 뉴스 미디어에서 빈번하게 보도되는 의제가 대중에게 중요한 의제로 인식된다고 주장하는 미디어 커뮤니케이션 이론이다. 일반적으로 대중은 다른 사람들도 매스컴에서 보도되는 문제를 중요하다고 여길 것이라 생각하기 때문에 대중 매체가 빈번하게 다루는 문제에 더 많은 중요성을 부여하는 경향이 있다. 즉 미디어 시스템은 대인 관계 네트워크를 원활하게 하고 밀집시키는 의제 설정에 영향을 미치고 궁극적으로 대인 관계의 담론은 개인의 목표에 영향을 미치게 된다. 이는 사회적 환경과 대인 관계 네트워크 속에서 개인의 목표와 미디어 의존성의 역할을 개인적 차원에서 설명하는 미시적 수준과 밀접하게 연결된다.

이 이론은 개인의 미디어 의존도가 증가하는 두 가지 조건을 제시

---

18. Ball-Rokeach, S. J. "The origins of individual media-system dependency: A sociological framework." *Communication research 12*, no. 4 (October 1985), pp.485–510. https://doi.org/10.1177/009365085012004003

19. McCombs, M. E, and Shaw, D. L. "The agenda-setting function of mass media." *Public opinion quarterly 36*, no. 2 (January 1972), pp.176–187. https://doi.org/10.1086/267990

한다.[20] 첫째, 특정 정보가 개인의 삶에 중요하다고 인식되면 관련 정보를 얻기 위해 미디어에 의존하는 경향이 높아진다. 둘째, 사회적 변화와 사회적 갈등 또한 미디어 의존도를 높인다. 사회의 안정을 저해하거나 관련 정보가 모호한 사건이 벌어지는 경우 그리고 이 사건이 자신과 긴밀히 연관되어 있는 경우, 사람들은 정보를 축적하여 불안정성이나 불확실성을 감소시키기 위해 미디어에 대한 의존도를 높인다. 코로나19 상황이 여기에 해당된다. 코로나19는 개인의 안위를 직접적으로 위협하고 우리가 과거에 맞닥뜨렸던 바이러스와는 상이하기 때문에 무엇보다도 해당 정보의 수집이 필수적이다. 정보를 얻은 후에도 미디어에서 획득한 정보가 정확한지 혹은 가짜 뉴스인지 결정하기 위해 미디어의 또 다른 콘텐츠에 의존하는 경우가 종종 있다. 연쇄적인 미디어 노출이 발생하는 현상이다. 나아가 새로운 커뮤니케이션 테크놀로지의 발전은 미디어 시스템 외에도 개인이 정보를 생성하고 배포할 수 있는 힘을 증가시켰다. 이 환경에 부합하는 개인의 욕구가 생성되었을 때 개인은 미디어에 더욱 의지하게 되는데 볼-로키치와 데플러는 개인의 욕구를 크게 세 가지-이해 욕구, 정향 욕구, 놀이 욕구-로 나누었다. 그리고 이 욕구를 이루고자 하는 목표는 미디어 의존 정도를 결정한다고 주장한다. 이해 욕구(need for understanding)는 자아와 사회 제도를 파악하기 위해 정보를 얻고자 함이고 정향 욕구(need for orientation)는 타인과의 관계에서 필요한 정보를 얻고자 하는 것과 관련이 있다. 그리고 놀이 욕구(need for play)는 현실에서 벗어나 스트레스를 풀기 위한 정보

20. Lee, H. S. Dean, D. Baxter, T. Griffith, T, and Park, S. 2020. 앞의 글.

를 얻고자 하는 갈망을 설명한다. 따라서 개인은 이 욕구를 달성하는 데에 도움을 줄 것으로 기대되는 미디어에 더욱 의존하게 된다. 소셜 미디어는 이 욕구를 만족시키기 위해 최적화되어 있는 도구이다.

욕구 충족의 도구, 소셜 미디어

이 시점에서 우리가 심도 있게 논담해야 할 주제는 인류의 역사를 바꾸고 있는 전염병을 마주한 이 시대에 소셜 미디어가 우리의 욕구를 성공적으로 만족시키는지, 그리고 이것이 우리의 정신 건강에 어떠한 영향을 미치는지에 대한 것이다. 우선 코로나19와 소셜 미디어의 상관관계를 알아보기 전에 소셜 미디어의 정확한 정의를 짚어보자. 수많은 학자들은 소셜 미디어를 그들만의 관점을 반영하여 다양하게 정의해 왔으며 아직 한 가지 정의로의 동의는 이루어지지 않고 있다. 이 글은 마케팅 분야에서 바이럴 마케팅과 소셜 미디어를 중점적으로 연구해 온 카플렌(Andreas M. Kaplan)과 헤일린(Michael Haenlein)이 제시한 정의를 따르겠다. 소셜 미디어란 웹2.0(Web 2.0)의 이념적, 기술적 토대를 기반으로 하는 인터넷 기반 애플리케이션으로 이루어진 그룹이며 사용자 생성 콘텐츠(User Generated Content; UGC)의 생성과 교환을 가능하게 한다.[21] 웹 2.0은 개인에 의해 만들어지고 게시되는 콘텐츠와 애플리케이션이 아닌 모든 사람의 참여와 협업 방식으로 지속적으로 수정되는 플랫폼을 말한다. 사용자 생성 콘텐츠는 사람들이 소셜 미디어를 사용하는 모든 방법의 합으로 볼 수 있는데 세 가지 기본 요건을 충족해야 한다. 첫째, 공개 접근이 가능한 웹 사이트나 선별된 그룹이 접근할 수 있는 소셜 네트워킹 사이트에 게시되어야 한다. 둘째, 어느 정도의 창조적 노력의 산물을 보여주어야 하며, 마지막으로 전문적인 틀과 관행의 밖에서 창조되어야만 한다. 따라서 이메일이나 인스턴트 메시지로 교환된 내용, 혹은 기존 신문 기사 사본의 단순한 복제, 상업적인 시장 상황을 염두에 두고 만들어진 콘텐츠 등은 사용자 생성 콘텐츠, 더 나아가 소셜 미디어 콘텐츠로 볼 수 없다. 이 정의에 적합한 소셜 미디어의 예를 들자면 페이스북, 인스타그램, 유튜브, 트위터 등이 있다.

소셜 미디어의 주요 이점 중 하나는 콘텐츠의 사회적 지원이다.[22] 사회적 지원은 개인이 사회적 네트워크 속 커뮤니케이션에 얼마나 잘 녹아들고 그 네트워크 안에서 얼마나 존중 받으며 가치 있다고 느끼는가로 설명될 수 있다.[23] 따라서 정보, 감정, 그리고 동료 지원 등 소

21. Kaplan, A. M, and Haenlein, M. "Users oft he world, unite! The challenges and opportunities of Social Media." *Business horizons 53*, no. 1 (January-February 2010), pp.59–68. https://doi.org/10.1016/j.bushor.2009.09.003

22. Ouyang, A. Inverso, N. A. Chow, S.-M. Kumar, A, and Zhong, B. "Listening to IBS patients in the 21st century: Offerings from an online self help and support group." *Gastroenterology 114*, no. 4 (January 2016), pp.1–10. https://doi.org/10.1016/S0016-5085(16)32510-0.

23. Stephens, M. H, and Petrie, K. J. "Social support and recovery from disease and medical procedures." In *International encyclopedia of the social & behavioral sciences* Edited by J. D.

셜 미디어가 전달하는 사회적 지원을 다차원적 관점에서 탐구하는 것이 필요하다. 소셜 미디어는 용이성과 편리성, 그리고 거대한 정보량을 발판 삼아 세계에서 가장 널리 사용되는 정보의 원천 중 하나가 되었다. 특히 주요 사건을 포함하여 질병 또는 자연 재해 때에는 그 사용 수가 현저히 증가한다.[24] 소셜 미디어가 지역, 국가 및 국제 수준에서 주요 프로토콜을 신속하게 퍼뜨리는데, 이로 인해 대중의 안녕을 위해 주요 정부 기관에서는 소셜 미디어를 중요한 소통의 도구로 이용하고 사용자들은 원하는 정보를 선택적으로 얻을 수 있기 때문이다. 이를 반영하듯, 최근 연구에 따르면 설문 조사 응답자의 약 60%가 코로나19 이후 소셜 미디어의 사용량의 증가를 보고하였다.[25] 또 다른 연구는 유튜브에서 "코로나바이러스"라는 단어를 포함한 가장 많이 본 동영상 100개를 조사하였는데, 2020년 3월 5일 기준으로 조사된 동영상들은 모두 1억 6,500만 건 이상의 조회 수를 기록하였고 이 중 85%는 신생 채널이었다.[26] 코로나19 관련 정보에 대한 수요의 급작스러운 증대

Wright, 2015, pp.735–740. Elsevier.

24. González-Padilla, D. A, and Tortolero-Blanco, L. "Social media influence in the COVID-19 pandemic." *International braz jurol 46*, (July 2020), pp.120–124. https://doi.org/10.1590/s1677-5538.ibju.2020.s121

25. Burhamah, W. AlKhayyat, A. Oroszlányová, M. AlKenane, A. Almansouri, A. Behbehani, M. Krmini, N. Jafar, H. and AlSuwaidan, M. "The psychological burden of the COVID-19 pandemic and associated lockdown measures: Experience from 4000 participants." *Journal of Affective Disorders 277*, (December 2020), pp.977–985. https://doi.org/10.1016/j.jad.2020.09.014

26. Basch, C. H. Hillyer, G. C. Meleo-Erwin, Z. C.,Jaime, C. Mohlman, J, and Basch, C. E. "Preventive behaviors conveyed on YouTube to mitigate transmission of COVID-19: cross-sectional study." *JMIR public health and surveillance 6*, no. 2 (March 2020), e18807. https://publichealth.jmir.org/2020/2/e19601/

를 여실히 보여주는 결과이다. 이뿐만 아니라 과학 문헌들이 페이스북이나 트위터 등 소셜 미디어에 소개될 때 자료의 다운로드와 조회 수, 인용 횟수가 증가하였고, 이는 코로나19에 관한 정보의 신속한 전파를 가능하게 했다.[27,28]

소셜 미디어를 통한 방대한 정보의 확산은 동전의 양면과 같다. 한 연구에 따르면 소셜 미디어 사용이나 코로나19와 관련된 뉴스 및 정보에 대한 빈번한 노출은 높은 수준의 불안과 관련이 있다.[29] 팬데믹은 인포데믹(Infodemic: 잘못된 정보나 소문이 미디어 매체를 통해 빠르게 확산되는 현상) 증식을 활성화시키는 가장 좋은 환경을 제공한다. 새로운 바이러스로 인한 예측할 수 없는 상황으로 사람들은 더 많은 정보를 찾아 헤매고, 소셜 미디어를 통해 쉽게 전파된 가짜 뉴스와 정확하지 않은 정보는 그들의 불안을 증폭시키고 있다. 정확한 정보나 뉴스에 노출되더라도 코로나19에 관한 낭보를 만나기란 쉽지 않다. 게다가 소셜 미디어를 통해 커뮤니티 구성원이 고통받는 것을 오랜 기간 지켜볼 경우 슬픔과 불안이 증가할 수 있다.[30] 하지만 코로나19 이전에도 소셜 미디어의 사용은 개인의 정신 건강에 부정적인 영향을 미친다는 보고서들이 꾸준히 발표되었다. 한 예를 살펴보면 최근 진행된 연구는 소셜 미디어가

27. Allen, H. G. Stanton, T. R. Di Pietro, F, and Moseley, G. L. "Social media release increases dissemination of original articles in the clinical pain sciences." *PloS one, 8*, no. 7 (July 2013), e68914. https://doi.org/10.1371/journal.pone.0068914

28. McCombs, M. E, and Shaw, D. L. 앞의 글.

29. Xiong, J. Lipsitz, O. Nasri, F. Lui, L. M. Gill, H. Phan, L. Chen-Li, D. Iacobucci, M. Ho, R. Majeed, A, and McIntyre, R. S. 앞의 글.

30. 위의 글.

청소년들의 정신 건강에 미치는 영향에 대한 13편의 문헌을 체계적으로 분석하였다.[31] 그 결과 소셜 미디어의 사용 시간이 증가할수록 우울증, 불안, 심리적 고통을 경험할 가능성이 높아졌다. 성인을 대상으로 한 연구 결과도 다르지 않다.[32] 이러한 이유로 팬데믹 시대에 소셜 미디어가 사용자의 정신 건강에 미치는 부정적인 영향은 어느 정도 예상 가능하다. 하지만 사용자들은 소셜 미디어를 정보 수집이나 교환 목적으로만 사용하지 않는다.

전통 사회에서는 규모가 작은 사회 환경에서 개인이 대면으로 소통하며 관계를 맺었다. 반면 현대 사회에서는 커뮤니케이션 테크놀로지를 지속적으로 개발하고 개선함으로써 시간과 공간의 개념을 허물고 다수의 사람들과 동시에 연결을 맺으며 개인과 사회생활을 재해석했다.[33] 특히 실생활에서 타인과의 어울림에 어려움을 겪는 개인들은 대안적인 장소로 가상 환경에서 활발한 관계 맺기를 추구한다.[34] 즉 소셜 미디어는 인간의 소통하고자 하는 욕구를 쉽게 충족시켜준다. 매슬로우의 인간 욕구 5단계 이론(Maslow's hierarchy of needs)에 따르면 모든 사람은

31. Keles, B. McCrae, N, and Grealish, A. "A systematic review: the influence of social media on depression, anxiety and psychological distress in adolescents." *International Journal of Adolescence and Youth 25*, no. 1 (March 2020), pp.79–93. https://doi.org/10.1080/02673843.2019.1590851

32. De Choudhury, M. Gamon, M. Counts, S, and Horvitz, E. "Predicting depression via social media." In Proceedings of the International AAAI Conference on Web and Social Media, June, 2013.

33. Macït, H. B. Macït, G, and Güngör, O. "A research on social media addiction and dopamine driven feedback." *Mehmet AkifErsoy Üniversitesi İktisadi ve İdari Bilimler Fakültesi Dergisi, 5*, no. 3, 2018, pp.882–897. https://doi.org/10.30798/makuiibf.435845

34. Pelzer, C. J. "Social Networking Sites and the Consequences of Multiple Identities among Members of Virtual Communities." Unpublished thesis type, Iowa State University, 2012.

다섯 가지 욕구를 가지는데 첫 번째 욕구와 두 번째 욕구인 생리적 욕구와 안전 욕구가 만족되면 어느 한 곳에 소속되고 다른 사람과 교제하고 싶은 욕구인 소속과 애정의 욕구를 가지게 된다.[35] 그리고 이 욕구가 충족될 때 뇌에서는 쾌감을 느끼는 데에 가장 큰 역할을 하는 신경화학물질인 도파민이 자극을 받아 후에 같은 행동을 반복하게끔 이끈다.[36] 종합하자면 우리는 소속과 애정 욕구를 충족시키기 위해 소셜 미디어를 활용하며 이 때문에 분비된 도파민이 소셜 미디어의 사용을 더욱 자극하는 것이다. 그렇다면 팬데믹을 맞닥뜨린 상황에서도 여전히 소셜 미디어가 우리의 소속과 애정의 욕구를 성공적으로 충족시키고 있을까?

한 연구에 따르면 정신질환으로 고통받는 많은 사람들은 자신의 경험을 공유하고 건강에 관한 정보와 조언을 구하기 위해 소셜 미디어로 눈을 돌려 그 안에서 연결된 타인으로부터 많은 지원을 얻으려 한다.[37] 코로나19가 발생한 후 중국 우한 사람들의 소셜 미디어 사용 패턴과 그 영향을 조사한 연구 또한 비슷한 양상의 결과를 보여준다.[38] 이 연

35. McLeod, S. "Maslow's hierarchy of needs." *Simply psychology 1* (May 2007), pp.1–8.

36. Macït, H. B. Macït, G, and Güngör, O. "A research on social media addiction and dopamine driven feedback.", 2018, 위의 글.

37. Naslund, J. A. Aschbrenner, K. A. McHugo, G. J. Unützer, J. Marsch, L. A, and Bartels, S. J. "Exploring opportunities to support mental health care using social media: A survey of social media users with mental illness." *Early intervention in psychiatry 13*, no. 3 (October 2019), pp.405–413. https://doi.org/10.1111/eip.12496

38. Zhong, B. Huang, Y, and Liu, Q. "Mental health toll from the coronavirus: Social media usage reveals Wuhan residents' depression and secondary trauma in the COVID-19 outbreak." *Computers in human behavior 114*, (January 2021), 106524. https://doi.org/10.1016/j.chb.2020.106524

구는 코로나19 증상이 처음 보고된 중국 후베이성의 수도 우한의 거주자를 대상으로 소셜 미디어가 제공하는 정보 지원(Informational support)을 비롯하여 정서적 지원(emotional support)과 동료 지원(peer support)에 대해 조사하였다. 여기서 정서적 지원은 배려, 신뢰, 공감의 형태로 대개 같은 소셜 미디어의 다른 사용자 그룹으로부터 온다. 높은 정서적 지원은 스트레스를 완화시키고 우울증과 외상 후 스트레스 장애의 진행을 막으며 행복감과 건강 증대의 중요한 변수로 알려져 있다.[39] 또한 정서적 지원은 커뮤니케이션 당사자들의 상호 작용을 통해 사랑받고 존중받는 느낌에 대한 주관적 인식으로 특징지어진다.[40] 동료 지원은 소셜 미디어에서 전염병과 관련된 건강 정보를 제공함으로써 동일한 경험을 공유하는 다른 사용자들의 지지를 의미한다.[41] 이는 소셜 미디어 사용자가 갖는 다른 사람들과의 유대감과 소속감에 대한 열망을 설명하고 개인의 자존감과 자기 효능감을 높이는 중요한 요소이다.[42] 또한 사회적 연결을 유지하기 위한 소통의 욕구를 보완하고 우울증과 같은 정신건강 장애를 일으키는 사회적 고립을 감소시킨다.

---

39. Mehnert, A. Lehmann, C. Graefen, M. Huland, H, and Koch, U. “Depression, anxiety, posttraumatic stress disorder and health-related quality of life and its association with social support in ambulatory prostate cancer patients.” *European Journal of Cancer Care 19*, no. 6 (November 2010), pp.736–745. https://doi.org/10.1111/j.1365- 2354.2009.01117.x.

40. Langford, C. P. H. Bowsher, J. Maloney, J. P, and Lillis, P. P. “Social support: A conceptual analysis. Journal of Advanced Nursing” *Journal of advanced nursing 25*, no. 1 (June 1997), pp.95–100. https://doi.org/10.1046/j.1365-2648.1997.1997025095.x

41. Zhong, B. Huang, Y, and Liu, Q. 앞의 글.

42. McKenna, K. Y. A, and Bargh, J. A. “Coming out in the age of the Internet: Identity ‘demarginalization’ through virtual group participation.” *Journal of Personality and Social Psychology 75*, 3, 1998, pp.681–694. https://doi.org/10.1037/0022-3514.75.3.681.

연구 결과, 우한 사람들은 소셜 미디어를 통해 코로나19에 관한 정보 외에도 상당한 정서적 지원 및 동료 지원을 받았고 이러한 지원을 받을수록 소셜 미디어에 더 많이 의존하게 되었다고 말했다. 가상공간에서 공유되는 정신적 지지로 인해 소셜 미디어 사용 경험이 긍정적 보상으로 여겨졌기 때문이다. 가상 세계에서는 개개인의 몸이 같은 공간 안에 존재하지 않아도 아이디 혹은 아바타로 대체된 개인의 개성을 텍스트와 이미지를 통해 보여주고 서로의 생각을 나눔으로써 공감을 이끌어 낼 수 있다. 가상 세계에서 맺어지고 유지된 사회적 유대감이 소셜 미디어 사용의 반복 행동을 이끌어 낼 정도의 정서적 만족감을 불러일으켰다는 결과이다. 다른 사람과 인맥을 형성하고 유대감을 쌓음으로써 쾌락을 느끼고 궁극적으로 볼-로키치와 데플러가 제시한 이해 욕구와 정향 욕구, 그리고 놀이 욕구 모두를 충족시킬 수 있다는 것을 보여준다. 하지만 소셜 미디어의 지나친 사용은 건강에 관한 과도한 정보 노출로 이어졌고 이는 우울증이나 2차 트라우마의 가능성을 높였다. 이 하나의 연구로 일반적 결론을 도출할 수는 없지만 사회적 유대감 측면에서 소셜 미디어 이용의 긍정적 효과에 대한 담론의 필요성은 분명해 보인다.

소셜 미디어의 명과 암

2019년 12월 31일, 중국 보건 당국이 우한에서 발생한 원인 불명의 폐렴 환자를 세계보건기구(WHO)에 처음 보고한 이래, 전 세계는 코로나19의 n차 대유행에 맞서 사회의 안녕을 유지하기 위한 노력에 힘쓰고 있다. 하지만 그날을 기점으로 모든 것이 바뀌었다. 격리 조치와 사회적 거리두기로 인해 개인의 이동의 자유는 제한되었고 다수의 사람들이 같은 공간에 위치하며 소통할 수 없게 되었다. 조직을 구성하고 군집생활을 하며 그 집단 내에서 존중받고 싶어 하는 욕구를 지닌 인간에게 이러한 조치는 여간 고통스러운 것이 아니다. 이를 상쇄하기 위해 우리가 선택한 것은 물리적 공간의 한계를 넘어서 다른 사람들과 관계를 맺고 친분을 형성할 수 있는 기회를 제공하는 소셜 미디어이다. 그렇기 때문에 우리는 소셜 미디어가 우리의 삶에 어떤 효과를 가져오는지 살펴볼 중요한 지점에 와 있다. 안타깝게도 코로나19 시대 소셜 미디어의 영향에 관해 포괄적으로 이해하고 보편화하기에는 국내 관련 연구가 매우 부족하다.

그러나 미디어 시스템 의존 이론과 앞서 살펴본 우한 연구 결과에 근거하여 추측해 보자면, 사회적 불안이 증대되는 상황에서 정보 획득에 용이하고 정향 욕구와 놀이 욕구를 동시에 채워줄 수 있는 매스 미디어에 대한 의존도는 꾸준히 증가할 가능성이 높다. 특히 대면 소통이 제한받는 상황에서 사회적 유대감을 보호하기 위해 실시간으로 정보 전달과 교환이 수월하고 대인 관계 형성이 가능한 소셜 미디어가 우리 삶에서 차지하는 영역은 더욱 넓어질 것으로 보인다. 과거에는 커피숍에서 마주한 친구와 함께 커피를 마시며 소통을 함으로써 정보를 나누고 스트레스를 풀었다면 지금은 인스타그램에 올라와 있는 친구의 혼밥 사진(혼자 밥 먹는 사진)을 보며 공감하고 페이스북을 통해 서로의 안부를 확인한다. 몸의 이동이 자유롭지 않은 환경에서 같은 상황을 공유하는 타자로부터 마음의 위안을 얻고 동료애를 느낀다. 즉 몸이 멀어진 새로운 공동체가 형성된다. 여기서 얻어진 정서적 지원과 동료 지원으로 인해 도파민 분비가 활성화되고 소셜 미디어 사용이 쾌락으로 인지되어 소셜 미디어에 대한 의존도를 더욱 촉진시킬 가능성이 있다.

물론 소셜 미디어에 대한 강한 의존도는 개인의 의도와 상관없이 코로나19 상황에 관한 과도한 정보 노출을 낳고 결과적으로 불안과 우울, 스트레스 등 정신 건강 장애의 원인이 되기도 한다. 하지만 우리는 정서적 외상의 원인을 찾아 문제를 해결하기보다는 과거에 경험했던 쾌락의 원인을 찾아 그 행동을 반복하여 현재의 고통을 쉽고 빠르게 지워버리려고 한다. 문제는 정신적 고통과 쾌락을 유발하는 공통 원인이 소셜 미디어라는 것이다. 이러한 이유로 정서적 지원 및 동료 지원의 인지를 강화하고 감정적 쾌락을 불러일으키는 적정 수준의 소셜 미디어 사용을 탐구할 필요가 있다. 중요한 것은 소셜 미디어의 영향을 검토한 기존의 많은 문헌들은 소셜 미디어 종류에 따른 다양한 특징들, 즉 사용 형태에 차이를 낳는 각각의 플랫폼 특징들을 고려하지 않았다. 예를 들어 텍스트 중심의 트위터 사용과 비디오 중심의 유튜브 사용에 대한 이용자의 반응은 다를 가능성이 높다. 이 차이들로 인해 각 소셜 미디어에 대한 우리의 반응도 상이할 가능성이 있다. 게다가 소셜 미디어에 대한 의존도가 높아진 상황에서 소셜 미디어의 각기 다른 특징들이 야기하는 영향은 더욱 유의미할 수 있다. 따라서 타자의 몸과 내 몸의 접촉이 제약을 받는 팬데믹 상황에서 자유롭게 소통하고 유대감을 쌓는 장이 된 소셜 미디어의 각 특징들을 고려하여 우리가 얼마나 의존하고 있으며 이것이 우리의 정서적 건강에 어떠한 영향을 미치는지 우리 모두 숙고해야 함이 틀림없다.

KF95

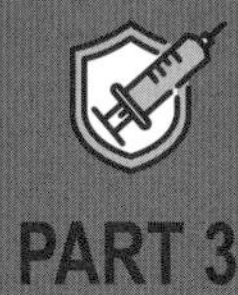

PART 3

송출하는 몸과 수신되는 객체, 접속하는 관계 맺기
: 코로나19로 변화된 사이버스페이스에서의 몸

- 이지용 -

1. 코로나19와 사이버스페이스의 확장
2. 사이버스페이스에서의 몸: 문자, 이미지, 동영상
3. 송출하는 몸과 수신되는 객체들의 세계

코로나19와 사이버스페이스의 확장

코로나19로 가장 큰 폭의 의미 변화를 보이게 된 영역 중 하나가 바로 공간에 대한 감각일 것이다. 감염의 원인이 되는 사람들 간의 물리적인 접촉을 최소화하기 위해서 시행된 사회적 거리두기는 우리가 공유했던 공간들의 소멸을 불러왔다. 바이러스의 확산이 심각했던 유럽의 여러 나라를 비롯해 미국 몇 개의 주에서는 개인을 집 안에 격리시키고 외출조차 금하는 이동제한령인 락다운(Lockdown)이 시행되었고, 고위험시설인 단체시설에서는 코호트 격리(cohort isolation)를 통해 공간의 공유를 철저하게 틀어막았다. 그러면서 우리가 사회를 구성하는 데 있어서 당연하게 생각했던 것들이 더 이상 당연하지 못한 상황이 되었다. 사람이 사람을 만나서 그로 인해 맺어지는 관계를 통해서 움직이고, 발전하며, 유지되던 다양한 의미들이 일시에 사라지게 된 것이다. 그리고 대안으로 제시된 것이 바로 사이버스페이스(cyberspace), 이전에

는 가상공간이라고 부르던 디지털 네트워크로 구성된 공간이었다.[1]

기존의 공간을 제한당한 인간들은 사이버스페이스에서의 관계 맺기로 바로 눈을 돌렸다. 왜냐하면 우리가 우리로 존재하기 위해서는 필연적으로 공간이 필요하기 때문이다. 우리는 우리를 사람으로 인정하는 사람들이 있는 공간이 있어야 사람으로 존재할 수 있다.[2] 단순히 무언가를 일을 수행하거나 유희를 즐기기 위한 문제 이전에, 존재에 대한 문제를 해결하기 위해 공간이 필요했던 것이다. 그렇기 때문에 물리적인 공간의 제약을 받는다고 그 상태로 있을 수만은 없었다. 마침 21세기에 접어들면서 비약적으로 발전하고 있었던 디지털 네트워크기술이 축조해 놓은 사이버스페이스라는 공간은 시각과 청각 정보들을 훌륭하게 공유할 수 있는 상태에 이르렀다. 게다가 모바일 디바이스의 발달은 이러한 네트워크 공간으로의 접속 편의성을 비약적으로 증가시켜 주었다.

그렇지만 사이버스페이스에서의 관계 맺기가 이전에 없었던 새로운 방식의 탄생인 건 아니었다. 20세기 후반부터 그 영역을 확대해 오

1. 사이버스페이스는 사이버네틱스(cybernetics)와 공간(space)의 합성어이다. 사이버네틱스의 개념을 현대적으로 재해석한 것은 수학자인 노버트 위너(Nobert Wiener)인데, 그는 소통과 통제의 동시적 과정을 설명하기 위해 사이버네틱스라는 단어를 재정의하고자 했다. (홍성태, 『사이보그 사이버컬쳐』, 문화과학사, 2000, p.20 참조.) 위너의 이론은 앨런 튜링(Alan Turing)의 이론의 영향을 받았으며, 그가 주장했던 동물과 기계, 무생물과 생물을 동일한 원리에 의해 탐구할 수 있고, 그것을 일정하게 코드화할 수 있다는 주장에 무게를 싣고 있다. 이후 피에르 레비는 이러한 사이버스페이스를 "컴퓨터와 정보기억장치들의 전 지구적 상호 연결에 의해 펼쳐지는 개방된 커뮤니케이션 공간"으로 정의하였다. (피에르 레비, 김동윤·조준형 역, 『사이버문화 – 뉴테크놀로지와 문화협력 그리고 커뮤니케이션』, 문예출판사, 2000, p.134.)

2. 김현경, 『사람, 장소, 환대』, 문학과지성사, p.57 참조.

고 있다가 21세기에 접어들면서 인간 삶의 방식 자체가 고도화된 테크놀로지 위에서 자리를 잡게 되면서 이미 우리 일상의 한 부분으로 자리하게 되었다. 특히 한국의 경우엔 국가의 행정 시스템은 물론이고, 일상의 다양한 부분에서 나타나는 소통의 상당 부분을 이미 사이버스페이스에 의존하고 있다.[3] 하지만 여전히 실재하는 공간과 그곳에서의 관계 맺기가 가지고 있는 의미에 대한 부여는 제대로 이루어지지 않았다고 할 수 있다. 물론 공감각을 공유하면서 실재 혹은 진실을 파악하는 데 유리한 대면(face-to-face)이 가지고 있는 의미들을 사이버스페이스가 대체하는 것은 쉽지 않은 일이다. 그렇기 때문에 현실에서 그 비중이 점차 늘어가고 있음에도 불구하고 사이버스페이스는 여전히 부차적인 방법, 혹은 대면의 관계보다 그 효용이 부족한 무언가로 여겨지고 있었다.

하지만 기존의 대면을 기본으로 하는 관계 맺기가 팬데믹이라는 전세계적인 사건으로 통제되면서 물리적인 공간의 제약이 존재하지 않는, 그래서 감염의 위험성을 원천적으로 차단하면서도 커뮤니케이션을 수행할 수 있는 사이버스페이스가 유일한 대안으로 부각되었다. 재

3. 한국은 경제협력개발기구(OECD)에서 실시한 2019년 디지털정부평가(The OECD 2019 Digital Government Index)에서 2019년을 기준으로 종합 1위를 기록했다. 이외에도 '공공데이터 개방지수'와 '온라인참여지수', '디지털전환국가' 등에서 1위, '전자정부발전지수'에서 2위를 차지하는 등 전 세계적으로 전자정부시스템의 구축이 잘 되어 있는 대표적인 나라이다. ("韓, 첫 OECD 디지털정부 평가 1위": https://newsis.com/view/?id=NISX20201016_0001199574&cID=10301&pID=10300) 또한 이렇게 구축된 전자정부 시스템을 2020년 한 해 동안 국민 중 90% 정도가 이용한 것으로 나타났다. 특히 코로나19로 전년에 비해 해당 시스템의 이용자가 26.7%나 늘었다는 것은 팬데믹으로 사이버스페이스의 접근성이 이전보다 높아졌다는 증거라고 할 수 있다. (행정안전부 "2020년 전자정부서비스 이용실태조사": https://www.mois.go.kr/frt/bbs/type001/commonSelectBoardArticle.do?bbsId=BBSMSTR_000000000014&nttId=83524)

택근무로 전환되면서 회의 등의 기본적인 의사소통 과정 역시 사이버스페이스 내에서 이루어지는 것이 당연하게 진행되었고, 학생들은 이전에는 부차적인 학습 방법이라고 여겼던 온라인 수업이라는 시스템을 유일한 학습 방법으로 이용하게 되었다. 각종 행사나 학술 활동 역시 사이버스페이스 내에서만 허용이 됐다. 코로나19로 인해 사이버스페이스에서 이뤄지는 활동은 개인의 취향이나 기술 친화적인 세대의 방법론이 아니라, 필수적인 행위가 되었다. 소비에서 교육, 연애를 비롯한 사적인 관계 맺기와 생산과 학술, 복지와 금융에 이르기까지 거의 모든 분야가 사이버스페이스 내에서 이루어지기 시작했다.

이와 같이 코로나19는 사이버스페이스의 확장을 넘어, 일상성을 현실화시켰다. 그렇기 때문에 사이버스페이스에 대한 문제는 더 이상 장점과 단점을 논하는 것에서 그치는 것이 아니라, 우리 삶의 일부분으로 받아들여야 하는 것을 시사하는 것이다. 1980년대, 과학기술의 발달과 그 양상의 일상성이 디지털 네트워크의 확장을 필연적으로 불러올 것이며, 이에 따라 이전과는 다른 가치체계에 대한 논의들이 필요할 것이라 이야기했던 사이버펑크(cyberpunk) 담론들은 더 이상 SF 서사 안에 머물러 있는 시뮬라크르(simulacre)가 아니라 현실의 문제가 되었다. 그렇기 때문에 이전까지와 같이 사이버스페이스 매체에 과몰입하거나 중독증상이 나타났을 때의 문제점을 밝히는 것과 같은 논의에만 머무른다면 현재 사이버스페이스의 일상화에서 나타난 다양한 의미들에 대해 정확하게 인지하지 못할 것이다.

이미 21세기에 접어들면서부터 인터넷의 확장을 통해 본격적으로 가시화된 사이버스페이스는 주체의 분열과 리얼리티의 확장, 소통 도구의 변화와 의미의 변화가 나타날 것이라고 예상되었다.[4] 특히 다양하게 복제되고 확장된 플랫폼에서 유저로서 새롭게 축조되는 주체의 모습들이 일상화된다는 것은 테크놀로지가 단순히 우리 주변에 머무는 것이 아니라 사용자의 존재 여부와 직접적인 상호 연관을 가지면서 새로운 의미들을 만들어낼 수 있다는 것을 의미한다. "우리가 테크놀로지를 만들면, 그다음에는 테크놀로지가 우리는 만든다"고 이야기했던 셰리 터클(Sherry Turkle)의 통찰은 코로나19로 단순히 미래에 대해 고찰하는 것이 아니라 현실을 통찰하기 위한 방법론이 되었다.[5]

그렇기 때문에 코로나19로 일상화되어버린 사이버스페이스에서 나타나는 문제들을 명확하게 인지하기 위해서는 테크놀로지와 결합하면서 변화한 의미들에 대해 이해해야 한다. 이미 2020년 기준 조사에서 코로나19 이후 스마트폰은 23.34%, PC는 67.3%의 사용률 증가를 보였다.[6] 게다가 이를 통해 나타난 사이버스페이스의 일상화는 앞서 언급했던 공적인 요인의 확장과 더불어 소셜 미디어나 온라인 채팅, 뉴스 검색을 통한 정보의 접근은 물론이고, 쇼핑과 같은 소비 활동 등 사적이고 일상적인 영역에까지 방대하게 확대되고 있기 때문이다. 특히 비대면 소비활동 경험이 이 기간 동안 비약적으로 증가했고, 이러한 변화는 이후 산업구조 전반에 영향을 미칠 것으로 생각된다. 소위 뉴노멀(New Normal)이라고 명명되는 구조적인 변화 양상들이 가시화

---

4. 최미숙, 「사이버문화의 변동에 따른 사이버스페이스에 관한 연구」, 『커뮤니케이션 디자인학연구』 제14호, 커뮤니케이션디자인협회 시각디자인학회, 2003, p.18 참조.

5. 셰리 터클, 이은주 역, 『외로워지는 사람들』, 청림출판, 2012, p.54 참조.

6. 방송통신위원회 《스마트폰·PC 이용행태 변화》 (2020. 6.) 참조.

되고 있다.

이러한 상황에서 사이버스페이스에서 일상적으로 머무르게 된 사람들에 대한 새로운 의미의 접근이 필요하다고 할 수 있다. 그중에서도 우선, 사이버스페이스에서 나타나는 사람들이 어떠한 형태를 하고 있는지를 밝혀보는 것은 유의미한 일이다. 매체의 발달은 SF 서사에서 상상하던 것과 같이 디지털 데이터로 해체된 인간의 비인간성을 은폐하면서 다양한 모습으로, 그리고 플랫폼에서 제공하는 서비스에 능동적으로 접근하여 스스로를 드러내는 형태로 다양한 주체의 분열을 구현했다. 우리는 매트릭스 내에서 기만당하는 실험체들도 아니고, 유기체의 몸이 산산조각이 나서 물리 세계와 디지털 세계 둘 중 하나의 세계를 강요받는 것도 아니다. 오히려 유기체의 몸이 수행하는 행위에 의해서 능동적인 형태로 사이버스페이스에 접속한다. 이는 디지털 매체가 멀티태스킹(multitasking)을 기반으로 형성되기 때문이다. 그렇기 때문에 각각의 플랫폼에서 다양하게 분절화되어서, 하지만 동시에 나타날 수 있는 다양한 형태의 사람들과 얽히고설켜 있는 것이 현재 우리가 마주한 사이버스페이스의 모습이라고 할 수 있다.

사이버스페이스에서의 몸: 문자, 이미지, 동영상

그렇다면 그렇게 다양한 모습들로 분화되고 변형된 사이버스페이스에서 사람들의 모습이 나타나는 양상을 살펴보기 위해서는 존재 혹은 자아를 구성하는 단위로서의 몸이 어떠한 형태로 나타나고 있는지 알아볼 필요가 있다. 특히 플랫폼별로 나타나는 아이디, 그리고 그것을 구현하는 아바타, 소셜 미디어의 경우 능동적으로 형성하는 콘텐츠의 타임라인이 바로 사이버스페이스에서 나타나는 몸의 형태라고 할 수 있다. 이 역시 SF 서사에서 상상하던 것과 같이 온전히 가상의 존재를 형상화하여 물질세계에서의 유기체 몸을 복제하거나 변형시켜 투영하는 것과는 다른 형태로 나타나는 지점이라고 할 수 있다. 이러한 모습들이 결국에는 현실화될지도 모르겠지만, 우리가 먼저 인지해야 하는 현재 사이버스페이스에서의 몸의 형태는 플랫폼이 제공하고 있는 서비스의 형태에 따라 나타난다.

사이버스페이스는 그 특징상 매체기술의 발달과 네트워크 기술의 발달, 그리고 그것들을 기반으로 다양한 서비스를 제공하는 플랫폼의 형태에 따라 여러 가지 형태의 분화들이 속도감 있게 나타나고 또 사라진다. 그렇기 때문에 전체를 총괄하는 형태를 특정하는 것은 어렵지만, 문자와 이미지, 그리고 동영상이라는 형태가 가장 큰 틀에서의 분절된 형태라고 할 수 있다. 특히 사이버스페이스에서의 관계 맺기가 가장 많이 일어나고 있는 정보통신 기술, 그중에서도 플랫폼들이 제공하고 있는 서비스의 형태와 그것을 통해 나타나는 다양한 특징들을 살펴볼 필요가 있다. 이들은 현대에서는 소프트웨어 기술이 현실 문화의 직접적인 부분에 미치는 영향이 크다는 '소프트웨어 문화'라는 특징이 그대로 나타나는 것이라고 할 수 있다.[7]

그래서 현재 사이버스페이스에서 나타나는 몸의 형태는 플랫폼에서 제공하는 서비스의 방식에 맞춰서 구현될 수밖에 없다. 우리는 각각의 플랫폼에서 제공하는 형태로 서비스에 접속해서, 자신을 다양하게 분화시킨다. 자신의 동일성이 복수의 창이라는 플랫폼 형태를 거쳐 분산되는 형태로 나타나고, 파편화된다. 이 과정에서 수행자는 완벽하게 다른 형태의 자아로의 변모 가능성 역시 부여받게 된다.[8] 그리고 그 형태의 변모 양상은 문자를 통해 나타날 때와 이미지 중심으로 구현될 때, 그리고 동영상으로 모사될 때 각각 다른 의미들을 지니게 된다. 이러한 형태는 플랫폼의 목적 혹은 프로그래밍의 형태에 따라, 셰리 터클의 정의에 의하면 네트워크가 준비시킨 '묶인 자아(the tethered self)'의 형태를 의미한

7 레프 마노비치, 이재현 역, 『소프트웨어가 명령한다』, 커뮤니케이션북스, 2014, pp.1~7 참조.

8. 셰리 터클, 황소연 역, 『대화를 잃어버린 사람들』, 민음사, 2018, pp.413~421 참조.

다.[9] 하지만 그와 맥락을 달리해서 생각해봐야 하는 것은, 사이버스페이스에서 파편화되고 다양하게 명멸하며 나타나는 모습들이 불완전하고 불만족스럽기 때문에 가치가 없는 것이 아니라 그러한 상태 그대로 현재 우리에게 어떠한 현상들을 만들어가고 있는가를 살펴보는 일이다.

현재 사이버스페이스에서 나타나는 몸의 형태를 파악하는 데 용이한 인터넷 서비스는 소셜 미디어라고 할 수 있다. 소셜 미디어는 표면적으로 특정한 목적을 수행하기 위해 제공되지 않는다. 온전히 관계 맺기에 특화된 모습으로 나타나기 때문에 다양한 의미들이 그 안에서 나타난다. 또한 소셜 미디어는 현대사회의 초연결(hyper-connected)을 의미하는 대표적인 형태이고, 기존 공동체의 대안적인 가능성을 내포하고 있다고 분석된다. 이는 사이버스페이스가 공유와 점유의 교차가 수시로 일어나고, 그것의 대상과 범위가 자유자재로 바뀌는 형태를 통해 동일성과 타자성이 엇갈리는 섞임의 공간(Hyper Space)을 구현하기 때문이다.[10] 그러한 특징을 기반으로 살펴보면 각각의 플랫폼에서 준비시킨 자아의 형태가 어떻게 구현되고 있으며, 그렇게 구현된 형태가 몸이라고 명명할 수 있을 때, 그러한 몸의 형태들이 어떠한 특징을 지니게 되는지 파악할 수 있다.

가장 먼저 특징적으로 나타나는 형태는 문자를 중심으로 구현되는 것이다. 현재 서비스 되고 있는 소셜 미디어 중에서도 트위터(twitter)에서 특징적으로 나타나는 부분이다. 물론 페이스북(Facebook)도 문자로 구축되는 정보의 공유가 많은 비중을 차지하고 있고, 인터넷 시대 이후

9. 셰리 터클, 이은주 역, 위의 책, p.57 참조.

10. 이종관, 「사이버스페이스와 포스트휴먼 – 사이버 경제와 인간의 미래에 대한 현상학적 고찰」, 『철학과 현상학 연구』 제17호, 한국현상학회, 2001, pp.271-272 참조.

문자 중심 플랫폼의 대명사라고 할 수 있는 블로그(blog) 서비스 역시 이에 해당한다. 하지만 트위터와 같은 소셜 미디어에서 나타나는 문자 형태는 전통적인 문자 매체에 부여했던 방법들이 미끄러지는 상황이 발생한다. 이러한 변화는 사이버스페이스로 넘어오면서 이미 기존의 종이 중심의 문자 매체 시절의 그것과 다른 형태로 변화하기 시작했는데, 소셜 미디어의 탄생 이후 이러한 변화 양상이 가속화되었다고 할 수 있다. 가장 큰 변화는 사이버스페이스에서의 문자가 기존의 쓰기(writing) 개념에서 입력(typing) 개념으로 변화된 문자 구성 방식을 지니고 있다는 것이고, 소셜 미디어 특유의 축약성과 타임라인이라는 형식이 주는 즉각성이라고 할 수 있다.

이러한 변화 양상에서 문자는 구체적인 정보를 담는 것이 아니라 오히려 특정한 이미지를 제공하고 그것을 소비하는 방법의 하나로 나타난다. 이는 장-미셸 아담(Jean-Michel Adam)이 텍스트 이론에서 제시한 '도식화(schématisation)'와도 맥락이 닿아 있는 부분이라고 할 수 있다.[11] 그는 텍스트의 도식화가 하나의 이미지를 제시하는 것이고, 그것은 곧 하나의 세계를 상대방에게 제시하는 것이라고 했다. 이렇게 도식화된 텍스트는 실제적인 대화나 소통이 이루어지는 것이 아니라 텍스트의 순환 구조를 따라서 소통된다고 정의한다. 이러한 분석 방법은 소셜 미디어에서 나타나는 문자 형태의 의미들이 가지는 다양한 형태들을 잘 설명하는 것이라고 할 수 있다. 키보드 혹은 터치스크린, 음성을 통해서 입력되는 문자는 구체적인 정보를 전달하는 것 같지만 실제로는 정보에

11. J.-M. Adam, *Linguistique textuelle*, Paris, Nathan, 1999, p.107 참조.

반응하고, 감상이나 감정을 나열하는 것에 지나지 않는다. 하지만 여전히 그 안에는 과거의 문자 매체가 가지고 있었던 의미들이나, 그것을 수용하는 관습 같은 것들이 작용해 문자로 구성되어 있는 형태, 즉 사이버스페이스에서의 문자 몸에 대해 관대한 의미를 부여한다.

그렇기 때문에 문자는 여전히 정보라는 관념을 가지고 수용되는 경향을 보인다. 문자문화는 전통적으로 '이론적인 것(discourse)'의 방법을 취해왔는데, 여전히 이러한 방법론이 적용되고 있다. 그래서 문자 몸을 입력하고 그것을 인지할 때, 자유롭게 대상을 구현하고 상상할 수 있다.[12] 그 결과 이미지를 나열하는 소셜 미디어나 동영상으로 실제 상황을 보여주는 플랫폼에서 대상을 대할 때는 오히려 관음의 경향이 나타나는 반면, 문자로 구성된 소셜 미디어 등에서 이전과 같은 의미의 관계 맺기가 수행되는 경우가 많다. 이는 사이버스페이스에서 문자라는 콘텐츠가 도식화되어서 하나의 이미지, 곧 세계를 제시하는 것과 같이 여겨지기 때문이다. 이러한 형태에선 오해와 오독도 빈번하게 나타나고, 이는 이미 사회적인 문제가 되어가고 있다. 문자 위주의 소셜 미디어인 트위터에서 페이크 뉴스(Fake News) 등으로 물의를 일으켰던 미국의 도널드 트럼프(Donald Trump) 전 대통령과 같은 예가 이러한 위험성의 대표적인 예라고 할 수 있을 것이다.

반면 이미지는 즉물적이다. 사이버스페이스에서 몸으로 구축되는 이미지는 사진의 형태를 하고 있는 경우가 많다. 대개 자신의 기호나

12. 김종갑, 「외모지상주의 – 내면이 된 외모」, 몸문화연구소, 『착한 몸 이상한 몸 낯선 몸』, 쿠북, 2019, p.26 참조.

취향을 담은 사진으로 소셜 미디어를 구성한다. 그중에서 높은 비중을 차지하고 있는 것은 영미권에서는 셀피(selfie), 한국에서는 '셀카'라는 신조어로 불리고 있는 형태의 사진들이다. 이는 실재하고 있는 물질세계의 유기체 몸인 자신을 그대로 이미지화하는 것이다. 이때 이미지로 나타나는 몸은 구체적이다. 하지만 지극히 추상적인 형태이기도 하다. 특히 사이버스페이스에서의 이미지는 해상도에 따라서 불분명해지기도 하고, 지나치게 명확해지기도 하며, 플랫폼 환경에 따라 절단되어 나타나기도 한다. 이 모든 것들이 우리가 기존에 인지하고 있던 실제와 다른 모습을 하고 있는 경우가 많고, 그렇기 때문에 새로운 인식의 영역이 필요하다고 할 수 있다.

사이버스페이스에서의 이미지는 끊임없이 "훼손되고, 산산조각 나고, 심문과 조사의 대상이 된다. 도난당하고 잘리고 편집되고 재전용된다. 그들은 구매되고, 판매되고 대여된다. 조작되고 변질된다. 매도되고 숭배된다."[13] 이 과정에서 사회적인 욕망이 개입하게 된다. 사회에서 요구하고, 그에 부응한 형태로, 혹은 역사적인 맥락을 반영한 상태로 변형된 몸으로 이미지화 된다. 얼굴의 각도를 조정하고, 각종 보정 필터를 적용한 셀카로 타임라인을 채우고, 얼굴을 지우고 자기 몸의 일부분만을 내보이는 경우도 많다.[14] 이는 능동적으로 자신의 몸을

13. 히토 슈타이얼, 김실비 역, 『스크린의 추방자들』, 워크룸프레스, 2018, p.72.

14. 이는 이전에도 스크린 위에서 나타나는 이미지가 미화된(glamorized) 것이었다는 것을 상기해 볼 때, 분장(glamorization)이라는 실질적인 조정에서 사이버스페이스에서는 기술적으로 제공되는 필터와 보정 등의 컴퓨터 그래픽으로 전환되었음을 알 수 있다. 이는 단순히 연예인처럼 보이기 위해서가 아니라 좀 더 치밀하고 복잡한 관계 속에서 시각문화에 대한 의미들이 나타나고 있음을 알 수 있다. (Richard Dyer, Heavenly Bodies, New York: St. Martin's Press, Inc. 1986.)

재현하는 것이지만 동시에 철저하게 몸을 타자화하고 있는 것이라고 할 수 있다. 하지만 소셜 미디어에서 이미지로 나타나는 몸들은 이러한 상태에서 자유롭지 못하고, 즉물적이고 즉각적인 만큼 수용자들의 반응 역시 동일하게 나타난다.

히토 슈타이얼은 미디어에서 나타나는 이미지가 정치 및 폭력과 충돌하여 훼손되었다고 이야기한다. 다양하게 분절화를 거친 이미지의 형태를 전시하고 소비하는 모든 행위들에 참여하는 스페이스오페라 내의 이미지로 구현된 몸들이나 그것을 소비하는 모두가 그러한 행위에 참여하고 있는 것이다.[15] 특히 이미지를 중심으로 플랫폼 서비스를 제공하는 인스타그램(instagram)과 같은 경우엔 그 사회가 욕망하고 있는 몸의 형태에 대한 강박이 두드러진다. '맛집'이나 '핫플레이스', '바디프로필'과 같이 해당 시기에 사회에서 가치 있다고 여겨진 것들을 이미지로 만들어서 제시하는 작업, 즉 그렇게 구현된 파편화되고 분절화된 이미지들이 내 계정의 타임라인을 채우는 것은 사이버스페이스에서 나의 몸을 구축하는 일이다. 이전에 추상적이고 형이상학적인 형태로 정의되었던 존재의 형태가 즉물적인 이미지의 파편들로 구성되는 것이다.

동영상은 앞서 살펴보았던 문자와 이미지, 그리고 청각이라는 또 다른 정보들이 공감각적으로 구성되어 나타나는 가장 현대적인 모습이라고 할 수 있다. 2000년대 중반에는 문자와 이미지 위주의 소셜 미디어들이 주류였다면 2010년을 기점으로 동영상을 서비스하는 플랫폼들이 늘어나기 시작했다. 유튜브(YouTube)는 이미 현대 사회에서 가장

15. 히토 슈타이얼, 앞의 책, pp.66~72 참조.

중요한 의미를 형성하고 있는 매체가 되었다. 특히 소셜 미디어는 "특정 영역이나 주제에 해당하는 다양한 의지"들을 내재하고 적극적으로 움직이는 개인들이 부각되는 특징을 가지고 있는데, 동영상은 이러한 지점들을 가장 효과적으로 구현하는 방식이다.[16] 게다가 문자에서 얻을 수 있었던 도식화된 세계와 이미지가 주는 즉물성, 그리고 음성언어나 청각 정보를 통해 구체화하는 동영상이 가지고 있는 몸의 형태는 특정하게 의도된 세계를 수용자들에게 제시하는 데 특화되어 있는 형태라고 할 수 있다.

게다가 틱톡(TikTok)과 같은 짧은 동영상 서비스를 제공하는 소셜 미디어의 등장으로 동영상 역시 파편화되고 분절되고 있다. 이렇게 파편화된 동영상으로 나타나는 몸은 동적인 형태로 나타나는 사회의 다양한 요구들을 반영하여 나타난다. 더욱이 기술의 발달로 촬영 도구들의 보급이 높아진 시대에 동영상은 문자나 이미지에 비해 복제와 모방이 용이한 형태라고 할 수 있다. 특히 코로나19 시기에 실내에서나 소규모의 인원들이 특정한 행위들을 수행하고 그것을 소셜 미디어에 업데이트해 다른 사람들이 따라하는 '챌린지'의 유행은 이러한 동영상의 특성을 그대로 반영한 것이다. 2020년대 이후 문화적으로 나타나는 밈(meme)을 구성하는 대개의 형태가 동영상임을 감안하면, 2020년대 사이버스페이스에서 몸의 형태는 특정한 행동과 컴퓨터 그래픽(자막 등), 그리고 음악이 공감각적으로 배치된 동영상 콘텐츠의 형태라고 할 수 있다.

---

16. 김헌식, 「소셜네트워크서비스(SNS)의 재인식과 디지털 문화콘텐츠의 함의 연구 – 자아효능과 에고 센트릭 콘텐츠의 관점에서」, 『콘텐츠문화』 제2호, 문화예술콘텐츠학회, 2012, p.3.

송출하는 몸과 수신되는 객체들의 세계

이와 같이 다양한 형태와 의미들로 구현되고 있는 사이버스페이스에서의 몸은 또 하나의 특징을 가지고 있다. 바로 사용자가 능동적으로 모든 행위에 참여하여 자신의 몸을 다양한 형태로, 그리고 멀티태스킹 상태에서 동시적으로 네트워크상에 송출하고 있다는 것이다. 더욱이 1990년대 이후 출생한 세대들에게는 이러한 행위들이 특별한 것이 아니다. 소셜 미디어 시대에 몸은 적극적으로 네트워크에 송출됨으로써 정체성을 확립하게 된다. 이는 특정한 사회집단에 소속되었을 때 확인할 수 있었던 것들이 플랫폼이 제공하는 서비스에 가입하기만 하면 가능해진 시대가 되었음을 나타내는 것이다. 특히 소셜 미디어는 단어에서 명시하고 있는 것처럼 사용자들 간의 연결을 통해서 구축된 사이버스페이스이다. 팔로우와 팔로워, 혹은 구독자와 친구라는 이름으로 나와 연결된 사용자들이 존재하고, 그들은 내가 문자로, 이미지로, 동영상으로 업데이트하고 있는 나, 즉 나의 몸을 확인하고 관계를 유지한다.

이러한 시스템 내에서 개별 사용자들은 끊임없이 자신의 몸을 분절화해서 사이버스페이스로 송출하고 있다. 일정한 수신지를 정하지 못하는 것은 디지털 네트워크가 가지고 있는 연결망의 방대함과 소셜 미디어가 가지고 있는 정보의 공유 기능 때문이다. 소셜 미디어상으로 송출된 능동적이고 주체적인 몸은 이미 리트윗, 혹은 공유 기능을 통해서 네트워크 내에서 순식간에 확산될 수 있다. 일정한 대상을 상정하고 송신하는 메시지의 경우에는 소셜 미디어에서 DM(Direct Message)이라는 형태로 따로 분류하고 있다. 이러한 구조 속에서 거대한 사이버스페이스에 송출된 몸은 내 의도와는 상관없이 타자화되고, 객체화된다. 사이버스페이스 내에서 다른 사용자가 나의 몸을 발견해 접근하는 순간, 그것은 주체로서의 의미를 잃어버리고 기계적으로 수신되는 객체가 되어버리는 것이다.

그리고 이 모든 것들이 소셜 미디어를 기반으로 하는 사이버스페이스에서는 '순식간에' 일어난다. 게다가 빅데이터와 인공지능의 발달은 내가 강요당하거나, 혹은 원한다고 여기는 것을 세밀하게 나눠서 제공하기 때문에 마치 내가 맺는 관계, 그러니까 수신하는 객체들이 전적으로 나의 능동적인 행위성에 의해서 형성된 것이라고 믿게 만든다. 그 결과 사이버스페이스에서 제공하는 의미들에 함몰되거나 게토화되는 경우들 역시 생겨나고 있다. 하지만 현실에서의 "이용자 데이터화 콘텐츠는 온라인 플랫폼을 통해 거래되고 클라우드 시스템에서 수행되는 알고리즘 기계에 의해 분석되고 예측되면서 주로 자본의 이윤을 위해 활용된다."[17] 결국 우리가 능동적으로 수행한다고 생각하는 접속하는 관계 맺기는 끊임없이 타자화와 객체화를 유발하면서 거대한 사회 구조 내에서 과잉 욕망을 유발시키는 외부의 작용에 대한 위험성을 내포하고 있다. 하지만 이러한 문제의 분석이 이전과 다른 층위로 구성되어야 하는 것은 사이버스페이스가 회피할 수 없는 문제라는 데 있다. 이전에는 매체의 접속 시간을 줄이고, 과몰입을 경계하는 등의 해결책을 내어놓을 수 있었지만 코로나19로 사이버스페이스가 우리 삶에서 차지하는 비중이 높아진 지금은 그러한 방법이 해결책이 될 수 없다. 그렇기 때문에 해결할 수 있는 방안들을 모색해야 하는 것이다.

그 문제 해결의 방법 중 하나로는 사이버스페이스에 접속하여 관계 맺기를 하는 데서 미세하게 발생하고 있는 차이들을 명확히 이해하는 것이다. 특히 서비스를 사용하는 데 있어서 소위 '실명'을 사용해 사회적으로 규정된 개인을 드러내야 하는가의 여부는 여전히 중요한 문제이다. 실명 사용이 중요한 이유는 단순히 익명성이라는 것을 단면적으로 이야기하기 위함이 아니라 이에 따라 플랫폼 사용자들이 그 안에서 자신을 캐릭터화하고 욕망을 드러내는 방식들이 각기 다르게 나타나기 때문이다. 우선 트위터는 익명성을 보장한다. 가입 조건과 아이디를 만드는 과정에서 개인정보는 메일 계정 정도를 묻는 것이 전부다. 타임라인의 사용자 대부분은 사회화된 실명이 아닌, 자신이 직접 지은 닉네임을 사용하고 있고, 그 안에서 사람들은 닉네임이라는 페르소나

17. 이광석, 『디지털의 배신』, 인문과사상사, 2020, p.30.

들과 소통한다. 그래서 개인이나 존재에 대한 관심보다는 일차적으로 그 계정이 가지고 있는 콘텐츠에 관심이 쏠리게 되어 있다.

게다가 이러한 익명성은 사회화를 위해 제한되고, 편집된 개인이 아닌 내재된 욕망들이 날것 그대로 드러나 있는 경우들이 많다. 이를 부정적으로 규정하기 시작하면 반사회적이고, 폭력적인 사회적 범죄와 연관되지만, 사회화를 벗어나 자유롭게 개인의 의사를 표현하고 욕구들을 드러내는 형태는 문화적으로 새로운 가능성들을 지속하는 방법론이 되기도 한다. 게다가 소셜 미디어가 가지고 있는 일상성으로 대표되는 자기표현의 심리는 트위터라는 플랫폼의 형식에서 단지 일상의 모습들을 보여주는 것이 아니라 자신이 관심 있어 하는 영역에 대해 자유롭게 맺은 관계들(팔로워)에게 말하는 방식으로 나타난다. 이러한 관심사에 대한 말하기 방식은 트위터의 가장 부각되는 특징이라고 할 수 있고, 이미지와 동영상을 첨부하여 콘텐츠를 발행할 수 있는 형태이지만 반드시 그것을 부연 설명하는 방식이 동원된다.

또한 트위터와 같이 익명성을 보장하지만 텍스트가 아닌 이미지를 중심으로 하고 있는 인스타그램의 경우에는 이러한 지점들이 조금 변화되어 나타난다. 인스타그램에서는 이미지 위주로 콘텐츠를 발행하기 때문에 일상의 모습들을 보여주는 것이 주를 이룬다. 인스타그램은 관심 있는 영역이나 콘텐츠화한 자신의 일상이 어떤 모습으로 실재화하는가를 이미지나 동영상 등을 통해서 구현하며, 사람들은 이러한 시각 매체가 가지고 있는 즉물성에 충실하게 즉각적인 반응을 보이게 된다. 인스타그램이 트위터와 같이 타임라인의 기능을 차용하고 있는 것도 이러한 즉각성을 강조하기 위함이라고 할 수 있다.

하지만 실재화하여 보여준다는 것은 일정한 기준과 사회적으로 '일반적'이라고 합의된 것들의 자장에서 벗어나지 못하는 한계를 보여준다. 특히 인스타그램에서는 피드백의 중요성이 부각되는데, 자신의 일상을 편집하여 전시하고 그것으로부터 받는 피드백은 인스타그램이라는 소셜 미디어에서 가장 부각되는 부분이다. 이는 "피드백의 상호성 원리에 따라 타아에 자아를 강화해 줌으로써 자아중심성을 네트워크를 통해 강화"하는 행위라고 할 수 있다.[18] 트위터에서 팔로워의 숫자가 큰 의미를 지니지 않는데 반해, 인스타그램에서 이러한 행위들이 중요하게 부각되는 것은 그만큼 인스타그램에서 가지고 있는 자기표현의 의지들이 이론적인 층위에서 사회화와 맞닿아 있기 때문이라고 할 수 있다.[19]

페이스북은 이들과는 사뭇 다른 상태로 나타나는데, 그것은 플랫폼이 고수하고 있는 철저한 실명 공개 정책 때문이라고 할 수 있다. 페이스북에서는 사회적으로 합의된 네트워크를 중심으로 관계가 맺어진다. 물론 여기서도 기존의 관계망이 네트워크라는 탈공간성의 도움을 받아 확장되는 모습을 보여주지만, 기본적으로는 기존의 인적네트워크를 기반으로 하여 그 주변부로의 확장에서 그치는 것을 알 수 있다. 게다가 직장, 출신학교, 출신국가나 지역 같은 데이터베이스를 토대로 추천되는 친구 목록들은 페이스북이 사회적으로 합의된 기존의 인간

18. 위의 글, p.177.

19. 자기표현에 대해서는 Leary의 정의를 참고하였다. "타인을 대상으로 자신을 표현함으로써 타인으로 하여금 자신의 긍정적인 사회적 인상을 형성하게 하고, 부정적인 인상에 대한 인식률을 최소화하기 위한 행위"(M.R. Leary, *Self-Presentation: Impression management Behavior*, West View Press, Madison, WI. 1996.)

관계망을 유지하고 발전시키는 데 일차적인 목적이 있다는 것을 보여 준다.

이와 같이 소셜 미디어 시대에는 네트워크 기술의 발달로 관계 맺기의 방식들이 다양한 층위에서 다양한 방식으로 나타나게 된다. 그런데 여기에서 우리가 관심을 가져보아야 할 부분은 바로 이러한 각각의 서비스를 하나의 주체가 동시에 수행하는 경우들이 빈번하게 발생한다는 것이다. 그리고 그들은 각각의 서비스에서 각기 다른 자아를 가지고 활동한다. 그들은 실명을 가지고 페이스북에서 기존의 관계망들과의 친밀감을 돈독하게 하면서, 주변부로 확장하려는 사회적인 시도들을 계속한다. 그뿐만 아니라 인스타그램에서 불특정 다수의 사람들에게 자신의 일상을 이미지로 파편화하고 편집하여 전시함으로써 자신의 취향을 비롯한 욕망들이 긍정적으로 인정되기를 바라는 욕구들을 드러낸다. 물론 이러한 욕구들은 어디까지나 자아가 사회화를 원활하게 하기 위한 방법론이라고 할 수도 있을 것이다.

하지만 트위터는 자신의 욕망과 그것에 대한 정보의 교환과 인정이 부각되는 소셜 미디어다. 페이스북과 인스타그램에서는 나타나지 않았던 자아정체성들이 트위터에서는 드러날 수도 있다. 그리고 그것 역시 데이터화되고 코드화된 몸을 가지고 현현된 주체라고 할 수 있다. 그것이 사이버스페이스가 일상이 된 시대에 새로운 몸에 대한 감각이라고 했을 때, 그것을 부정하고 배제하기보다는 명확하게 인지하고 사유해야 할 필요성이 있다. 변화된 시대에 몸에 대한 주체성과 윤리의 새로운 영역들을 견지해야 한다고 했을 때 이러한 시각들은 간과해서는 안 될 부분이다.

특히 익명성을 담보로 하는 일탈적이고 해방적인 행위들에 대해서 이제는 단지 사회화의 이면으로 판단하여 정의하는 것에서 벗어날 필요가 있다. 사이버스페이스에서 나타나는 자아의 모습들을 이전에는 '가상 자아(virtual self)', '원격 자아(mediated self)', '재매개된 자아(remediated self)'와 같이 다양한 방식으로 구분하여 정의하려는 시도들이 있어 왔다.[20] 하지만 이러한 구분들도 결국 사이버스페이스에서 나타나는 다양한 자아들이 자아라는 사실을 인정하고 이해하려는 시도들로 해석되어야 한다. 이에 대해 단지 실재 자아라는 개념을 고정해 놓고 그것들과의 차이를 통해 구분하기 위한 형태를 띠게 된다면 소셜 미디어 시대에 코드와 데이터를 통해 명확하게 드러나고 있는 다양한 자아의 층위들에 대한 이해에 접근할 수 없을 것이다.

우리는 사이버스페이스가 일상화된 세계에 살고 있다. 사이버스페이스 개념이 탄생한 후 기술의 발달과 그것의 일상화를 부정할 수 없는 상황이 도래했고, 그것을 받아들이면서 사이버스페이스는 비로소 담론의 영역에 진입하게 되었다. 그런데 이제는 사이버스페이스가 일상화되는 현실을 관통하고 있다. 그렇다면 이제는 포스트-사이버스페이스에 대한 담론들이 필요한 시점이라고 할 수 있다. 새로운 담론의 시작이라고 했을 때 선행되어야 할 것은 바로 사이버스페이스를 가상으로만 인식하지 않는 것이다. 실재와 구분되는 가상의 공간이 아니라 원래 사이버스페이스가 가지고 있던 공간의 확장적인 성격이 일상

20. J.D. Bolter, R.A. Grusin, *Remediation: Understanding new media*, Cambridge, MA: MIT Press, 1999.

화되어 있는 상태로 인식하는 것을 의미한다.

그런 의미에서 사이버스페이스는 막연한 헤테로토피아가 아니다. 현실과 구분되는 것들, 현실에서 나타나지 않는 것들이 나타나고 있는 공간이 아니라 이미 현실의 다양한 존재들과 상호 연관을 주고받고 있는 공간으로 인식할 필요가 있다. 그리고 이러한 인식들은 미룰 수 없는 것이 되어버리고 있다. 기술의 발달은 인간의 인식이 의미를 담보할 수 없는 시대를 빠르게 확산시키고 있다. 특히 이러한 문제는 포스트휴먼(posthuman) 담론의 개진과 더불어, 우리가 인간이라고 지칭하는 것이 어떠한 특징들로부터 연유하는지를 되묻는다.

가속화된 기술의 발달은 우리의 인지 방법들을 이전과 다르게 바꾸어 나갈 것이다. 확장된 사이버스페이스에서 일상적으로 생활하고 있는 포스트-사이버스페이스 인류가 새로운 인지방법들을 통해 새로운 존재론적인 인식들을 확립해 나갈 것이다. 그리고 이러한 담론의 장에 제일 앞에 놓여있는 과제는 포용이라고 할 수 있다. 사이버스페이스 내에서 데이터화되고 분절화되어 조각나 있는 몸과, 플랫폼에 따라서 각기 다른 욕망을 드러내며 다양하게 변해 있는 자아들에 대한 포용이 필요하다. 단지 현실의 이면이나 해결해야 할 문제들로만 인식하고 의미 작용에서 배제해 버리는 것이 아니라 우리 몸의 한 형태로 인정하고 공동체의 한 형태로서 인식하는 작업이 필요하다. 그리고 그것을 해결하고 난 뒤에야 포스트-사이버스페이스 시대에 새로운 공동체와 사회, 그리고 윤리라는 구성원들이 공생할 수 있는 다양한 가치들이 새롭게 정의될 수 있을 것이다.

PART 4

코로나19 시대의 사랑법
: 투과되는 몸과 사랑의 거리두기

- 임지연 -

1. 코로나19 시대에 사랑은 나를 구원할 수 있을까?
2. 투과적인 몸, 스파이크단백질이 있는 바이러스의 몸
3. 위험사회에서 사랑이 더욱 중요해졌다!
4. 언택트 러브와 데이팅 앱
5. 사회적 거리두기와 사랑의 거리두기

코로나19 시대에 사랑은 나를 구원할 수 있을까?

코로나19가 팬데믹이 되면서 우리는 바이러스와 함께 살게 되었다. 이 사태는 자연의 침입이 아니라, 우리가 얼마나 자연과 공생하는지를 여실하게 보여주는 계기가 되고 있다. 미생물은 지구상에 가장 많이 거주하는 존재이고, 우리는 항상 이들과 함께 살고 있다. 단지 어떤 관계로 연결되는가가 문제이다. 코로나19는 박쥐나 천산갑 등 다른 동물과 연결되었을 때는 아무 문제가 되지 않는다. 그것이 인간과 관계 맺을 때 문제가 발생한 것이다. 코로나19가 아니라, 바로 인간의 몸에서 말이다. 코로나19는 우리가 처한 재난 상황을 알지 못한다. 그것은 코로나19 탓이 아니다. 엄밀히 말한다면 인간의 탓이다. 인간이 그동안 자연을 자원화, 대상화, 사물화했기 때문이다. 코로나19는 팬데믹으로 확장되었고, 우리는 사회적 거리두기를 요청받았다. 그것은 사실상 몸의 거리두기이다. 거리두기라니. 연인들에게 사랑은 접촉이고 애무의 과정이다. 코로나19는 사랑에까지 침투했다.

사랑이 코로나19 감염의 근원지가 될 수 있다는 공포는 사랑하기에 제한을 두게 한다. 그러나 급작스러운 전 지구적 재난의 상황에서 사랑은 우리에게 더 중요한 것이 되었다. 사회적 거리두기 사회가 되었음에도, 우리는 팬데믹에 의한 공포와 불안으로 인해 거리-없음으로서의 사랑을 필요로 하는 역설적 상황에 처하고 말았다. 코로나19 사회에서 우리는 행동에 제한을 받을 뿐 아니라, 경제적 지표가 나빠지면서 직장에서 해고되거나 수입이 줄고, 노동 강도가 더 강해지는 불안한 사회에 살게 되었다. 코로나19는 인간사회에 불안과 공포, 두려움의 정동이 넘실대게 한다. 지하철에서, 사무실에서, 마트에서, 거리에서 우리는 감염될 수 있다. 누가 우리를 구할 것인가? 역설적으로 코로나19는 작은 국가가 아니라 강한 국가를 요청하였다. 그렇다면 국가가 나와 당신을 구할 수 있을까? 백신이 나를 구할 수 있을까? 나의 면역력이 나를 구원할까? 확실치 않다. 지금 느끼는 불안과 공포로부터 나를 안정시켜주는 것은 사랑이다. 손을 씻고 KF94 마스크를 쓰고, 사회적 거리두기를 열심히 하고 있지만, 이 불안과 공포는 해결되지 않는다. 따라서 사적 영역에서 사랑은 강한 면역력으로 작용할 수밖에 없다. 울리히 벡이 말했던 것처럼 위험사회에서 사랑은 종교가 된다.

그렇다면 사랑이 우리를 구할 수 있을까? 아쉽게도 사랑은 코로나19 사회의 불안으로부터 우리를 구원하지 못한다. 사랑은 우리를 구원할 수는 없지만, 개인들이 어떻게 살아가야 할지, 어떤 관계를 구축해야 하는지에 대한 방향을 제시할 수는 있다. 그리고 우리의 연애와 사랑을 재점검할 수 있는 계기를 줄 수 있다.

한국 사회는 격정적으로 변화해 왔다. 해방 이후부터 현재까지 매

시기마다 새로운 시대정신을 창발하는 정치적 사건과 함께 우리 사회는 계단식으로 변화했다. 최근 4.16 세월호 사건, 촛불 시위, 강남역 사건, 코로나19 팬데믹 등 사회의 심장부를 강타할 만한 사건들이 발생하면서 우리의 문제에 대해 근원적 성찰을 시도해 왔다. 이러한 변화 속에서 사랑은 어떤가? 이 글의 질문은 바로 격변하는 시대에 사랑은 어떤 변화를 겪고 있으며, 어떤 방향으로 변해야 하는가이다.

사랑이 현실 속에서 가능해야 한다면, 2020년대를 살아가는 우리에게 사랑은 '어떤' 변화가 있는가를 물어야 한다. 특히 코로나19와 함께 살아가는 우리에게 사랑의 현실은 달라졌을 것이다. 사회적 거리두기와 연인 간의 접촉 문제는 어떻게 해결하면 좋을까? 시대적 변화와 함께 사랑의 형식은 변화할까? 사랑을 긍정하기 위해 우리는 시대의 변화 속에서 사랑의 변화에 민감해야 할 때가 되었다. 사랑이 우리를 구원할 것이라는 판타지에서 벗어나, 현재 우리가 처한 상황에서 사랑의 방향을 탐색할 때가 되었다. 우리는 우리가 처한 현실 속에서 사랑의 형태를 탐색하고, 그 가능성을 발견해야 한다. 사랑을 삶 속에서 긍정하기 위해서, 사랑을 현실 속에서 향유하기 위해서 말이다.

투과적인 몸, 스파이크단백질이 있는 바이러스의 몸

코로나19 시대의 사랑은 어떻게 변하고 있을까? 사랑은 성적 욕망에 기초한 몸을 토대로 이루어진다. 몸이 문제인 것이다. 사랑을 사유하기 위해서 먼저 코로나19 시대의 몸의 문제부터 생각해보기로 하자. 코로나19 사태는 우리의 몸이 투과성과 취약성에 기초해 있으며, 동시에 얼마나 상호의존적인지 알게 해준다. 우리의 몸은 피부에 의해 안과 밖이 나뉜 자율적 개체가 아니다. 몸은 내부와 외부 사이의 교환으로 존재한다. 즉 유출과 유입의 작용 과정이 몸이다.[1] 가령 주황색 귤을 먹고 있다고 하자. 처음에 둥글고 말캉한 귤 조각은 입 안으로 들어가 잘게 부서진다. 그리고 식도와 위로 넘어갈 때쯤 귤의 형태는 사라지기 시작해서 몸으로 흡수되는 과정에서는 어디가 몸이고 어디가 귤

1. 스테이시 앨러이모, 윤준·김종갑 역, 『말, 살, 흙: 페미니즘과 환경정의』, 그린비, 2018, p.284.

인지 전혀 알 수 없게 된다. 귤이 흡수된 후 대소변으로 나올 때 거기에 '귤'적인 것이 있는가? 그리고 귤에 묻은 농약은 어떤가. 의도치 않게 몸속으로 들어간 농약은 우리의 몸을 변형시키거나 오작동하게 한다. 그것은 물론 농약의 잘못은 아니다. 농약은 해충을 방지하기 위해 농부가 뿌린 것일 뿐인데, 단지 인간이 그것을 먹었을 뿐이다. 농약은 해충과 결합할 때 인간에게 이롭지만, 인간의 몸과 만날 때는 위해하다. 그러니 농약 자체는 사악한 화학물질이 아니다. 몸은 이처럼 투과적이다. 농약이건 공기건 미세먼지건 귤이건 스파게티건, 그것들은 몸을 가로질러 들어가거나 유출된다. 코로나19도 마찬가지이다. 우리의 몸이 투과적이지 않다면, 우리는 바이러스로부터 안전할 것이다. 그런데 우리 몸은 모든 물질들을 받아들이고 작용하고 변형하고 배출하는 특성을 갖기 때문에 코로나19 팬데믹이 일어난 것이다. 우리 몸은 잘 찢기고 부서지고 죽는다는 점에서, 그리고 타자들을 투과할 수 있다는 점에서 취약하다.

그렇다면 코로나19의 몸은 어떻게 생겼을까? 우리는 바이러스의 생김새를 이토록 자주 들여다본 적이 없었던 것 같다. 둥근 외형에 규칙적으로 솟아오른 빨강색 코로나19 돌기는 기하학적 미감을 가지고 있으면서 동시에 기괴하게 공격적으로 느껴진다. 그 위협감은 우리의 정동일 뿐이지, 코로나19의 특징은 아니라는 점을 분명하게 알아두자. 코로나19는 이전의 사스나 메르스바이러스보다 더욱 빠르게 확산되는 특징이 있다. 그 이유는 코로나바이러스 돌기 형태의 단백질 때문이라고 한다. 전자현미경으로 코로나바이러스를 관찰하면 가장자리가 왕관이나 태양의 코로나를 연상시키는 모양을 하고 있다. 이것이

스파이크단백질이라고 부르는 돌기이다. 스파이크단백질은 축구화 밑바닥에 있는 스파이크가 미끄러짐을 방지하는 것처럼, 숙주세포에 단단하게 결합할 수 있게 한다. 또한 스파이크단백질은 단백질가위에 잘린 후에야 세포 내로 침투할 수 있는데, 사스바이러스나 메르스바이러스보다 쉽게 잘릴 수 있도록 변형되었다고 한다.[2]

코로나19 시대란 투과적이고 취약한 인간의 몸과 잘 들러붙고 세포 내로 침투하기 쉬운 바이러스의 결합이 문제가 되는 시대를 말한다. 코로나바이러스가 박쥐나 천산갑의 몸과 결합될 때는 큰 문제가 되지 않는다. 코로나바이러스는 우리를 방해하는 침입자가 아니다.[3] 미생물은 지구상에 가장 수가 많을 뿐 아니라, 물질대사로 생명이 살아가기에 적합한 대기권을 만드는 등 생명 진화에 큰 역할을 담당해 왔다.[4] 따라서 바이러스나 세균은 우리의 몸을 병들게 하는 작은 악당이 아니다.

인간은 일정한 거리를 두고 다른 동물의 몸(숙주)에서 공생하던 코로나바이러스를 인간세계로 데려왔다. 천산갑은 약재와 보양식으로 사용되면서 멸종 위기종이 되었다. 어떤 과학자들은 천산갑과 공생하는 코로나바이러스가 마치 천산갑을 보호하고, 인간의 자연 침해 행위를 경고하려고 인간을 공격하는 것이 아닌가 하는 상상을 한 바 있다.[5] 바이러스 입장에서 본다면, 어쩌면 인간의 몸은 새로운 기회의 땅인지도

---

2. 김호민, 「코로나바이러스-19의 구조적 특징과 침투 경로를 차단하는 치료 전략」, 『코로나19 과학 리포트』 2, 2020. 3. 5.
https://www.ibs.re.kr/cop/bbs/BBSMSTR_000000000971/selectBoardArticle.do?nttId=18178
3. 슬라보예 지젝, 강우성 역, 『팬데믹 패닉』, 북하우스, 2020, p.140.
4. 린 마굴리스·도리언 세이건, 김영 역, 『생명이란 무엇인가』, 리수, 2016, pp.121-125.
5. 고규영 외, 『코로나 사이언스』, 동아시아, 2020, p.114.

모른다. 하지만 이 부자연스러운 결합으로 인간의 몸은 오작동 된다. 열이 나고, 기침이 나오고, 호흡곤란과 폐렴이라는 증상이 나타나게 된다. 기저 질환을 가진 취약한 몸과 코로나바이러스가 결합할 때 더 치명적인 증상을 겪게 된다. 따라서 우리는 마스크를 쓰고 사회적 거리두기를 필요로 하는 것이다. 일정한 거리가 이 둘의 결합과 배치를 방해할 수 있기 때문이다.

코로나19 시대의 뉴노멀 중 하나는 사회적 거리두기이다. 거리두기란 몸의 거리두기를 말한다. 그것은 우리 몸이 투과적이고 취약하며, 타자들과 상호의존적이라는 사실을 극명하게 드러낸다. 연인과 사랑하는 몸, 성관계를 맺는 몸이란 이 특징과 무관하지 않다. 연인들은 서로의 몸을 투과하고 횡단하는 몸을 기쁨으로 향유한다. 그런데 사랑하는 몸을 거리두기 해야 하는 시대가 도래한 것이다. 코로나19 시대에 사랑은 더욱 어렵게 되었다. 코로나19 시대에 사는 우리는 사랑의 개념과 방향을 재설정해야 할 때가 되었다.

위험사회에서 사랑이 더욱 중요해졌다!

코로나19는 박쥐나 천산갑과 달리, 인간에게 위험하다. 이러한 위험은 2020년에 나타난 일시적인 현상일까? 사회학자 울리히 벡은 그렇지 않다고 말한다. 벡에 따르면 이러한 위험은 우리 사회에 구조적으로 내포되어 있다. 근대 이후 문명이 자연을 자원화하고 대상화하면서 구축된 이상, 예측 불가능한 위험은 발생할 수밖에 없다. 울리히 벡은 현대사회를 위험사회로 부른다. 근대는 부(富)의 사회적 생산과 함께 위험의 생산이 체계적으로 수반된다. 철도와 고속도로를 만들고, 배와 비행기를 만들고, 빌딩을 지을 때, 그 과정에서 삼림이 파괴되고, 노동자는 다치고, 기후변화가 야기되고, 안전하다던 원자력발전소가 폭발하기도 한다. 즉 문명은 위험을 구조화할 뿐 아니라, 부메랑 효과를 보이면서 증폭된다. 위험사회란 위험이 중심이 되는 현대문명사회를 말하는 것이다. 현대화가 진행될수록 위험은 측정 불가능하고, 불확실해지고, 전 지구화의 특징을 갖게 된다.[6] 중국의 한 지방에서 처음 발견된 코로나19가 이토록 증폭될 줄 아무도 몰랐을 것이다. 이 감염병은 측정 불가능할 뿐 아니라, 곧바로 팬데믹으로 이어졌고, 이후 엔데믹이 될 것이라고 예견된다. 이 감염병 사태의 범위가 어디까지 확장될지, 어떤 고통 속에서 진행될지, 누가 이익을 얻고 누가 불행해지는지, 어떤 잠재적 위험으로 전환될지 아직 우리는 잘 모른다. 이러한 암담한 상황 속에서 우리는 코로나 불평등, 코로나 블루로 불안과 공포를 경험하고 있다. 우리는 위험한 세계에서 살아가고 있다. 문제는 위험사회에서 개인은 위험에 어떻게 대응하는가이다. 벡은 여기서 위험과 사랑의 역설적 관계에 주목한다.

울리히 벡은 사랑이 현대의 종교가 되었다는 점을 포착한다. 위험사회에서 개인은 사랑을 더욱 필요로 한다. 흥미롭게 그는 사랑과 종교를 비교 분석한다. 사랑과 종교는 완벽한 행복에 대한 기대와 이를 성취하는 과정이 비슷하다. 종교가 신의 에너지를 현실 속에서 펼쳐나간다면, 사랑은 연인끼리의 성적 열정과 세계에 대한 새로운 감각을 통해 현실을 새롭게 구성할 수 있다는 것이다. 연인들은 사랑의 감정을 통해 지상에 속해 있지만 둘만의 왕국을 건설한다.[7] 지상과 천국을 실현하는 방식에서 사랑과 종교는 비슷하다는 것이다. 종교는 사후에도 삶이 있다고 말하고, 사랑은 죽음 전에 삶이 있다고 말한다. 사랑은 지상 위의 유토피아, 자본주의 안에 있는 공산주의라는 것이다. 사

6. 울리히 벡, 홍성태 역, 『위험사회』, 새물결, 2006, pp.52~98.

7. 울리히 벡, 엘리자베트 벡-게른샤임, 강수영 외 역, 『사랑은 지독한, 그러나 정상적인 혼란』, 새물결, 1999, pp.300~311 참조.

랑은 이질적인 것이 혼재되어 있다는 점에서 역설적인 혼란을 내장하고 있다. 반면 종교와 사랑의 차이는 그것이 실현되는 방식에 있다. 종교는 신과 교리라는 확고하게 주어진 체계가 있지만, 사랑은 자신들의 규칙과 방법을 스스로 만들어내야 한다고 벡은 지적한다. 위험이 문명에 내재되어 있고, 사회에 구조화되어 있다면, 우리는 지상 위의 유토피아를 필요로 한다.

김탁환의 소설 『살아야겠다』[8]는 2015년 메르스에 걸려 사망한 사람들의 이야기를 다룬 증언 소설이다. 영문도 모른 채 메르스코로나바이러스에 감염된 사람들은 폐가 망가져 고통스럽게 사망해 간다. 무능한 보건당국은 이 사태를 비밀스럽게 처리한다. 환자들은 고립되고, 더러운 병균덩어리로 취급받으며, 바이러스와 사회, 국가의 희생자가 된다. 특히 마지막 사망자 김석주의 이야기는 그의 곁을 지키며 사회와 싸웠던 아내 영아의 사랑에 대한 것이다. 의사이자 림프종을 앓던 김석주는 이름도 모르는 확진자와 같이 머무는 동안 감염된다. 그가 사실상 메르스에 감염이 되었는지 완치되었는지 확실치 않은 상태에서 치료를 받지 못한 채 격리병동에 이송되어 죽을 때까지 나오지 못했다. 음성 판정을 받았지만 림프종으로 인한 오한과 발열이 의심되어 끝까지 메르스 환자로 남아 사망한 것이다. 남편의 죽음을 지켜보는 그의 아내는 국가와 의료시스템과 타협하기도 하고 싸우기도 하면서 그를 지켜내고자 하였다. 하지만 아무도 이들의 목소리를 들어주지 않는다. 서로는 서로의 목소리만 들을 수 있었다. 사랑이 아니었다면 이

8. 김탁환, 『살아야겠다』, 북스피어, 2018.

들은 어떻게 되었을까?

"두려워."

그의 시선이 벽과 천장이 만나는 어두운 모서리에 고정되었다.

"여기서 이대로 바이러스 덩어리 취급 받다가 죽긴 싫어. 나갈래. 영아야! 나 나가게 해 줘."

영아는 용기를 주고 싶었다. 목이 꽉 막혀 말이 나오지 않았다.

"사람답게 살다 가고 싶어. 이건 아냐. 여긴 아냐."

"나……물 한 잔만 마시고 올게. 화장실도 쓰고 싶고."

간호사 스테이션까지 가서 정수기 물을 마시고 화장실에서 소변을 본 후 다시 역순으로 돌아와야 하는 것이다. 갈증을 느끼더라도 대부분은 그냥 참았지만 견디기 힘들었다. 사막에서 길을 잃은 사람처럼.

"가지 마. 그냥 있어 줘."

"올게 금방."

석주는 깡마른 손에 모든 힘을 실어 그녀의 팔을 놓지 않았다. 영아는 그 팔을 밀어내지 못했다. 여기서 그냥 오줌을 지리더라도 서 있기로 했다. 서 있을 수밖에 없었다.

"아직…… 작별 인사도 못했는데……사랑한단 말도 오늘 못 했는데……이렇게 가면 안 되는데……안 돼……"[9]

석주는 아내 영아를 위해서라도 꼭 낫고 싶어 했다. 영아는 석주가

---

9. 김탁환, 앞의 책, pp.535~536, p.612.

나으면 아이와 함께 리마인딩 웨딩 계획을 세우기도 했다. 그러나 질병관리본부는 석주의 음압 격리병실 해제를 허락하지 않았다. 메르스 치료법도, 메르스 격리 해제 기준도 만들지 못한 국가와 의료시스템에 갇혀버린 석주는 마지막 메르스 환자로 사망했다. 이들은 이 과정을 사랑으로 버텨냈다. 극한의 재난 속에서 이들을 마지막까지 지켜 줄 수 있는 것은 사랑인 것 같았다.

메르스로부터 상대를 구해주지는 못했지만, 이들은 고통 속에서 서로를 구원해주려고 했다. 김석주는 죽을 때까지 웃음을 잃지 않으려고 노력했고, 희망을 잃지 않았다. 국가는 극한의 위험에 빠진 개인을 구하지 못한다. 오히려 그들을 위험 속으로 밀어 넣었다. 의료체제도 자본도 마찬가지이다. 누가 위험에 빠진 나를 구할 것인가? 사랑이 구할 것이라고 개인들은 믿는다.

구조적으로 위험이 도사린 사회에서 개인은 사랑을 선택한다. 근대는 탈마법화의 과정이었지만, 사랑이 감정진정성 체제로 전환되는 과정은 아마도 신이 사라진 시대에 사랑이 그 빈자리를 대체했는지도 모를 일이다. 그것은 위험사회에서 사랑이 종교화되는 이유 중 하나일 것이다. 코로나19 시대는 위험이 전 지구적으로 확장되었고, 예측 불가능한 상황에 이르고 있다. 그렇기 때문에 우리에게 사랑은 더욱 필요하게 되었다.

그런데 코로나19 팬데믹은 단순하게 자연세계만의 문제가 아니다. 그것은 사회적 · 경제적 · 정치적 · 세계적인 문제라는 점에서 복잡한 혼합물이라고 봐야 한다. 코로나19의 RNA구조, 변형 과정도 문제지만 여기에 국가정책, 글로벌리즘, 백신 개발, 의료산업, 면역, 언택트 기술

산업, 국제 공조, 코로나 불평등 등 수많은 사안들이 결합한 혼합체다. 혼합물로서의 코로나19는 새로운 삶의 방식을 요청한다. 특히 언택트는 포스트코로나 시대의 뉴노멀이 되었다. 뉴노멀은 지금까지 비정상적이었던 것이 정상 표준이 되는 과정을 말한다. 이 말은 벤처 투자가 로저 맥너미(Roger McNamee)가 2003년 사용했고, 채권운용회사 '핌코'의 경영자 무하마드 앨 에리언(Mohamed A. El-Erian)이 『새로운 부의 탄생』에서 2008년 글로벌 경제 위기를 계기로 새롭게 부상한 현상을 뉴노멀로 언급하면서 사용한 용어이다. 특정 사건은 티핑 포인트로서 특이점을 형성하기 때문에, 사건 이전과 이후는 질적으로 다르다. 코로나19 팬데믹은 경제를 넘어 각 분야와 전 지구적으로 뉴노멀을 만들 것을 요청한다. 직장, 학교, 그리고 일상적 삶의 현장에서 사람 간의 콘택트를 최소화하는 디지털 언택트가 일반화되고 그런 추세는 되돌릴 수 없게 되었다.[10] 우리는 콘택트와 언택트가 공존하는 시대를 맞이했다. 그렇다면 사랑은 어떤 뉴노멀이 될 것인가? 언택트 러브가 사랑의 뉴노멀이 될 수 있는지 없는지 확실치 않다. 하지만 코로나19가 위험의 뉴노멀함을 드러내고 있다면, 사랑은 더욱 중요한 것이 되었음은 분명하다.

코로나19 사회는 타인에 대한 경계심이 강해지고, 연대가 약해진 시대이기도 하다.[11] 2015년 메르스 사태 당시에 감염자는 사회적 낙인의 대상이 되었다. 워낙 치명적인 병원체라서 치사율이 높았던 탓에 혐오의 강도는 더 높았다. 메르스에 감염되었다가 회복된 사람이 직장에서

10. 김기봉, 「포스트 코로나 뉴노멀과 신문명 패러다임」, 『철학과 현실』, 2020. 9. p.115.

11. 임동균, 「코로나 시대의 시민사회」, 『철학과 현실』, 2020. 9. p.170.

해고되는 경우도 있었다. 코로나바이러스에 감염되었던 사람들 역시 오염된 사람이라는 사회적 낙인이 우리 사회를 감싸고 있다. 코로나19 사회에서 사람들은 두 그룹으로 구분된다. 하나는 자신과 가까운 사람들, 다른 하나는 그 밖의 사람들이다. 자신과 가까운 사람들은 신뢰를 유지하거나 강화하지만, 그 밖의 타자들에 대해서는 경계를 하거나 공격적으로 대하게 된다. 즉 사랑 대 배제로 이분화된다. 코로나19 시대에 타인에 대한 혐오, 낙인, 비난의 욕망은 더욱 강해진다. 그에 비하여 자신과 가까운 사람들에 대해서는 사랑과 친밀감, 신뢰를 더욱 요청하게 된다. 혐오와 사랑이 동시에 강해지는 이상한 사회가 되었다.

우리 사회는 사랑을 더욱 필요로 한다는 점에서 사랑 역시 뉴노멀이 되어 가고 있다. 문제는 사랑 그 자체가 아니라, 어떤 뉴노멀을 만들 것인가에 있다. 뉴노멀은 극단적 위험이 아니라, 위험이 상주하는 일상에서 필요한 가이드라인을 말한다. 코로나19 팬데믹은 위험이 일상화된 사회이다. 이미 주어진 노멀한 사랑은 혐오와 반대지점에 있을 수 있다는 점에서 위험하다. 혐오와 한 쌍이 된 사랑은 너무나 강력해진 나머지 차이를 중시하지 않는 '융합적 사랑'이 됨으로써 동일화의 폭력성으로 이어질 수 있다. 극한의 위험 속에서 사랑은 한 줄기 구원의 빛이 될 수 있을지 모른다. 석주와 영아처럼 말이다. 그러나 이 사회는 죽음의 위협이 아니라, 감염의 위협이 상주하는 사회이다. 일상에서의 사랑이 더욱 중요해지는 시기이기 때문에 우리는 사랑의 뉴노멀을 재설정할 필요가 있다. 일상의 삶에서 사랑은 복잡하게 작동한다. 사랑은 서로를 보호하면서도 서로의 권리와 가치를 보장해야 하기 때문이다. 코로나 팬데믹, 위드코로나 시대에 사랑은 상대의 가치를 평등하게 인정하는 사랑의 뉴노멀을 발명해야 한다.

언택트 러브와 데이팅 앱

언택트 러브는 가능할까? 극장이나 식당, 놀이동산 가기가 어려워지고 있다. 연인들이 만날 수 있는 장소에 제약이 가해지고, 연인이 없는 사람들은 누군가를 만날 기회가 점점 줄어들고 있다. 언택트 문화는 연인 사이에도 작동하는 뉴노멀이 되고 있다. 사랑은 제약받고 있는 걸까? 꼭 그렇지는 않은 것 같다. 나는 언택트 러브라기보다, 택트-언택트 러브의 형태로 사랑의 테크닉은 더 진화할 것이라고 본다. 사랑은 택트의 욕망을 갖는다. 섹슈얼리티가 있는 사랑은 연인이라는 타자와의 신체적, 감정적 접촉을 통해 실현된다. 애무를 포함한 성적 욕망은 살의 접촉과 횡단을 통해 실현될 수 있다. 물론 그 성적 욕망이 완전하게 실현되는가, 혹은 욕망에 권력이 작동하는가의 문제는 또 다른 지평에 있기 때문에 여기서는 그 문제를 우회할 것이다.

코로나19 시대를 살아가는 연인들은 성적 욕망에서도 문제가 되는 것 같다. 외부로 나가지 못하고 안전한 실내에서 만남이 이루어지는 경우, 성적 욕망의 균형을 잡는 것도 문제가 되고 있다. 어떤 사람은 자기가 스킨십 생각이 너무 강해져서 상대에게 미안할 정도라고 고민을 털어놓는 경우도 있었다. 여기서 스킨십 자체는 문제가 되지 않는다. 그 욕망을 어떻게 자신들의 욕망으로 실천할 것인가가 관건이다. 사랑의 관계에서 성적 욕망은 생물학적으로 자연스러운 것이지만, 그 욕망을 실현하는 것은 사회적 과정을 통해서 이루어진다. 왜냐하면 그것은 권력이라는 사회적 문제와 몸이라는 생물학적 문제가 결합되어 복잡하게 얽혀 있기 때문이다. 그런데 코로나19로 인해 이 문제가 더 부각될 수 있다. 스킨십 욕구가 강해질 때 충동적이어서도 안 되지만, 부끄럽다는 이유로 억압해서도 곤란하다. 연인들은 이 문제를 갈등할 것이 아니라, 사랑과 성적 욕망이 갖는 본질적 문제에 더 집중해서 사유할 필요가 있다.

코로나19 시대 연인들은 사랑을 근본적으로 성찰해야 한다. 성적 욕망을 어떻게 다루어야 할지 서로 입장을 드러내고, 대화할 필요가 있다. 성적 욕망이 '둘 됨'이라는 사랑에 기초하지 않을 때 쉽게 폭력으로 이어진다. 연인들 간의 폭력은 비가시적이기 쉽다. 어디서 어디까지 배려와 염려인지, 어디까지가 통제와 폭력인지 모호할 때가 많다. 특히 이성애의 경우 남성이 여성을 사랑이라는 이름으로 통제하는 경우가 많은데, 그것은 사랑의 개념을 오해하기 때문이다. 사랑의 관계가 특정인이 기준이 될 때 그것은 사랑이 아니라 폭력이 된다. 따라서 성적 욕망의 문제를 어떻게 해결할 것인가에 앞서, 나의 성적 욕망이란 무엇이고 성적 관계란 어떤 것인지 질문해야 한다. 가령 코로나 이별(이혼)이 사회적 문제가 되고 있다. 그런데 나는 이것이 꼭 부정적으로 볼 것은 아니라는 생각이 든다. 나는 사랑의 지속성을 지지하는 입장이지만, 관계 자체를 지속하기 위해 서로의 차이를 억압해서는 곤란하다고 생각한다. 왜냐하면 그 지속은 둘 됨의 사랑이 아니라, 하나 됨의 폭력이 되기 쉽기 때문이다. 그렇지 않다면 밀실 속에서 연인들의 성적 욕망은 범죄화될 가능성이 높다. 코로나 이별은 차이를 인정하지 않았던 연인들의 곪은 문제들이 폭발적으로 드러나는 사건들이라고 할 수도 있다. 나쁜 관계를 사랑이라는 이름으로 지속하는 것은 폭력이다.

코로나19 연애의 풍속이 변하고 있다. 만남의 기회가 줄어들면서 연애의 테크닉들이 달라지고 있다. 연인들은 택트 러브 대신, 줌과 페이스타임을 켜놓고 다른 장소에서 대화를 나누고 식사를 하고 영화를 본다. 이른바 랜선 데이트이다. 만남의 방식을 비대면화하면서 함께함을 실현하는 것이다. 사랑은 언택트 기술과 함께 진화할 수 있다. '함께함'이 언제나 손을 잡고 포옹을 하는 방식이 아니라, 기술을 활용한 언택트 '함께함'을 통해 사랑의 방법을 확장할 수 있다고 본다.

언택트 시대에 가장 주목받는 사랑의 테크닉은 데이팅 애플리케이션이다. 친구건 연인이건 대면의 기회가 줄어들면서 젊은 세대들은 데이팅 앱에 대한 필요를 강하게 느낀다. 데이팅 앱 시장은 국내 시장 규모가 2천억으로 성장하고, 200개가 넘는 앱들이 있다고 보고된 바 있다. 데이팅 앱 소비 증가세는 한국뿐 아니라 세계적인 추세이다. 데이팅 앱인 '틴더'는 2020년 현재 누적 만남 수 430억 건을 기록한 세계 1위 앱이라고 하는데, 매출량이 계속 늘어나고 있다. 앱 사용자는 실제 만남과 디지털 만남이 크게 다르지 않다고 생각하는 사람들이다. 오히려 온라인이기 때문에 부담 없이 다양한 만남의 기회를 얻을 수 있는 장점이 있다고 여기는 경우가 많다. 온라인 환경을 자연스럽게 받아들이는 사람들인 것이다. 어떤 앱은 안전성을 위해 실시간 셀카를 통한 프로필 사진을 올리고, 본인이 맞는지 AI가 확인하는 인증 시스템을 가지고 있다.[12] 앱 사용자가 안전하게 만남이 이루어지도록 여러 장치를 마련하고 있다고 볼 수 있다. 페이스북 데이팅 플랫폼은 무료인데, 개인이 별도의 프로필을 만든 뒤 원하는 상대방의 조건을 설정할 수 있다. 이용자가 좋아할 만한 취향과 관심사를 가진 상대를 자동으로 추천해주는 시스템이다.[13] 이렇듯 데이팅 앱 기술은 발전하면서 연애 시장을 확장하고 있다. 이용자들은 제한적인 만남의 방식을 언택트 기술을 통해 확장한다.

그런데 앱 기술 발달과 사용자의 증가만으로 해결될 수 없는 문제들이 있다. 먼저 성별이나 나이 등에 대한 정보를 허위 기재해도 알아차리기 어렵기 때문에 만남이 왜곡될 수 있다. 데이팅 앱이 자본화된 만큼 허위 과장 광고를 하며, 또한 만남의 목적이 다른 사람들이 매칭될 수 있는 함정도 가지고 있다. 몇몇 앱들은 공정거래위원회가 시정명령을 내렸을 만큼 문제가 있었다. 그리고 사용자를 등급화한다는 점에서 에로스를 자본화한다. 현대 사랑의 구조는 여성의 성적 매력이나 외모의 가치를 등급화하고, 남성의 학력과 소득을 계급화한다. 데이팅 앱은 사랑의 자본화를 마치 취향의 문제처럼 전환한다. 어떤 대학

12. 「결혼 전 만남 이렇게 달라졌다」, 『매일경제』, 2020. 11. 13.

13. 「"애인 찾아드려요" 페이스북 데이팅 서비스 유럽으로 확대… 한국은 언제?」, 『세계일보』, 2020. 10. 22.

을 나왔는지, 강남에 사는지 아닌지, 연봉은 어떤지, 나이와 외모는 어떤지 등등 세분화되어 있다는 것이 문제가 된다. 이미 에로스가 자본화되면서 현대 연애는 상품화와 대상화의 한계를 비판받고 있지만, 이러한 문제들이 데이팅 앱의 사용량 증가와 함께 문제가 더 심화된다고 볼 수 있다. 또한 사용자의 기준이 불평등하다는 것도 문제적이다. 가입 조건에서 남성은 연봉이나 강남3구 거주 유무 등이 중시되고, 여성은 외모가 중시된다. 이것은 사랑을 전형화하거나 젠더화한다는 점에서 사랑을 왜곡한다. 이것이 데이팅 앱의 기술적 구조가 갖는 문제점이라고 볼 수 있다.

현대의 사랑이 어려운 이유 중 하나는 사랑의 선택 폭이 복잡해지고 넓어진다는 데 있다. 우리는 더 나은 상대를 만날 수 있는 잠재적 조건 속에 있다고 판단하기 때문이다. 직접 상대를 만날 수 있는 기회가 없다고 해도 크게 염려하지 않는다. 데이팅 앱이나 온라인을 통해 만날 수 있는 잠재적 연인은 충분하기 때문이다. 네가 아니라도 더 멋진 사람을 만날 수 있다는 기대는 언제나 있다. 현대는 근대 이전보다 연애의 기회가 더 확장되는 방향으로 이루어졌다. 근대화가 본격화되었던 1960~70년대까지만 하더라도, 중매나 '중매 반 연애 반' 형태가 더 큰 비중을 차지했다.[14] 이 시기 방랑객을 자처한 비트족[15]의 자유로운 연애가 있기는 했지만, 이들은 소수 엘리트층이었다. 중매란 커플들이 상대를 선택할 때, 자신의 의지가 아니라 부모의 의견에 따라 만남이

14.「이상적 결혼, 중매·연애 절충형 서울시 조사분석 결과」, 경향신문, 1973. 12. 14.

15. 세계 제2차대전 후 전통의 가치에 반항하고, 충동적이고 자유분방한 삶을 추구하는 예술인 및 젊은 세대.

이루어지는 연애 및 결혼제도를 말한다. 지금은 중매쟁이 역할을 데이팅 앱이 대신하는 것처럼 보인다. 그러나 데이팅 앱의 구조는 사랑을 상업화하고 계급화하는 현실을 반영하는 경우가 많다. 그렇게 되었을 때 열린 가능성은 열려있는 것처럼 보일 뿐 사실상 닫혀 있다. 그것이 현대적 사랑의 딜레마이다. 더 많은 만남의 형식이 주어졌지만, 사랑이 더 잘된다고 보기 어렵다. 더 좋은 만남, 더 많은 만남의 기회가 주어졌기 때문에, 커플들은 사랑을 유보할 수 있다. 그리고 지금 잘되지 않는 사랑을 개선해보려는 대신, 이 사랑은 가짜 사랑, 결핍으로서의 사랑이라고 규정한다. 언젠가 더 완벽한 사랑이 나를 기다리고 있을지 모른다고 생각하기 때문이다. 문제는 그것이 사랑을 더욱 어렵게 하는 점이다. '지금 이 사랑이 끝나도 상관없다. 더 나은 잠재적 사랑이 기다리고 있다'는 환상은 현재의 사랑을 보잘 것 없는 것으로 만든다. 사랑은 현재의 사랑에 집중하는 대신, 미래로 유보된다. 그것은 현재의 사랑에 문제가 생겼을 때 해결하려는 노력, 성찰하려는 노력, 새로운 의미를 포착하는 노력을 무가치한 것으로 만든다.

사랑은 어떤 시대건 한계와 딜레마 속에서 자기를 실현해 왔다. 코로나19라는 시대적 조건 속에서 연인들은 새로운 상대를 선택할 수 있는 조건을 활용하고 있다. 따라서 데이팅 앱의 기술이 정보의 신뢰성, 안전성, 평등성을 고려하는 쪽으로 발달해갈 수 있도록 요청할 필요가 있다. 그 기술이 좋은 사랑에 활용될 수 있도록 우리는 좋은 사랑이 무엇인가에 대한 사회적 합의를 필요로 한다. 사랑의 권력 문제를 평등한 사랑의 관점에서 비판하면서 새로운 사랑을 발명해야 할 때가 된 것이다.

그렇다면 데이팅 앱 주 소비층은 데이팅 앱에 대해 어떤 생각을 갖고 있을까? 2020년 초반 코로나19 팬데믹으로 거리두기가 시작되었을 때, 젊은 층들은 연애 상대를 자유롭게 만날 수 없는 조건에 대해 답답해하는 경향이 컸다. 그래서 데이팅 앱에 대한 관심과 소비 욕구는 커지고 있었다. 그럼에도 데이팅 앱 주 소비층인 20~30대들이 데이팅 앱에 대해 이중적 태도를 취하고 있다는 점은 주목할 사안이다. 데이팅 앱의 젠더차별적 요소와 성적 소비의 측면이 부각되면서 앱 사용자들이 성적으로 건강하지 않다는 인식이 저변에 깔려 있었다. 데이팅 앱 사용자 수가 많아짐에도 불구하고, 이 앱을 사용하는 사람들은 자신이 데이팅 앱을 사용한다는 이야기를 드러내지 않는다고 한다. 자신이 성적으로 부정적인 사람으로 인식되기 쉽다는 것을 알고 있기 때문이다. 필자는 대학 교양수업에서 데이팅 앱에 대한 발표와 학생들의 토론을 통해 이와 같은 이중적 입장을 확인할 수 있었다.

데이팅 앱을 긍정적으로 사용한 20대 여성을 인터뷰한 적이 있다. 세계적으로 인기가 있는 틴더를 사용했다고 한다. 그의 틴더 사용의 목적은 '친구 구하기'였다. 특히 이 사람은 외국인 친구를 만나고 싶어 했다. 그러나 동성 친구를 만나도 좋고, 이성 친구여도 상관이 없다고 생각하고 틴더를 설정했다. 그는 이 앱을 통해 말이 통하는 친구를 만나는 것이 가능하다고 판단했다. 우연히 독일에서 유학 온 사람을 만나게 되었고, 처음엔 친구로 만나다가 시간이 흐르면서 연인이 되었다고 한다. 그에 따르면 틴더는 외국의 경우 거의 생활화, 일상화되어 있는 것 같다. 하지만 한국의 경우 틴더뿐 아니라 데이팅 앱 사용자들은 자신이 그것을 사용하는 것 자체를 '숨기는' 것 같다고 말했다. 데이팅 앱에 대한 인식이 좋지 않다는 것이다. 앱 사용의 목적이 성적인 것과 연결되었다는 인식이 강하기 때문이다. 그는 최근 이러한 인식은 줄어들고 있는 것 같다고 판단한다. 처음 독일 친구를 대면하게 되었을 때는 혹시 몰라 서로의 친구들을 데리고 나오는 형식을 취했다. 안전성 문제 때문이었다.

그의 틴더 사용은 성공적인 것으로 보인다. 친구를 새로 만나기 어려운 코로나19 시대에 틴더를 통해 자신이 원하는 바로 그 사람을 만날 수 있었기 때문이다. 그는 이러한 앱들이 최근 '동네 친구 만들기'로 나아가는 방향을 지지한다고 말했다. 데이팅 앱이 연애 상대 구하기뿐 아니라, 친구 구하기의 역할도 할 수 있다면, 비대면 사회에서 관계의 폭을 넓힐 수 있는 기회가 될 수 있기 때문이다.

그는 데이팅 앱을 사용할 때의 팁을 제공해주기도 했다. 첫째, 상대가 불쾌한 발언을 했다면 즉시 관계를 끊어야 한다. 실수라고 해도 그냥 넘어가지 말아야 하며, 대화를 더 하고 싶다면 불쾌한 발언을 지적해야 한다. 그것을 받아들이지 않는다면, 바로 관계 끊기를 해야 한다. 둘째, 만남으로 가기까지 신중을 기해야 한다. 왜냐하면 자신뿐 아니라 상대도 '상대 고르기'를 하는 중이기 때문이다. 신뢰감을 주지 않는데 성급하게 만나는 것은 위험하다. 셋째, 상대에게 몰입해서 상처받지 말아야 한다. 그가 누군지 모르는데, 몰입하는 것은 좋지 않다. 시간을 두고 상대를 관찰할 필요가 있다. 그는 연애 대상을 찾는 목적으로만 데이팅 앱을 사용한 것이 아니라 친구 찾기의 긍정적 장치로도 이용했다. 보통 데이팅 앱에서는 상대 등급 매기기를 통해 취향을 드러낸다. 이때 취향은 곧 외모 자본, 에로스 자본, 경제적 자본의 다른 말일 것이다. 젊은 층이 모두 데이팅 앱을 긍정하는 것은 아니다. 지극히 상업화된 짝 고르기라는 비판적 입장 때문이다. 하지만 인터뷰에 응해 준 이 사람처럼 앱을 통해 만남을 긍정적으로 확장하는 경우도 많다. 골라내기 기술이 필요하기는 하지만, 비대면 기술이 사랑을 실현시킬 수 있도록 세심한 배려가 필요하다.

기술과 사랑은 대립하지 않을 수 있다. 어떤 사랑인가, 어떤 기술인가에 따라 긍정적인 결합이 가능하다. 그렇다면 우리는 사랑의 기술을 경제나 과학 분야에 맡겨놓을 수만은 없다. 그렇게 되면 자본은 사랑의 기술을 이익으로만 활용하게 된다. 그랬을 때 사랑은 왜곡된 폭력으로 재현될 수밖에 없다. 가령 리얼돌은 섹스 산업의 일부로서, 여성을 성적 대상이나 사고팔 수 있는 상품으로 자신을 재현한다. 현재 AI나 로봇 기술은 인간 이상의 높은 지능이나 보고 듣고 만지는 지각 능력을 빠르게 발달시키고 있다. 문제는 그것이 여성이나 아동을 성적 대상으로 접근하는 자본과 결합하는 것이다. 따라서 이러한 기술의 과정에 좋은 사랑의 개념이 개입되어야 한다. 누군가를 성적 대상이나 도구로 삼는 것이 아니라, 사랑을 더욱 풍요롭게 만들며, 평등한 사랑이 현실에서 기쁨으로 향유될 수 있는 기술이 필요하다. 최근 소셜 로봇공학 분야에서는 인간과 감정을 소통할 수 있는 감정공조를 개발 중에 있다. 소셜 로봇 공학의 목표는 노예 로봇을 만드는 데 있지 않다. 영화 〈그녀(Her)〉에는 인간과 사랑에 빠지는 인공지능 운영체제 사만다가 등장한다. 사만다는 주인공 테오도르의 비서 기능으로 구매된 제품이지만, 테오도르와 사랑의 감정을 교환한다. 사만다는 딥러닝을 통해 사랑에 대한 감정이 무엇인지를 인지하고, 다양한 사랑의 감정을 개발한다. 결국 사만다는 이성애적이고 인간중심적인 사랑 개념을 넘어선다. 인간 남성 테오도르는 단둘이서 영원함을 추구하는 낭만적 사랑의 개념이 깨지자 사랑이 끝났다고 느낀다. 하지만 사만다는 이성애적이고 인간중심적인 사랑을 가뿐히 넘어 사랑을 확장한다. 필자는 사만다의 사랑법이 우리 미래가 지향해야 할 방향이라고 생각한다. 이처럼 기술과 사랑의 양립은 충분히 가능하다. 어쩌면 기술이 새로운 사랑법을 먼저 제안할 수 있을지도 모른다. 문제는 기술의 방향을 어떻게 설정할 것인가가 관건이다. 사랑과 기술이 공존하는 사랑의 뉴노멀을 만들자.

사회적 거리두기와 사랑의 거리두기

사회적 거리두기는 현재 최선의 방역 기술이다. 코로나19 백신 개발에 성공했다고는 하지만, 코로나19 사태는 전 지구화 경향을 띠는 팬데믹 현상과 함께 주기적으로 발생하는 엔데믹이 될 것이라고 한다. 포스트코로나 시대라는 용어에서 포스트는 복잡한 의미망을 갖는다. 그것은 코로나 종식이라는 시간적 의미, 위드코로나로서 코로나와 함께하는 삶의 조건, 그리고 인류문명사의 터닝 포인트라는 전환기적 의미를 담고 있다.[16] 당분간 우리는 코로나와 함께 공존해야 한다. 따라서 사회적 거리두기는 코로나19 예방을 위한 사회적 기술로 남게 될 것이다. 그러나 완전한 사회적 거리두기는 가능한가? 그렇지 않다. 그것은 불가능하다. 사회적 거리두기는 강한 거리두기와 느슨한 거리두기가 공존한다. 그런데 느슨한 거리두기에 의해서 K방역이 성공하였

16. 김기봉, 「포스트 코로나 뉴노멀과 신문명 패러다임」, 『철학과 현실』, 2020. 9. pp.108~119.

다. 의사 우석균은 코로나19 불평등을 강하게 비판한다.[17] 청도대남병원 5층 정신과 폐쇄병동의 집단감염사태가 대표적이다. 이 폐쇄병동에 입원해 있던 환자 102명 전원이 감염되었고, 여기서 코로나19 첫 번째 사망자가 발생했다. 이곳에 갇혔던 환자들은 운동시간도 없었으며, 온돌방 병실에 6~8인의 환자가 밀집 수용되어 있었다. 그리고 첫 환자가 발생한 이후 제대로 치료가 이루어지지 않아 일주일도 채 되지 않아 일곱 명의 사망자가 나왔다. 정신병동과 같은 사각지대에서 사회적 거리두기는 실현되지 않는다. 또한 간호사나 보건의 등 환자 돌봄 체계에서 사회적 거리두기는 제대로 실현되기 어렵다. 아프면 쉬라는 질병관리본부의 지침이 있지만, 택배노동자나 콜센터 노동자는 아파도 쉬기 어렵다. 사회적 거리두기는 잘 되는 곳과 그렇지 않은 곳으로 구분된다. 그런 점에서 한국사회의 사회적 거리두기는 불철저하다.

사랑의 관계에서 거리두기는 불필요한 것일까? 꼭 그렇지만은 않다. 사랑의 관계에서 거리두기는 또 다른 긍정적 의미를 갖는다. 사회적 거리두기는 거리 없음이라는 사랑의 특성을 제약한다. 사랑의 특성은 접촉의 욕망이다. 섹슈얼리티는 연인들 간의 가장 가까운 몸의 접촉과 직결된다. 사회적 거리두기란 몸의 거리두기가 핵심이다. 그런 점에서 사회적 거리두기는 사랑을 어렵게 만드는 조건이다. 그렇기 때문에 연인들은 사랑의 뉴노멀이 필요한 것이다. 몸의 거리두기 사회에서 연인들은 어떻게 접촉의 미학을 구현할 것인가?

---

17. 우석균,「불평등한 세계에서 팬데믹을 응시하다」,『포스트 코로나 사회』, 글항아리, 2020, pp.128~148.

거리두기가 사랑을 제한하는 요소임에도 불구하고, 나는 사랑의 거리두기가 접촉으로서의 사랑을 더 잘 작동하게 할 수도 있다고 생각한다. 물론 여기서 사랑의 거리두기는 2미터 거리 유지처럼, 고정된 물리적 거리두기를 말하는 것이 아니다. 사랑은 상대를 감정적, 육체적, 사회적 인정하기라고 정의할 수 있다. 즉 여러 인정의 형식이 사랑에 교집합 되면서 연인들은 상호적 관계를 만든다. 앞서 언급했던 김탁환의 소설 『살아야겠다』의 인물들이 사랑을 통해 서로를 구원할 수 있다는 신념을 갖는 것도 인정의 관계가 겹겹이 교차되었기 때문이다. 사회가 인정하지 않는 사람일지라도 연인들은 서로를 인정한다. 그래서 연인들은 감정적 결합력과 몸의 결합력이 강해진다. 가장 좋은 사랑은 거리 없음, 즉 '하나 됨'이라는 오래된 믿음이 현대에 더 강력해지는 것도 이 때문일 것이다. 그러나 이 '하나 됨'으로서의 사랑은 정말 좋은 것인가? 필자는 오래전부터 하나 됨으로서의 사랑, 거리 없음의 사랑을 비판적으로 생각해왔다.

제4차 산업혁명의 핵심은 디지털 정보통신 기술이다. 사물인터넷이나 인공지능 기술은 빠른 속도로 세계를 연결한다. 우리 사회는 초연결사회가 되었다. 연인들은 어떤가? SNS의 발달과 함께 연인들은 언제 어디서나 연결할 수 있다. 연인들은 거리 없음의 시대를 살아간다. 그것은 사랑의 거리두기를 허용하지 않는다. 연인들은 연락 강박에 시달린다. 메시지에 즉각 대답하지 않으면, 연인으로서의 의무를 저버리는 행위가 되고 만다. 필자가 보기에 연락 강박은 일정한 거리두기에 실패했다는 뜻이다. 연인들끼리 감정은 일정하지 않다. 때에 따라서 열정으로 불타오를 수도 있고, 상황에 따라 냉각될 때도 있다.

취직시험을 앞두고 있는 사람의 경우, 연인에 대한 그리움이 강해지기도 하고 사랑의 감정이 점차 사그라지기도 한다. 연인들끼리 사랑의 감정은 일관될 수 없으며, 맥락과 상황에 따라 조정된다.

그런데 연인관계에서 사랑은 불안애착이나 회피애착으로 나타나는 경우가 있다.[18] 이들은 연락 강박을 다른 방식으로 수용한다.

불안애착은 관계에 대한 걱정이 많고, 끊임없는 확신을 원하는 경우다. 상대가 어디에 있는지 무엇을 하는지 수시로 묻고 즉시 답이 오지 않으면 불안해한다. 혹시 내가 싫어진 걸까, 나와 헤어지려고 하는 걸까 의심한다. 반면 회피애착은 자신의 감정을 솔직하게 표현하고 상대에게 의지하는 데 불편함을 느낀다. 잘 지내다가 갑자기 연락을 하지 않으면서 거리를 두려고 한다. 서운하거나 불만이 있어도 털어놓지 않는 편이다. 왜냐하면 자신은 독립적이라는 정체성을 유지해야 하기 때문이다. 누구나 한번쯤 사랑의 관계 안에서 이러한 불안정을 경험한 적이 있을 것이다.

이 두 유형은 한쪽은 거리두기 없음을, 다른 한쪽은 너무 먼 거리두기를 원하는 것 같다. 모두 사랑의 거리두기에 실패한 경우다. 사랑의 거리두기는 2미터 간격을 유지하기와 같이 고정된 것은 아니다. 서로 원하는 것을 고려하여 거리를 좁히거나 벌릴 수 있다. 주의하자. 이것

---

18. 심리학에서 불안정 애착은 관계중독, 친밀감, 두려움으로 나타난다고 한다. 두려움형은 불안애착 수준이 높아서 버림받을 것에 대한 두려움을 가지며 중독의 특성을 나타낸다고 한다. 반면 회피애착형은 애착 욕구 충족을 위해 타인을 필요로 하지 않거나 타인과의 관계에 의존하지 않으며 관계의 중요성을 과소평가하는 유형이다. (김진희, 「대학생의 성인 애착 유형과 이성관계: 관계중독, 친밀감 두려움, 대인관계 유능성을 중심으로」, 『가족과 가족치료』 25(4), 2017, pp.918~921 참조.)

은 '밀당'이 아니다. 밀당은 서로를 신뢰하지 못하고, 자신을 사랑의 기준으로 만들기 위한 거리 배치법이다. 사랑의 거리두기는 하나가 다른 하나에 융합되지 않기 위한 테크닉이다. 불평등한 사랑 역시 거리두기에 실패한 결과라고 할 수 있다. 차이를 긍정하는 둘 됨이 아니라, 차이를 억압하는 하나 됨의 방향에 있기 때문이다.

불안애착이나 회피애착은 사랑을 어렵게 만든다. 이러한 심리적 유형은 특별한 성격 탓일 수 있지만, 자신이 처한 상황이나 상대의 반응에 따라 만들어지는 경우가 많다. 가령 사랑을 막 시작한 연인들이 있다고 하자. 이들의 감정은 동일하지 않다. 감정적으로 누가 더 좋아하거나 덜 좋아할 수 있기 때문이다. 또한 취직시험을 앞둔 사람의 경우, 의도적으로 감정을 냉각화하려고 노력할 수도 있다. 또는 취직시험을 잘 보지 못할까 봐 생기는 두려움이 상대에게 더 집착하게 만들고, 자존감을 떨어뜨리는 불안애착으로 나타날 수 있다. 그런 점에서 본다면 심리적 유형이 정해져 있고, 그에 따라 사랑을 수행하는 방식이 달라지는 것은 아닌 것 같다. 상황과 맥락에 따라, 그리고 상대의 태도에 따라 심리적 태도는 달라질 수 있기 때문이다. 아무리 안정적인 유형이라고 할지라도, 자신이 좋아하는 상대가 집착하거나 혹은 멀어지려고 할 때 불안정해질 수밖에 없다. 심리적 유형화는 인간을 고정적인 것으로 파악하고, 문제들을 개인의 책임으로 넘기는 한계가 있다. 즉 개인의 오류가 아니라, 사랑의 개념을 잘못 설정했기 때문에 생기는 결과라는 점을 이해하지 못하게 한다.

사랑은 상대를 소유하는 융합적 관계 맺기가 아니다. 사랑을 유토피아적인 이상적 관계로 설정하여 사랑의 기준으로 삼을 때 사랑은 실패한다. 낭만적 사랑은 영원한 것, 변하지 않는 것, 단둘만의 것이라는 이념을 내포한다. 그런 점에서 현대의 낭만적 사랑은 비판적으로 검토되어야 할 필요가 있다. 그것은 연인들의 하나 됨이라는 융합을 원리로 하기 때문이다. 하나 됨은 차이를 소거한다. 사랑이 발생하는 것은 차이 때문이다. 나와 똑같은 존재를 사랑하는 것은 자기 사랑이지 타자와의 사랑이 아니다. 내가 상대에게 끌리는 이유는 차이 때문이다. 너와 비슷한 점을 발견한다고 해도, 그것은 차이에 기인한다. 사랑은 둘 됨의 과정이며, 타자와의 차이를 사랑하고 향유하는 것이다.

사랑의 철학자 알랭 바디우는 사랑을 "둘이 등장하는 무대"[19]라고 말한다. 바디우에게 사랑의 제1요소는 둘 됨이다. 이때 둘이란 단둘만을 의미하는 숫자 2가 아니라, 타자와 맺는 복수적 관계를 말한다. 사랑은 타자에게 융합되는 것도 아니고, 주체에게 용해되는 것도 아니다. 그것은 희생이나 폭력이 된다는 점에서 사랑을 방해한다. 사랑은 차이의 경험을 토대로 둘 됨이 지속될 수 있어야 한다. 바디우는 둘이 아니라 하나가 등장하는 무대는 사랑을 불태우고, 소진시키고, 소비해 버린다고 말한다.

둘 됨으로서의 사랑은 사랑의 거리를 사유하게 한다. 앞에서 언급한 불안형은 사랑을 융합적인 것이라고 생각하고, 회피형은 사랑을 비관계라고 여긴다는 데 문제가 있다. 사랑의 과정에는 열정이 불타오르는 시기가 있다. 눈에 콩깍지가 덮이는 사랑의 초기에는 도파민, 페닐에틸아민, 옥시토신, 엔돌핀 같은 호르몬이 많이 분비된다. 행복감뿐

19. 알랭 바디우, 조재룡 역, 『사랑 예찬』, 길, 2010, p.41.

아니라, 각성효과가 나타나고, 성적 흥분과 동시에 안정감을 느낀다. 추운 겨울날 오지 않는 연인을 두세 시간씩 기다리며 행복할 수 있는 것은 이러한 사랑의 호르몬이 작용하기 때문이다. 대신 오지 않는 연인을 생각하며 죽음의 고통을 동시에 느낄 수도 있다. 이러한 사랑의 과정은 자연스러운 것이지만, 사랑의 절대 기준이 아니다. 그런데도 우리는 고조된 감정 상태가 사랑의 최고 상태라고 생각하고, 사랑의 기준을 여기에 두는 것이다. 사랑의 감정은 각자 정체성의 변화나 상황의 변화, 관계의 변화에 따라 변한다. 그런 점에서 사랑은 영원하지 않다. 그런데 불안형은 이러한 사랑의 과정을 모두 불안으로 받아들인다. 상대가 자신이 원하는 기준치에 맞지 않다고 느낄 때, 곧 상대가 떠나갈 것 같은 고통을 경험한다. 그래서 사랑은 기쁨이 아니라 고통이 된다. 반면 회피형은 사랑을 관계로 받아들이지 않는다. 사랑의 관계란 자기 관계가 아니라, 타자와의 관계로 이루어진다. 개인들은 독립적이고 자율적인 개성을 갖는다. 하지만 사랑의 관계에서 독립성을 우위에 둘 때, 사랑은 나르시시즘이 된다. 사랑의 관계 맺기란 사랑한다는 감정만으로 가능하지 않다. 사랑하는 타자를 이해하고 소통하고 타협하고 갈등하면서 생성될 수 있다. 둘이 함께하는 무대를 함께 만드는 과정은 한순간에 이루어질 수 없다.

몸철학자 메를로 퐁티는 몸의 거리두기(떨어짐)를 다른 측면에서 긍정한다. 메를로 퐁티의 거리두기란 몸이 세계에 실존적으로 거주할 수 있는 제1조건이다. 메를로 퐁티는 보는 것과 보이는 것, 만지는 것과 만져지는 것 사이의 얽힘 관계를 통해 살의 세계를 설명한다. 여기서 본다는 것은 보이는 것의 바라봄이 있기 때문에 가능하다. 즉 내가 본다는 것은 내가 바라보는 것이 동시에 나를 바라보고 있기 때문에 가능한데, 즉 내가 본다는 것은 나를 바라보는 대상을 내가 본다는 의미이다. 메를로 퐁티는 주체와 대상 간의 분리가 아니라, 이중적 얽힘의 관계를 강조한다. 문제는 여기서 보는 자와 보이는 것에는 '거리'가 존재한다는 것이다. 이 거리 때문에 나는 나의 등을 볼 수 있다고 말한다. 나는 실제로 나의 등을 보지 못하지만, 내 등이 있다는 것을 안다. 그것은 다른 사물들이 내 등을 보고 있으며, 나는 내 등을 보고 있는 그 대상을 볼 수 있다. 이러한 몸의 얽힘 관계 속에서 우리는 세계에 거주하고, 본다는 행위를 할 수 있다.

따라서 연인들의 거리두기란 서로를 더 잘 바라볼 수 있는 조건이라고도 할 수 있다. 코로나19 거리두기 사회에서 연인들은 당장은 성관계를 맺는 데 제한이 가해질 수 있어 답답해하거나, 상대의 사랑이 식어버린 건 아닌가 하는 의심을 할 수도 있을 것이다. 하지만 사랑하는 몸들 간의 '떨어짐'은 나의 몸을, 상대의 몸을, 그리고 그 몸들이 거주하는 이 세계를 더 잘 볼 수 있게 해주는 조건이 된다. 그래서 메를로 퐁티는 "이 떨어짐(거리)은 근접의 정반대가 아니요, 이 떨어짐은 근접과 심오하게 조율"되어 있다고 말하는 것이다.[20] 사랑하는 몸의 거리란 서로의 몸을 더 잘 보고, 더 잘 알며, 더 잘 사랑할 수 있는 조건이 된다. 그렇다면 연인들 간의 거리두기란 사랑에 제한을 가하는 것이라기보다, 서로의 몸을 더 잘 사랑할 수 있는 조건이기도 하다.

---

20. 모리스 메를로 퐁티, 남수인·최의영 역, 『보이는 것과 보이지 않는 것』, 동문선, 2004, p.193.

사랑의 거리두기를 둘 됨의 공동체를 만드는 기술이라고 말하면 어떨까? 나무들도 거리두기 기술을 활용한다. 수관기피(樹冠忌避, Crown shyness) 현상이 바로 그것이다. 수관은 나무의 가장 윗부분을 말하는데, 키가 큰 몇몇 특정 종에서 나타난다. 수관기피는 나무의 가장 윗부분이 서로 떨어져서 성장하는 현상이다. 식물학자들에 따르면, 식물들이 햇빛을 골고루 이용하기 위해 나타나는 현상이다. 식물들은 원적외선을 감지해 상대 식물이 자신과 얼마나 가깝게 위치하는지 파악한 뒤, 그 식물과 가능한 떨어지는 방향으로 자란다. 빛을 충분히 받기 어려운 숲에서 서로 일정한 거리를 유지해야 살아갈 수 있기 때문에 선택한 생존전략이라고 한다.[21] 이것은 공생의 기술이다. 이러한 현상은 특정 나무들의 DNA에 의해 발생한 현상이라기보다, 특정 환경에서 나무들끼리 선택한 생명의 기술이다. 햇빛과 바람, 토양을 나누어야 하는 조건 속에서 최적의 공동체를 만들어나가는 기술인 것이다. 이들은 너무 멀지도 가깝지도 않다. 그러나 그 거리는 법칙으로 만들어진 것이 아니다. 나뭇가지와 잎, 수관, 뿌리를 통해 나눈 대화의 과정에서 생겨난 것이다. 어쩌면 사랑의 거리두기는 수관기피와 비슷할 수도 있다. 함께 가까이 살아가면서 햇빛과 바람을 나눌 수 있는 가장 최적의 거리를 만든다는 점에서 말이다.

이전과 달리 코로나19 사회에서 연인들은 자유롭게 직접 대면하기 어려운 상황에 자주 놓이게 된다. 그렇기 때문에 연인들은 더 즉각적

21. 최새미, 「높은 가지들은 서로 닿지 않으려 하죠… 햇빛 나누는 공존법이래요」, 『조선멤버스』, 2020. 5. 15.

인 연결되기를 욕망한다. 초연결 기술은 연인들의 연락 강박을 만들기 쉽다. 연락 강박이 갖는 함정은 불안형이나 회피형과 같은 연인관계를 만들 수 있다는 것이다. 한쪽이 심한 불안형이 되면, 상대는 회피형이 되기 쉽다. 상대가 나를 집착하는 것처럼 느껴지면 도망가고 싶어진다. 반대로 독립성을 강조하면 자신을 차갑게 대하는 상대에게 불안을 느끼고 소유 욕망이 자극된다. 그런 점에서 코로나19 시대의 사랑은 상대를 고려한 안정적인 거리두기를 할 수 있어야 한다. 거리두기는 감정을 냉각시키면서 자기를 보존하려는 고독한 도시인의 사랑법이 아니다. 상대를 고려하면서 거리를 좁히거나 벌리는 역동적인 사랑의 거리두기는 연인을 소유의 대상이나 독립적 개체로만 생각하지 않고, 서로 더 잘 바라보고 사랑할 수 있게 한다.

PART 5

감염병 시대와 인간-비인간의 운명

- 최은주 -

- 이 글은 『한국의료윤리학회지』 제24권 제1호(2021.03)에 게재된 필자의 「인간-동물-환경의 인터페이스 증가에 따른 각 학문 분과의 윤리와 소통의 필요성」을 이 책의 목적에 맞게 수정·보완한 것임을 밝힙니다.

신종바이러스의 출현과 비/인간의 자리

현재까지(2021년 1월 31일 기준) 1년 넘게 전 세계로 확산 중인 사스코로나바이러스 감염증-2(SARS-CoV-2[1]; COVID-19; 이하 코로나19라고 칭한다)은 1억 명 이상을 감염시켰으며, 2백만 명 이상을 사망하게 했다. 주기적으로 발생하고 있는 조류인플루엔자(AI; 1994 멕시코, 1999 이탈리아, 2004 캐나다) 외에 2002년에 발생한 사스(SARS-CoV), 2009년 신종플루(AI-H1N1), 2012년에 발생한 메르스(MERS-CoV), 2019년에 발생한 코로나19의 배경에는

1. SARS-CoV-2는 국제바이러스분류위원회(ICTV)에 의해 지정된 이름이다. WHO 테드로스 아다하놈 게브레예수스(Tedros Adhanom Ghebreyesus) 사무총장은 "지리적 위치나 동물, 개인, 그룹을 지칭하지 않으면서도 발음이 쉽고 질병과 관련이 있는 명칭을 찾아야 했다"고 말했다. 그는 "부정확하거나 부정적 인식을 남기는 별칭을 사용하는 걸 막기 위해 이름을 지어주는 게 중요하다"며 "이는 또한 향후 어떤 코로나바이러스 발병에도 사용 가능한 표준 형식을 제시한다"고 설명했다. 새 명칭 코비드-19는 코로나(corona), 바이러스(virus), 질병(disease)에서 따왔으며, 숫자 19는 신종 코로나가 발생한 2019년을 뜻한다. 신종 코로나는 2019년 12월 31일 WHO에 보고됐다. (「신종 코로나: WHO, 신종 코로나 공식 명칭 'COVID-19'로 결정」, BBC Korea, 2020. 2. 12. https://www.bbc.com/korean/international-51470169.)

인간과 동물, 환경 사이에 각각의 접점이 지속적으로 변화하면서 새로운 인간 병원균으로써 인수공통감염 바이러스의 출현을 가능하게 하는 소인(素因)적 요인의 증가가 있다.

사스와 코로나19는 중국이, 메르스는 사우디아라비아가 85%인 중동이 발원지라는 점과 세 감염병 모두 'CoV', 즉 '코로나바이러스(corona virus)'라는 공통 특징이 있다. '코로나'는 태양을 둘러싸고 있는 대기의 가장 바깥층을 말하는 것으로 빛이 바깥으로 삐죽삐죽 퍼진 모양을 말한다. 누구라도 어린 시절에 태양을 그릴 때면, 붉은 또는 노란 동그라미뿐만 아니라 동그라미에 삐죽삐죽 퍼진 모양을 추가하여 빛이 번진 모습을 형상화했던 기억이 있을 것이다.

코로나19는 사스나 메르스처럼 호흡기 질환이며 사스 바이러스의 스파이크 단백질과 상당히 비슷한 형태로, ACE2수용체를 통해 숙주세포의 표면에 강하게 부착한다. 코로나19는 섬모상피세포나 2형 Type II 폐포상피세포를 숙주로 삼는다.[2] 코로나의 형상은 현재 서울 지하철과 버스, 역사 등에 부착된 포스터에서 거의 매일 보게 되는 붉은 불기둥 모양의 이미지를 통해 널리 알려졌다. 이 형상은 미끄럼 방지 기능의 운동화 바닥 모양과 비슷한데, 미끄럼을 방지한다는 것은 달리 말하면, 잘 부착된다는 뜻이기도 하다. 코로나바이러스는 바로 그런 특징으로 몸 안의 숙주세포 표면에 강력하게 부착된다. 바이러스가 생존을 위해 자가발전을 한 것 같은 이런 특징은 인간이 더 이상 주변 환경과 공간, 바이러스 같은 것들로부터 자유로울 수 없다는 것을

2. 기초과학연구원(IBS), 『코로나 사이언스』, 동아시아, 2020, p.19.

증명한다.

또한 코로나19의 유전체 RNA는 약 3만 개의 염기가 일렬로 이어진 것으로, 인간 RNA 염기가 평균 3,000개이고 HIV의 RNA가 약 1만 개의 염기라고 봤을 때, 놀라울 정도로 큰 RNA이다. 유전체 RNA는 자신을 복제해줄 효소를 생산하는 것으로, 숙주 세포의 단백질 생산 공장인 리보솜이 활용된다. 숫자만 보더라도 코로나19의 생존 욕구는 어마어마하다고 할 수 있으며, 이미 영국과 남아프리카공화국, 그리고 브라질에서 변종바이러스가 발생하여 전파 중이다.

코로나19의 감염 주기는 14일로 알려져 있으며, 확진자와 동선이 겹치거나 직접 접촉한 의심 환자는 14일간 외부 활동이 제한되고 자가 격리 기간을 갖는다. 인간의 몸에서 바이러스 감염이 확인되기까지는 3일에서 14일로 확인되고 있다. 외부 환경과 접해 있는 피부, 눈의 각막, 비강과 구강, 기관지와 폐포, 위와 장의 상피세포들은 1차 방어벽이라 할 수 있다. 숨을 쉬는 동안 침투한 이물질이나 병원균은 기관지의 섬모상피세포에 있는 점막에 붙는다.[3] 이때 숙주 세포가 감염된다면 폐에는 염증이 생기고 열, 기침, 호흡곤란이 발생한다. 인체 면역체계가 탄탄하면 감염을 막아낼 수 있다. 침투한 바이러스가 살아남아 인간의 세포 내 증식을 할지, 인간의 선천성 면역계와 후천성 면역계가 코로나19를 방어할지 시간 싸움이 일어난다.

전 세계적으로 발 빠르게 백신이 개발되고, 긴급 승인이 되어 접종이 시작됐으나 아직까지는 0.1㎛(마이크로미터. 1㎛은 100만분의 1m) 크기의

3. 위의 책, p.20.

병원균으로부터 전 인류가 안전하지는 못하다. 감염은 증가와 감소를 반복하면서 확진자와 사망자의 수치를 날마다 경신하고 있다. 일상은 회복되지 못하고 있으며, 생활세계는 집을 거점으로 협소해졌다. 가지 않은 곳이 없었던 인간에게 집은 '안전'을 담보하지 않으면서, 동시에 갇힌 세계이기도 하다. 혹자는 감옥과 같다고 표현하기도 했다.

이 글은 2000년대부터 지속적으로 출현하고 있는 인수공통 감염병이 어떻게 인간의 운명을 결정지을 수 있는지, 특히 습식 시장(Wet Market)의 (불법)야생동물과 철새를 통해 발생하고 있는 조류 인플루엔자를 중심으로 세계 기구와 국가 간의 공조 시스템인 원헬스(One Health: '인간-동물-환경의 건강은 하나')의 작동 기제와 맹점을 고찰한다.

인간-비인간의 공간

코로나 확산 초기 임상의 경험으로는 감염자가 얼마나 오랫동안 코로나19에 감염되어 있을 것인지와 감염자가 주변 환경에 역학 위험을 나타내는 보균자 상태로 장기간 머무를 것인지가 불분명했다. 또한 감염 확산의 특수한 상황 때문에 비록 영구적인 것은 아니지만 감염자들, 특히 무증상 보균자들에 대한 '분리' 행정이 정당화되기에 이르렀다. 이후 감염은 시간이 제한되는 것으로 나타났지만 바이러스가 재등장하거나 소규모로 신경계 등 인체에 바이러스를 보존할 우려가 일부 남아 있었다.

감염 기간 중 비감염자와 섞여서는 안 된다는 이유에서 확진자는 비감염자로부터 격리, 통제된다. 그러나 비감염자는 검사를 받는다는 조건하에서 비감염자이거나 의사(疑似)감염자이며, 검사를 아직 받지 않은 사람들은 무증상자인지 비감염자인지 구별이 불가능하다. 그리고 검사 결과를 가지고 있는 비감염자들도 항체가 없다면 언제든지 재감염 가능성이 있다. 따라서 확진자의 병상과 외부 세계는 철저한 분리가 요구되었다.

이렇듯 코로나19를 둘러싸고 확진/음성, 무/증상, 비/접촉, 치료 중/회복 등으로 나뉘어 관리되는 보건 행정은 사회적으로 높이 평가될 수 있지만 인간의 몸을 그렇게 나누는 것이 어렵다는 사실이 드러나기도 했다. 진단키트의 검체 결과에서 이미 죽은 바이러스가 발견되더라도 일단은 양성 판정을 받으며, 2주 동안에는 확진자 병동에서 머물러야 한다. 무증상 및 경증 환자 58명을 분석한 국내 연구 결과에서는 감염 8개월이 지난 후에도 항체를 보유한 것으로 나타났다.[4] 증상이 없어 검사를 받지 않은 경우가 안전하다고 할 수도 없으며, 확진자와 접촉해서 반드시 감염되는 것도 아니다. 마스크'만' 착용한다고 해서 감염으로부터 안전한 것도 아니며, 확진된다고 해서 반드시 위험한 것만도 아니다.

인간 감염 상태를 좀비화로 상정한 크로아티아(Croatia) 자그레브 의과대학(University of Zagreb School of Medicine)의 스레스코 가조빅(Srećko Gajović) 교수는 "감염 기간 중 비감염 인간과 섞여서는 안 된다는 이유에서 확진자는 비인간의 범주에 놓이고 격리, 통제된다는 점에서 마치 좀비와 마찬가지의 위치에 놓인다"고 지적한 바 있다.[5] 회복 후에도 재감염 가능성과 소규모 바이러스 보유 가능성, 후유증이 남을 수 있다는 점에

4. 「무증상 환자도 코로나19 항체 8개월까지 유지한다」, 『동아사이언스』, 2020. 12. 30. http://dongascience.donga.com/news.php?idx=42799

5. Srećko Gajović. "Zombification of Humanity – a Pandemic Related Phenomenon." ICAIH 2020 the 3rd International Conference on AI Humanities, 2020.

서 비/인간의 범주를 넘나든다는 것이다. 이렇게 해서 나뉜 비인간에 대한 좀비와 인간의 대조는 흠 잡을 데 없는 특징들로 특징지어지는 이상화된 인간들이 그다지 완벽하지 않은 동료 시민들로부터 전염될 위험에 처하게 되는 불확실성에 놓인다. 이런 불확실성은 마스크 착용에 대한 의심(불신), 감염에 대한 불안, 특정 국가와 인종에 대한 차별과 폭력 발생을 불러일으켰으며, 코로나19의 지리적 기원에 대한 언급 등 정치 지도자들의 언어표현, 행동이 외국인에 대한 공포 감정을 심화시키는 데 영향을 미쳤다. 코로나19의 이름이 결정되기까지는 두 달 정도 걸렸으며, 초기에는 '원인 불명 폐렴'에서부터 '우한 중증 폐렴' 그리고 외국에서는 '우한 폐렴'이라고 불렸다. 2020년 2월 8일에야 중국이 '신종 코로나바이러스 폐렴'이라고 명명하자 세계보건기구가 '코로나바이러스 감염증 2019(COVID-19)'로 확정했다.[6]

6.「코로나 신조어」, 경향신문, 2020. 3. 10. http://news.khan.co.kr/kh_news/khan_art_view.html?art_id=202003102053015

습식시장(Wet Market)과 바이러스

코로나19는 변이를 일으키며 그 정체를 완전하게 파악하기 어려운 상황에서 1년 이상 확산되는 동안 코로나19를 둘러싼 정보와 의학용어, 신조어들이 대거 등장했다. 중국 후베이성의 우한 시장에 대한 이야기도 드러났으며, 박쥐를 숙주로 한 바이러스가 인간에게 직접 전파된 것이 아니라 천산갑이라는 포유류를 통해서라는 이야기도 들려왔다. 중간 숙주 역할을 한 천산갑은 박쥐와 달리 인간의 식탁에 올라오는 요리로 사용되며, 특히 '최고급' 요리라는 수식어가 붙어 있어 중국인들의 식생활을 둘러싼 여러 담론을 생산했다. 박쥐도 식용으로 사용한다는 이야기에 이어서 천산갑이라는 야생동물을 통해 코로나19가 인간 사이로 급속하게 퍼졌다는 이야기는 '사이노포비아(Sinophobia)'를 정점에 이르게 했다. 사이노포비아는 반중감정이라는 뜻으로 중국이나 중국인 혹은 중국 문화에 대한 반감을 말한다.

인간의 이동 능력이 최대 속도에 이른 21세기에, 그리고 인구 밀집

도가 높은 도시를 중심으로 중국에서 아주 먼 나라까지 세계 구석구석까지 바이러스가 퍼져나갔다. 코로나19의 발원지로 중국 우한시의 '야생동물' 시장이 지목되었지만, 우한 시장은 농수산시장이며, '습식 시장' 또는 '웨트 마켓(Wet Market)'에 해당한다. 사전적으로 '드라이 마켓 시장'과 구별하여 신선한 고기, 생선, 농산물, 기타 부패하기 쉬운 상품을 판매하는 시장으로, 육류는 그 자리에서 도축해준다. 습식 시장은 세계 전역에 분포되어 있지만 주로 중국, 동남아시아, 남아시아에서 많이 볼 수 있으며, 식품이 상하지 않도록 얼음을 사용한다는 점과 신선한 농산물의 습기로 인해 바닥이 늘 젖어 있다는 의미에서 '웨트 마켓'이라고 이름 붙여졌다.

코로나19를 계기로 중국인은 물론 아시아인 전부에게 야만인의 낙인이 찍힌 것은 습식 시장과 야생동물을 구분하지 못한 언론 보도가 야생동물 밀수의 조장을 암시했을 뿐만 아니라 사이노포비아를 크게 부추겼기 때문이다. 습식 시장은 음식의 신선함, 사회적 상호작용, 지역 문화와 긴밀히 연관되어 있다. 낮은 가격, 더 나은 신선도, 가격 흥정과 같은 사회적 상호 작용이 촉진되는 장소이지, 불법야생동물을 유통하는 곳이 아니다. 습식 시장이 지속되는 이유 중 하나는 냉동 고기와 달리 갓 도축된 고기와 생선을 요구하는 다양한 전통에 기인한다.[7]

공장식 농장 시스템으로 일자리를 잃은 많은 농업, 축산업 종사자들은 야생동물 판매로 수입을 올렸다. 중국의 야생동물 거래는 매년

7. Rina Chandran. "Traditional markets blamed for virus outbreak are lifeline for Asia's poor." Reuters, 2020. 2. 7. https://www.reuters.com/article/southeast-asia-health-markets-idUSL8N2A5201

740억 달러에 이른다. 영국 일간지 『가디언(The Guardian)』의 보도에 따르면, 바이러스 유발 원인 중 하나로 공장식 축산이 지목되었는데, 식량생산의 산업화에서 소외된 일부 소규모 농가들이 생계를 위해 야생동물 거래를 늘렸고, 대규모 공장과 농장들에 밀려 점차 야생지역으로 이전하게 되면서 박쥐 등에서 발생하는 야생 바이러스에 접촉되는 밀도와 빈도가 증가했다는 것이다.[8]

각 국가에서는 야생동물의 불법 거래를 단속하지만 해가 거듭될수록 관리를 소홀히 한 것으로 알려져 있다. 생업의 위협을 받는 소규모 농가들을 구제하기 어렵고, 눈감아주기 식 행정이 문제를 키운 것으로 추측된다. 그러다가 바이러스의 발원지라고 주목됨에 따라 습식시장은 조사 대상이 되며, 단속과 폐쇄 조치 과정이 이루어진다. 당국은 모든 습식시장을 폐쇄해야 하는가와 관련한 논란이 SNS에서 들끓자 불법 야생 동물의 거래를 금지하고 습식 시장에 대한 감독을 강화하겠다고 보도했다.[9] 중국의 정치행정은 자국에 대한 비난을 아주 손쉽게 해결한 것 같지만 앞서 보았듯이 수백만 소농과 판매상, 소규모 기업들에게는 로컬 시장이 주요 생계 수단이다. 습식시장의 폐쇄가 야생동물의 인간 접촉을 차단할 수 있는 방법이 될 수는 있다 해도 농수산물을 취급하면서 조성된 사회적 상호작용, 지역 문화, 낮은 가격, 더 나은 신선도의 장점을 모두 앗아간 결과를 가져왔다.

8. 환경파괴로 인한 전염병, 야생동물 밀수규제 · 친환경축산 등으로 예방해야. 국회뉴스ON. 2020. 4. 8. https://www.naon.go.kr/content/html/2020/04/07/00be01db-a921-4933-abf0-8821fda13336.html

9. Rina Chandran, 앞의 글.

(불법)야생동물 거래에 대한 경고는 꾸준히 지속적으로 이루어졌다. '불법'이라는 단어에 괄호를 친 이유는 이전까지 안전하다고 여겨온 여러 종의 야생동물이 시간이 지남에 따라 인간과의 접촉에서 여러 문제성을 드러내고 있기 때문이다. 미국에서도 오랫동안 야생 사슴과 들소는 식용으로 사용되어 왔다. 사냥꾼 가족 1만 5천 명으로 추정되는 수의 인구가 매년 만성소모성질병(CWD, Chronic Wasting Disease)에 걸린 고기를 먹고 있다.[10] 만성소모성질병이란 광우병과 같이 변형 단백질인 프리온(프라이온)이 원인으로, 중추신경계에 손상을 일으키며 결국 폐사한다. 몸의 균형을 유지하는 조정 감각을 잃어 머리가 처지는 등 비정상적인 행동을 하고 체중 감소·마비 증세를 보이다가 나중에는 썩은 고기 냄새가 난다고 해서 '좀비 사슴병'으로 불리기도 한다. 프리온은 박테리아나 바이러스와 달리 수년간 자연환경에서 파괴되지 않고 타액이나 배설물 등을 통해서도 전염되는 것으로 알려졌다. 눈여겨볼 점은 1967년 미국 콜로라도주의 야생동물보호시설에서 발견되었으며, 1960년 후반까지만 해도 보호 사슴들에게서만 발견되었던 것이 최근 확산 수가 매년 20%가 증가했다는 것이다. 원숭이 등 영장류를 포함한 다른 동물에게도 전염될 가능성은 물론, 인간 감염에 대한 경고도 나오고 있다.[11]

한국도 멸종위기 야생동물 밀수의 예외국은 아니다. 2016년에는 늘보 로리스(Slow loris) 원숭이와 샴악어(Crocodylus siamensis) 등 멸종 위기 종을

10. Willam B. Karesh. "How Do We Prevent the Next Pandemic?" Goop, 2020.09.10. https://goop.com/wellness/environmental-health-civics/preventing-the-next-pandemic/

11. 위의 글.

검역 없이 수입해 아동동물원을 운영한 사례가 있으며 2017년에는 멸종 위기 종인 앵무새의 알을 4년 8개월간 4만 개 이상 밀반입 후 부화시켜 10억 원대의 수익을 얻은 사례가 적발되었다. 2019년 중국 항저우 세관이 적발한 천산갑 밀수단은 나이지리아에서 부산, 상하이, 원저우시(溫州市)로 이동하는 방법을 쓴 것으로 알려져 있다.[12]

'위험한' 시장이 사라져도 바이러스를 가진 보유 숙주인 야생동물은 여전히 인간 곁에 있으며, 이들에게는 약이 없다. 치료제와 백신은 인간의 몸에 서식하는 바이러스에 한해 유효할 뿐 야생동물에게는 투약할 수 없다. 코로나19의 숙주인 박쥐의 전체 종은 1,240여 종인데 전체 포유동물 종의 약 25%를 차지한다. 특정 종의 멸종은 복잡한 먹이사슬로 유지되고 있는 생태계 균형을 파괴하는 것이므로 박쥐의 멸종 역시 큰 부작용으로 이어질 수 있어 어떤 경우든 인간의 생태계 개입이 최소화되어야 한다.[13]

그리고 인간-동물-환경이 모두 건강해야 신종 바이러스를 막을 수 있다는 전문 분야의 권고는 꾸준히 있었다. 심지어 2000년부터 세계기구, 국가기구, 민간단체가 '인간, 동물, 환경의 건강은 하나'라는 개념의 원헬스(One Health) 패러다임을 작동시켜 왔다. 그러나 선제적인 예방과 점진적인 대응·대비는 이루어지지 않았으며, 마침내 코로나19가 발생했다.

12.「환경파괴로 인한 전염병, 야생동물 밀수규제·친환경축산 등으로 예방해야」, 앞의 글.

13.「인간이 불러낸 바이러스의 역습」, 경향신문, 2020. 3. 7. https://news.khan.co.kr/kh_news/khan_art_view.html?artid=202003071319001

원헬스의 시스템의 공조(共助)적 이상과 한계

원헬스 개념은 인간과 동물을 위한 모든 의료 분야의 공조와 커뮤니케이션을 목적으로 전 세계적인 학제 간 협업 및 협력을 확대하는 패러다임 전환이다. 이런 변화는 시너지 효과를 통해 생물의학의 연구 발견 가속화, 공중 보건 효과 향상, 과학적 지식 기반의 신속한 확장, 의료 교육 및 임상 치료 개선 등 21세기 의료 서비스 수준을 향상시킬 것이며, 현재와 미래 세대의 수많은 생명을 보호하고 구하는 데 도움이 될 것이다.[14]

세계의 연결성이 높아지면서 초래되는 질병 생태계의 복잡성은 국제 및 학제 간 협력으로만 탐구될 수 있다는 인식이 확산되고 있는 것이 분명하다. 1990년대 이후, 인간의 건강이 사람들이 거주하는 사회

14. Tomas P. Monath, Laura H. Kahn, Bruce Kaplan. "Introduction: one health perspective." *ILAR J.* 51.3(2010): pp.193–198.

적, 물리적, 생물학적 환경과 밀접하게 연관되어 있다는 생각은, 예를 들어 이러한 복잡한 상호 작용을 이해하고 그것들을 발전 전략으로 번역할 수 있는 생태학적 접근법이 반영되면서 더욱 두드러졌다.[15]

이렇게 해서 '인간-동물-환경의 건강이 하나'라는 원헬스 개념이 2000년에 확립되었고, 2008년 세계보건기구(WHO)와 유엔식량농업기구(FAO), 세계동물보건기구(OIE)가 '하나의 세계, 하나의 건강에 대한 기여: 동물-인간-생태계의 접점에서 감염성 질병을 줄이기 위한 전략적 체계'를 구축하였다. 세계보건기구는 공중보건의 향상을 위해 여러 부문이 서로 소통·협력하는 프로그램, 정책, 법률, 연구 등을 설계하고 구현하는 접근법으로 인수공통감염병, 항생제내성관리, 식품안전에 집중한다. 유엔식량농업기구는 동물과 인간의 생태계에서 유해한 질병 위험을 줄이고 위협에 대처하기 위한 협력적, 국제적, 다(多)부문별, 다(多)학제적 메커니즘에 집중한다. 그 내용을 간략히 보면, 국가와 지역 단위에서 원헬스 접근이 가능하도록 전문가와 인프라를 구축하며, 인간과 동물 연구를 바탕으로 감염병의 경보 체계를 개발하며, 동물과 인간 간에 발생하는 질병들에 대한 우선순위를 선정, 정책을 마련하며, 동물 및 공동보건감시시스템 설립 후 의사소통 창구를 개설한다는 것이 골자이다.

15. Meike Wolf. "Is There Really such a thing as 'One Health'? Thinking about a More Than Human World from the Perspective of Cultural Anthropology." Social Science & Medicine 129, 2015, pp.5–11.

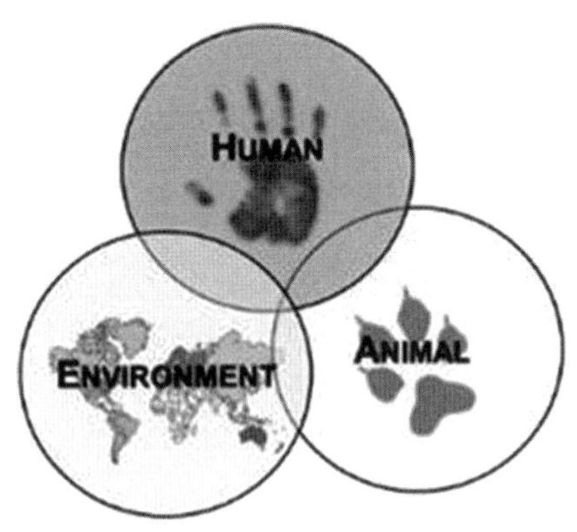

원헬스: 인간, 동물, 환경의 상호연결
출처: https://link.springer.com/chapter/10.1007/978-3-319-24442-6_11

한눈에도 어마어마해 보이는 이 내용은 말 그대로 전략적 체계로, 융합, 협업이 없으면 불가능해 보인다. 수의학, 보건, 식품안전, 수인성 질병 대비, 항생제 내성균이 원헬스가 초점을 맞추는 것이며, 공공 의료와 동물 보건 분야의 협력 강화가 특징이다. 앞에서 본 습식시장은 수인성 질병, 즉 인수공통감염병과 밀접하게 연관된다. 야생동물의 거래도 함께 이루어진 우한시 습식시장은 중국, 코로나19, (불법)야생동물, 식습관, 로컬시장 문화, 시장성, 정부와 지방 정책, 동물보호와 같은 키워드들이 연쇄적으로 따라붙는다. 중국 정부가 코로나19의 발원지로 지목된 우한 시장을 즉각적으로 폐쇄한 방식의 해결은 소음 차단과 더 이상의 감염병 확산 금지를 보여주는 것이었다 해도 여러 다른 키워드들의 문제는 그대로 남아있다. 중국, (불법)야생동물, 식습관, 로컬시장 문화, 시장성, 정부와 지방 정책, 동물보호는 미해결 상태인 것이다.

이 문제를 원헬스 개념에서 살펴보자. 원헬스는 동물-인간-생태계의 접점에서 감염성 질병을 줄이기 위한 전략적 체계로, 국가의 정부 체계, 각 부처, 지방 행정, 학문 분과, 로컬 문화와 관습, 교육이 이루어져야 한다. 따라서 원헬스의 전 지구적 네트워크 형성에도 동물이나 환경의 문제보다 사회경제적 문제가 앞설 수 있다는 지적이 나오는 것이다. 그리고 다국적 상호협력은 물론 다학제적, 다부처간 상호협력을 필요로 한다는 점에서 원헬스가 넘을 장벽은 높다 할 수 있다. 자국이 가지고 있는 여러 조건과 체계가 있으며, 어떤 부처의 누가 의사결정에 참여할지, 어떤 결정을 의사결정자가 할지에 따라서 많은 것들이 달라질 수 있다.

원헬스의 특성상 고유성을 가지고 다른 기능을 수행하는 분과 학문, 정부 각 부처 간의 공조(그것이 가능하다면)가 불가능하다면, 설사 형식적으로 시스템이 갖추어진다 하더라도 예산 비용만 허비될 뿐 제대로 된 업무 수행이 어려울 수 있다. 우선 원헬스 체계는 소위 제1세계라고 하는 선진국 중심의 보건과 건강에 대한 시각에서 이루어졌다. 이것을 모든 국가가 고스란히 따르는 데도 장벽이 있으며, 수용을 결정하더라도 국가 내부의 분배, 진행은 또 다른 문제점을 안고 있다.

근대 이후 기능 분화된 각 체계는 내적 폐쇄성에 의해 내적 커뮤니케이션 구조를 가지고 있다. 따라서 다른 외부 체계가 가지고 있는 커뮤니케이션 구조와 소통하는 것이 거의 불가능하다. 다시 말해 한 체계가 어떤 목적과 필요성에 의해 설치되었다면, 그 목적과 필요성에만 부합된 커뮤니케이션을 지향하기 때문에 다른 목적과 필요성에 부합된 다른 체계의 커뮤니케이션과 소통이 어렵다는 것이다.

최근 국내에서 코로나19와 동시 발생 중인 고병원성 조류인플루엔자(AI, Avian Influenza)로 닭과 오리 등 가금류가 2천만 마리 이상 살처분 되었다. 이 결정 사항에 대해서는 의견이 분분하다. 과잉 살처분이라는 업계의 반응과 최대 방역이 불가피하다는 정부 대응이 팽팽하게 맞선 것이다. 피해는 영세농가로 돌아갈 수밖에 없다. 문제는 2016년에 같은 일을 겪었다는 점이다. 같은 일을 겪은 후 방역 시스템과 인식의 강화로 정부의 예방적 살처분 반경은 훨씬 넓어졌다. AI 방역 정책의 국제적 흐름도 더 강력한 살처분 정책을 통한 최대 방역이라는 원칙에서 크게 벗어나지 않고 있다.[16]

국제적으로 AI 방역정책이 더 강력한 살처분 정책을 따른다는 것과 별개로 국내 축산 시스템의 문제는 다른 국가와 비교가 된다. 축산법을 보면, 산란계를 기준으로 닭 1마리의 최소 사육 면적이 A4 용지(0.062㎡) 한 장도 되지 않는 0.05㎡라는 사실은 2016년부터 꽤 널리 알려져 있다.[17] 세계식량기구 또한 공장식 밀집 사육 방식을 조류독감 확산 제1원인으로 꼽았다. 눈여겨볼 것은 세계 기구들 간에도 커뮤니케이션을 달리한다는 점이다. 세계보건기구는 전 지구적 유행에 대한 대비에, 세계동물보건기구는 축산업에서의 바이러스 박멸에, 세계식량기구는 야생동물-가축 간, 가축-인간 간 감염 경로 차단에 초점을 둔다는 점이다. 그런데 2000년대 초반 조류독감이 발생했을 때, 살처분 정책의 효과 및 효율성을 둘러싸고 세계보건기구는 조류독감의 확산

16.「정부 "3km 살처분 과잉방역 아냐… 아슬아슬하다"」, 경향신문, 2021. 1. 31. http://news.khan.co.kr/kh_news/khan_art_view.html?artid=202101310750011&code=940100

17.「AI 살처분 4마리 중 3마리가 알 낳는 닭… 계란 대란 장기화」, 한겨레, 2016. 12. 21. http://www.hani.co.kr/arti/economy/economy_general/775538.html

을 막고자 광범위한 가금류 살처분을 요구하였으며, 세계동물보건기구와 세계식량기구는 축산 농가의 생계 문제, 식량 안정성 등의 문제와 경제적 효율성과 실질적 예방 효과를 거론하였으며, 살처분 정책에 반대하면서 결정적으로 충돌하였다.[18] 이처럼 각각의 조직은 체계들 간의 상이한 작동으로 긴장이 유발된다.

수의학계와 의료계의 한 사례에 불과하지만 인간-동물-환경 사이의 '하이픈(-)'은 생태계 전체의 건강이 지속 가능한 사회에 필수라는 의미심장함 그 이상으로 공조가 어려운 상황에 놓여있다는 점을 시사한다. 그 외 우한 시장의 경우에서도 미뤄 짐작할 수 있듯이, 정치와 경제의 각기 다른 커뮤니케이션이 존재한다. 정치권의 신속한 결정은 그에 따른 사회적 대체 측면에서는 사회집단별로 불균등하고 불비례적으로 영향을 미칠 수밖에 없다. 따라서 사회나 국가 발전 등을 명분으로 열악한 사회경제적 위치, 사회적 약자, 생물학적 약자 등의 희생과 피해를 어쩔 수 없는 것으로 간주하게 된다.

---

18. 이상윤.「하나의 건강(One Health) 개념 비판」,『의료와 사회』, 7 2017, pp.41–47.

5

원헬스의 반향과 작동 가능성

이처럼 기존의 사회체계에서 원헬스 접근은 단순하지 않다. 코로나19의 전 세계적 확산과 동시에 국내 언론 보도에서 '원헬스'가 자주 소개된 것은 원헬스를 널리 알리는 계기가 되었다. 그러나 '인수공통병'에 초점을 둔 가축, (불법)야생동물의 문제가 전부인 것처럼 보도되어 원헬스에 대한 극히 부분적인 측면만을 조명하는 데 그쳤다는 아쉬움도 있다.

원헬스가 미치는 범위는 야생동물의 포획, 밀수규제에 대한 관리 차원, 친환경 축산 확대, 기후정책과 보건정책의 연계 강화 등을 통한 환경파괴에서 원인인 전염병 대비 등으로 광범위하다. 국내의 경우, 정부 차원의 원헬스 시스템은 가축, 야생동물을 배제하지 않되, 항생제 내성균에 중점을 두고 있다.

One Health AMR – 질병관리청
출처: http://www.kdca.go.kr/nohas/aboutOH/business.do

국내의 인체 항생제 사용은 2013년 기준으로 국제 평균보다 높았으며, 불필요한 항생제 처방 또한 높다는 평가와 함께 항생제 내성률은 종합병원 외 의원, 요양병원에서 증가하였으며, 축산물의 항생제 내성률 또한 높다는 사실을 파악하면서 감시 강화 계획이 수립되었다.[19] 그리고 정부가 2019년에 발족한 '원헬스 항생제 내성균 다부처 공동대응사업'은 보건복지부, 과학기술정보통신부, 농림축산식품부, 환경부, 해양수산부, 식품의약품 안전처를 포함한다.

보건복지부 외에 다섯 개 부처의 공조가 필요해 보이지만 각 부처간 커뮤니케이션이 손쉽지만은 않아 보인다. 과연 「'원헬스' 같은 것이 정말로 있기는 한가?」[20]라는 논문 제목이 있을 정도로 원헬스는 의학

19. 보건복지부, 『제2차 감염병 예방관리 기본계획 –원헬스(One Health) 기반 공동 대응체계 강화 2018~2022』, 2018. 6. 47–48쪽. http://www.mohw.go.kr/react/jb/sjb030301vw.jsp

20. Meike Wolf, 앞의 글, p.5.

적이고 생물학적인 문제처럼 생각될 수 있지만 사회, 문화, 정치적 과정도 문제라는 점을 지적할 필요가 있다. 원헬스 개념은 "공동의 생물학적 운명(a shared biological destiny)"을 가정하여 만들어졌다. 반면 질병의 복잡성을 적절히 이해하려면, 세계화된 환경에서 생태학, 인간, 수의학, 공중 보건과 환경 과학의 학문적 협력 요구가 중요한 단계인데 그것만으로는 충분하지 않을 수도 있다. 생물학적 요인 외에도 급격한 환경 변화, 인구증가, 종(種)소멸, 기술적 시대로 접어들었다는 사실에 힘입어 인간-동물-질병의 사회적 결정요인이 점점 더 중요해지고 있기 때문이다. 따라서 생물 문화 현상으로서, 의료 관행과 인체는 이러한 수많은 문화적, 사회적, 기술적, 정치적, 경제적 맥락에 위치해야 한다.

감염병 생태학의 범위와 영향을 사회적 관계의 산물로 인식하고 이해한다면 인간 건강과 인체의 구성에서와 마찬가지로 "지구적(the global)"인 것의 구성에 관해서도 주어진 어떤 추측에도 의존할 수 없다. 사실 원헬스 접근법에 사회과학적인 관점을 추가하는 것은 인간과 동물의 행동, 음식 관행, 건강 신념, 장벽, 갈등, 그리고 환경적 상호작용을 이전보다 훨씬 더 큰 규모로 연구하는 데 도움이 될 수 있다. 그러나 다른 한편으로 미생물, 길들여진 동물, 야생동물, 인간과 환경 사이의 질병 상호작용에서 비롯되는 복잡함 때문에 원헬스 개념은 의구심을 불러일으킨다는 지적이 자리한다.[21]

따라서 단순히 원헬스의 패러다임을 실행하는 데에 비판적 목소리가 잇따를 수밖에 없다. 해당 체계나 조직이 어떤 결정을 내리는 것은

21. 위의 글, p.10.

각 체계의 내부 준거에 의해서 이루어지며, 그 결정은 다시금 체계 스스로가 설정한 선택지 가운데 하나를 선별하는 것의 형태를 띨 수밖에 없는 현대 사회의 시스템을 고려했을 때 원헬스는 하나의 이상적인 개념에 그칠 수도 있다. 코로나19가 발생한 이후에 세계보건기구가 중국과의 정치적 이해관계 문제에 휘말리면서 감염 확산에 선제적으로 대응하지 못했다는 비판을 받았으나, 우한의 습식 시장 하나를 둘러싸고도 한두 가지의 문제만 있는 것이 아니다. 중국과의 외교 관계 때문에도 중국 여행객들을 차단하지 못한 친중 국가들은 많은 감염 확산을 낳았다.

따라서 원헬스가 평시(平時)에 자리를 잡아야 하는 것이며, 그러기 위해서는 국가의 각 부처, 조직, 학계는 물론 더 중요하게는 사회적 의사소통 과정과 교육 프로그램을 활용하는 것이 필수적이다. 경제는 수익성을 따지는 수익 조건화 목적을, 환경은 환경 보호를 조건화하는 목적을 지향한다는 점에서 불일치에 기반하고 있다. 작동에 있어 폐쇄적이라는 것이다. 그러나 다른 체계들을 조절하지는 못해도 영향을 미칠 수는 있다. 경제적 상황 변화가 정치체계의 권력 분포에 큰 영향을 미칠 수 있는 것처럼 말이다. 따라서 한 체계의 조그마한 변화는 '반향'에 의해 다른 체계에서 막대한 변화를 유발할 수 있다. 원헬스의 중요성이 사회 내적인 인식 반향의 시작에 있다면, 하나의 기능체계에 배정된 요구를 어느 정도 구체화하는 것이 가능하게 되고, 일정한 범위 안에서 변화가 일어날 것이다. 다만, 이러한 인과관계의 수순을 밟을 충분한 시간이 없다.

PART 6

우리가 박쥐라면, 뭐라고 말할까?

- 김운하 -

1. 반구대에서 만난 낯선 시간들
2. 호모 마스쿠스(homo mascus)의 시대?
3. 위험한 판도라의 상자가 열리게 되면?
4. 육식이 바이러스랑 무슨 상관이냐구요?
5. 코로나로 피해를 보는 건 인간만이 아니다
6. 플라스틱 범벅이 되어가는 생명-몸들
7. 우아하고 아름다운 생명의 그물망
8. 모비딕이 영원히 사라져버린다면?
9. 지구, 거주 불능 지구가 되기 전에

"반듯이 누워서 자!… 엎드려 자면 재규어는 너를 먹잇감으로 여기고 공격한다고" 후아니쿠의 이 말은 재규어가 우리를 마주 응시할 능력이 있는 존재 – 재규어 자신과 같은 하나의 자기, 즉 '너'–로 본다면, 우리를 놓아준다는 뜻이다. 그러나 재규어가 우리를 먹잇감–'그것'–으로 보게 된다면, 우리는 죽은 고기나 다름없다.

– 에두아르도 콘, 차은정 역, 『숲은 생각한다』, 사월의 책, 2018, p.11.

2020년 6월 초, 나는 후루룩 짐을 챙겨 집을 나섰다. 작은 배낭엔 허먼 멜빌에 관한 작은 책 한 권과 짙은 바다색의 노트가 들어 있었다. 나는 멜빌의 『모비딕』을 모티브로 작은 책을 계획하고 있었다. 나로선 답사를 핑계로 한 짧은 여행이었고 들러야 할 장소들도 정해두긴 했지만, 그렇다고 제대로 된 기행 답사답게 사전 조사나 준비를 치밀하게 해놓은 것도 아니었다. 실은 끝없이 펼쳐진 탁 트인 푸른 바다가 더 그리웠는지도 모른다. 햇살 아래서 은빛으로 반짝이는 윤슬이, 소금기 밴 비릿한 바다 내음이, 하늘과 맞닿은 광막함이 그리웠다. 그런 갈망이 나를 더욱 초조하고 조급하게 만들었는지도 모른다. 다행히 그즈음 몇 달이나 온 세상을 혼란과 두려움에 빠뜨린 코로나 사태가 조금 진정되고 있었다. 그러나 지금 다시 4차 유행이 우려되는 시점에서 돌아보면, 머지않아 진정되리라는 기대가 얼마나 섣부른 판단이었는지!

반구대에서 만난 낯선 시간들

버스를 타고 역으로 가는 길도, 기차를 타고 가는 길도 조심스러웠다. 띄엄띄엄 앉아 있는 객실 승객들도 모두 마스크를 쓰고 있었고, 마스크 착용과 주의사항을 전달하는 안내방송이 가는 여정 내내 수시로 객차 안을 울렸다. 머릿속에선 나도 모르게 '지긋지긋한 코로나'라는 말이 터져 나왔다. 아마 나뿐만 아니라 기차 안의 모든 승객들이 그런 생각을 하고 있었으리라.

중국에서 시작된 코로나19는 순식간에 전 세계로 퍼져 '팬데믹' 사태가 되고 말았다. 일상생활이 중단되고, 많은 사람들이 강제 혹은 자발적인 자가 격리 상태로 들어갈 수밖에 없었다. 카페에서 사람을 만나거나 공연장이나 극장을 찾거나 또는 스포츠 경기장을 찾는 것과 같은, 예전엔 그저 평범한 일상에 속하던 일조차 이젠 아주 특별한 사건, 아니 불가능한 사건이 되었다. 예기치 않은 큰 사고나 병으로 병실에 갇힌 채 탄식하며 바깥세상을 갈망하고 그리워하듯, 많은 이들이 원치 않은 자기유배의 상태에 들어가야만 하는 시절, 나 역시 이 기이한 유배 상태를 겪어내야만 했다.

나는 사흘간 울산에 머무르며 울산 장생포 고래박물관과 이젠 유물처럼 남아 있는 과거 포경업의 인상적인 흔적들을 돌아보았다. 수천 년 전, 신석기 시대 고래를 사냥하던 선사인들이 남긴 반구대 암각화와 그 주변도. 천전리 암각화도 잊을 수 없다. 청동기 시대부터 새겨진 신비로운 각종 문양들과 6세기 초 신라 왕족들이 새겨놓은 애틋한 사연의 문장들이 주는 경이로움이란.

진정으로 내 마음을 흔들었던 충격은 그러나, 따로 있었다. 뜻밖의 만남이라 더 충격적이었는지도 모른다. 천전리 암각화 아래 작은 냇물 바로 건너편 너른 바위들에 공룡 발자국들이 선명하게 남아 있었던 것이다. 6500만 년 전에 멸종한 공룡들. 까마득한 옛날, 인간은커녕 포유류 조상조차 오늘날 쥐와 비슷하게 작고 야행성 동물에 불과하던 그 시대에, 지구를 주름잡던 그 공룡들이 남긴 무수한 발자국이 인간들의 역사가 새겨진 바위를 무시로 활보하고 있었다니!

공룡들이 밟고 다녔던 진흙땅은 영겁 세월을 거치며 이젠 딱딱한 바위로 변해 있었다. 순간, 심한 현기증을 느꼈다. 탄식 같은 깊은 한숨이 절로 터져 나왔다. 나도 모르게 맨발로 조심스레 움푹 팬 모양의 공룡발자국 위에 발을 디디고 섰다. 마치 그러면 훌쩍 시간을 뛰어넘어 공룡 시대로 되돌아갈 수 있기라도 하는 양. 그렇게 한참을 서 있다 그만 맥없이 털썩 주저앉고 말았다. 거기서 느껴지는 시간의 무게를 작디작은 내가 감당하기 어려웠던 탓에.

알고 보니 반구대 주변 계곡 여기저기에 공룡발자국이 있었다. 그

계곡에서 좁은 숲길을 따라 돌아가는 길 내내, 거대한 시간의 흐름 속에서 명멸해 간 생명들과 인간 역사를 반추해 볼 수밖에 없었다. 반구대 주변엔 인간의 역사도 깊게 남아 있었다. 신라, 고려, 조선 시대 유적들. 고려시대 정몽주가 근방에 유배를 왔다간 흔적, 반구대 근처 조선시대 선비들이 세운 정자와 반구서원.

그 장소들은 무려 1억 년 세월의 깊이와 무게가 고스란히 남아 있는 유례없는 장소였고, 그 압도적인 시간 속에서 길을 잃어버린 듯한 기분이었다. 그런 경험은 나의 하찮은 언어로는 감히 표현하거나 묘사할 수 없는 지경이었다. 그럼에도 공룡들과 이후 고래들이 울산 주변 바다에서 노닐던 인간 이전의 세계와 인간 이후의 세계, 특히 지난 1만 년 이래 농경이 시작되고 국가가 성립하고 전쟁과 계급투쟁과 착취가 횡행해온 세계를 절로 떠올릴 수밖에 없었다. 왠지 인간의 역사 전체가 조금은 우스꽝스럽고 가소로워 보였다.

이 털도 없는 작고 영악한 포유동물들이 남긴 잔혹한 투쟁의 역사는 저 거대한 자연의 역사 속에서 도대체 어떤 의미가 있을지 의문스러워졌다. 이들 스스로 자부하는 모든 영광과 업적, 위대한 역사 따위가 과연 무엇을 위한 것인지에 대한 회의가 밀려들었다.

반구대를 떠나 다시 돌아온 인간의 도시, 백만이 넘는 인구가 웅성거리며 살아가고 있는 첨단 공업도시 울산에 들어서 빌딩들과 대규모 공장들, 그 사이를 쉴 새 없이 오가는 사람들을 보면서도 그저 낯설고 기이한 느낌에 사로잡혀 할 말을 잃을 정도였다. 고요한, 침묵하는 자연계, 떠들썩하고, 휘황하고, 매연 가득한 인간계의 도시. 고래를 사냥하며 반구대에 고래 그림을 새겨 넣던 선사인의 눈으로 이 21세기의 첨단 도시를 바라보려 애써 보았지만, 나로선 엄두조차 낼 수 없었다.

그러나 확실하게 온몸으로 깨달은 사실 한 가지가 있다. 그것은 다시 돌아온 인간의 도시, 인간의 세계가 거대한 자연의 역사 혹은 지구 전체의 역사와 규모에 비하면, 아무것도 아니라는 것, 마치 우연히 단 하룻밤 어느 여인숙에 머물렀다 가는 나그네의 삶처럼, 지극히 우연적이고 짧은 사태에 불과하다는 깨달음이었다. 언제 어느 순간에 갑자기 붕괴되어 사라져도 지구적 관점에서 보면 어깨 한 번 으쓱할 일도 못 될 거라는 씁쓸하고 잔인한 깨달음.

솔직히, 한 지층에 화석화된 많은 닭 뼈다귀들과 약간의 사피엔스 종의 화석들만을 남기게 된들 무슨 대수랴? 삼엽충과 공룡들이 그렇게 갔듯, 그렇게 가는 거지.

(울주군 천전리 암각화 건너편 공룡 화석 바위들. 직접 촬영)

호모 마스쿠스(homo mascus)의 시대?

지금 생각해 보면, 2020년 6월 한 마리의 호모 마스쿠스였던 나는 어쩌다 시간을 거슬러 올라가 기원전 5세기, 기원전 6천 년, 그리고 호모 종이 태어나려면 6천만 년 이상을 더 기다려야 하는 거의 1억 년 전의 세월을 얼핏 스쳐 지나왔던 것이었다. 그 짧은 답사 여행은 지금의 코로나 사태와 연결되면서 많은 생각들을 불러일으켰고, 이전과는 조금은 다른 생각들을 하게 된 것 같다.

2021년 현재 시점에서도 코로나 팬데믹은 여전히 전 세계 인간 사회를 짓누르고 있다. 우리 사피엔스 종은 여전히 바이러스와 전쟁을 치르는 중이다. 바이러스는 영국형, 남아프리카형, 브라질형 등등으로 계속 변이를 하고 있고, 사피엔스 종은 거기에 맞서 온갖 종류의 백신과 거리두기, 지역 폐쇄, 소독 등등으로 맞서고 있는 중이다.

이제 호모 사피엔스 종은 어느덧 '호모 마스쿠스'로 진화하는 중인 것 같기도 하다. 농담처럼 "이러다 앞으로 평생 마스크를 쓰고 살아야 하는 거 아닐까?" 하는 말들이 진지하게 오간다. 어쩌면, 정말 그럴지도.

도대체 우리 사피엔스 종은 어쩌다 이렇게 지독한 바이러스와 전쟁을 치러야만 하는 사태에 직면하게 되었을까? 이게 다 박쥐 같은 매개동물 탓일까? 혹은 음모론자들이 좋아하는 어느 탐욕적인 못된 그룹이 인간 개체 수를 줄이고 지배력을 강화하기 위해 만들어낸 음모 때문일까? 혹은 생화학 무기를 개발하려던 은밀한 중국의 실수로 바이러스가 유출된 탓일까?

음모론의 진실을 나로선 알 수가 없다. 다만 그러난 과학적 사실들로만 볼 때, 이번 코로나바이러스뿐 아니라 21세기 들어 빈번해지고 있는 신종플루, 사스, 메르스, 에볼라 바이러스, 지카바이러스, 뎅기열 바이러스 등 사상 유례없는 다양한 바이러스로 인한 전염병 창궐은 그저 우연한 사태가 아니라는 것만은 분명하다. 지금은 많이 알려졌지만, 역시 가장 주요한 원인은 인간계의 과도한 자연계 침범과 정복이다. 돈벌이를 위해 혹은 생계를 위해 야생의 자연계를 마구잡이로 침범하여 개발하고 약탈한 탓이다. 그래서 박쥐들조차 굶어 죽지 않기 위해, 그들의 자연스런 본성대로 생존을 위해 인간 마을로 침범해 들어오고, 그렇게 해서 인간계와 자연계가 과도하게 뒤얽히면서 바이러스들이 인간계로 넘어온 탓이다.

위험한 판도라의 상자가 열리게 되면?

두 번째는 역시 지구 온난화 사태 때문이다. 최근 학자들은 지구 온난화로 러시아 시베리아 툰드라 지역의 동토층이 녹아내리면서 얼음에 갇혀 있던 위험한 바이러스들이 인간계로 침투할 위험에 대해 계속 경고를 하고 있다.

실제로 지난 2016년 8월 툰드라 지역의 북극권 야말 반도에서 그런 무서운 사태가 벌어졌다. 12세 소년이 사망하고 최소 40여 명의 어린이를 비롯한 72명이 갑자기 병원에 입원했는데, 탄저균에 감염된 사슴고기를 먹었기 때문이었다. 75년 전에 탄저균에 감염된 상태로 죽은 순록들이 영구 동토층에 갇혀 있다가 지구 온난화로 해동되면서 감염된 순록의 병원체가 인근 강과 토양으로 흘러들었다. 그 물을 근처에 살던 2천 마리 이상의 순록들이 마시면서 병원균에 감염되었고, 이것이 사람들에게까지 전파되었다. 결국 러시아 정부는 시베리아 순록 25만 마리를 도살해야만 했다.

당시 시베리아는 기온이 급격히 상승하여 일부 지역에선 평년보다 10도 이상 올라가기도 했다고 한다. 또 최근 과학자들은 북극에서 녹아내린 한 무덤에서 1918년에 수천만 명의 목숨을 앗아갔던 독감 바이러스의 파편까지 발견했다. 1980년대에 공식적으로 근절되었다고 알려진 천연두의 흔적도 지난 2004년 시베리아 영구 동토층에서 찾아낸 18세기의 시체에서 발견했다. 바이러스 학자들은 3만 년 된 영구 동토층에서 독감보다 10배나 큰 병원체를 발견하기도 했고, 2017년 미국의 한 교사는 800년 된 알래스카 주거지 유적을 발굴하던 중 원인 모를 세균에 감염되기도 했다.

위험한 바이러스는 또 있다. 바로 지카바이러스와 뎅기열 바이러스다. 이 열대 풍토성 바이러스들은 온난화의 가속화로 해발 1,400미터가 넘는 고지대인 네팔 산악지구에서조차 확산되고 있다. 수십만 명이 뎅기열 바이러스에 감염되고 또 많은 사람들이 목숨을 잃는 사태가 벌어졌다. 지난 2016년 전후로 브라질에서는 지카바이러스의 대유행으로 많은 소두증 기형아들이 태어나 충격을 주기도 하지 않았던가?

그러나 정말 무서운 판도라 상자는 역시 시베리아 동토층의 해빙이다. 일반적으로 시베리아 지역의 동토층은 여름에 약 50센티미터 정도 녹는데, 최근 온난화의 가속화로 해빙의 속도가 더 빨라지고 있다. 영구 동토층은 각종 고대 바이러스와 박테리아를 냉동고처럼 완벽하게 가두고 저장해 왔지만 해빙으로 그것들이 다시 되살아나 지구를 활보하게 될 수도 있다. 아직까지 영구 동토층에 어떤 종류의 위험한 바이러스와 박테리아들이 잠자고 있는지는 거의 알려지지 않았다. 시베리아 영구 동토층은 말 그대로 위험한 판도라 상자인 것이다. 거기에 있는 또 다른 물질인 메탄은 이산화탄소보다 훨씬 더 강력한 온난화 촉발 물질이다. 즉 영구 동토층이라는 판도라 상자는 바이러스뿐 아니라 메탄이라는 위험까지 내장하고 있는 셈이다.

육식이 바이러스랑 무슨 상관이냐고요?

세 번째로 전 세계적 바이러스 창궐의 일등 공신은 놀랍게도 인간들의 육식 문화에 있다. 정확하게 말하자면, 약 80억 명에 이르는 거대한 개체 수를 가진 사피엔스 종 인간들이 소고기, 돼지고기, 닭고기, 양고기, 오리 고기 등 육식을 너무 좋아하는 탓에, 혹은 목축업자와 가공식품 자본가들이 이윤 확장을 위해 육식을 너무나 교묘하게 잘 홍보하고 권장하는 바람에 야생 동물들의 서식지가 계속해서 파괴되고 또 파괴되고 있기 때문이다.

지구의 허파라고 불리는 남미 아마존 밀림의 파괴 현실만 봐도 그 사실은 너무나 명약관화하다. 브라질의 보우소나르 정부와 자본가들은 전 세계 목축업자들이 소와 돼지들에게 먹일 대두 같은 곡류를 키울 농장을 만들기 위해 아마존 삼림을 고의적으로 불태우고, 화재로 황폐해진 그 땅을 갈아 대규모 농장을 만든다.

우리 한국인들만 하더라도 삼겹살과 치킨, 소 등심이나 안심을 얼마나 좋아하는지 2020년 기준 국민 1인당 연평균 육류 소비량이 1980년 11.3kg에서 2018년에는 53.9kg로 5배 가까이 증가한 것으로 나타났다. 2018년 소고기와 돼지, 닭 등 육류 공급량은 약 282만 톤에 이른다!

미국인들은 매년 거의 1톤의 육류를 먹어 치우고, 한국과 중국인들이 약 50킬로그램을 먹는다. 13억 중국인들이 매년 50킬로그램의 고기를 먹기 위해선 얼마나 많은 소와 돼지, 닭들이 사육되어야 하고, 그 동물들을 먹이기 위한 곡물 사료를 생산하기 위해 지구의 얼마나 많은 땅이 콩밭이나 밀밭으로 변해야 하는지 생각만 해도 소름이 돋을 지경이다. 다시 말해 지금 전 세계에는 약 20억 마리의 가축들이 사피엔스 종의 구미를 돋우기 위한 목적으로 길러지고 있고 이 20억 마리의 가축들은 이산화탄소보다 86배나 더 강한 온난화 효과를 가졌다고 하는 메탄을 트림과 방귀로 뿜어내고 있다. 그 결과 오늘날 축산업은 전 세계 온실가스의 18%를 배출하고 무엇보다 인류가 사용하는 토지의 80%를 차지하게 되었다. 사정이 이렇다 보니, 아마존 밀림의 파괴에서 보듯 아마존에 의존해서 살아가던 박쥐를 비롯한 위험한 바이러스를 품고 있는 동물들이 인간계로 침범해 들어올 수밖에 없지 않겠는가. 아마존뿐 아니라 아프리카나 동남아시아 열대 숲도 인간의 자연숲 파괴로 신음하고 있는 것이 현실이라면, 이젠 지구 그 어느 곳도 바이러스로부터 안전한 지대는 없어 보인다.

그러니 이젠 코로나 사태에 대한 책임을 박쥐나 낙타, 천산갑 같은 동물들에게 떠넘기지 말아야 하지 않겠는가. 오히려 중국 우한 시장의 풍경에서 보듯 박쥐나 천산갑, 뱀을 비롯해 상상 가능한 모든 동물들까지 무차별적으로 식탁에 올리는 인간들의 게걸스럽고 무절제한, 한계를 모르는 식탐을 더 탓해야 하지 않을지.

지금도 인간의 단백질 섭취를 위해, 혹은 술안주로, 혹은 가족 모임이나 회식 자리 테이블을 더 화기애애하게 만들기 위해, 전국 동물 농장에서는 소 약 3백만 마리, 돼지 약 1천만 마리, 닭 약 1억 6천만 마리가 갑갑하고 더러운 사육장에서 사육되고 있다는 걸 우린 잘 생각하지 않는다. 살아있는 생명-몸이 아니라 마블링이 듬뿍 얹힌 잘 포장된 '고기'로만 인식할 뿐.

물론 야생 초원의 사자나 호랑이 퓨마들에게는 우리 사피엔스 종도 아주 특별한 맛을 가진 '따끈따끈한 생고기'로 지각되겠지만, 안타깝게도 그런 고기를 맛볼 기회는, 오늘날 거의 없을 것이다.

사정이 이렇다 보니, 코로나19 사태가 백신 투입 등으로 지금보다는 훨씬 더 진정될 수 있다 하더라도, 과연 이 전쟁이 사피엔스 종의 완전한 승리로 마무리될 수 있을지 솔직히 의문이 든다. 왜냐하면 지금 유행하는 바이러스들은 인간과 동물을 자유롭게 오가며 전염시키는 인수공통 전염병이며, 늘어나는 인간의 개체 수와 야생 서식지의 파괴는 코로나와 같은 인수공통 전염병 사태가 쉽게 끝나지 않을 거란 예측을 하게 만들기 때문이다.

심하게는 코로나 바이러스로 끝나는 것이 아니라 또 다른 바이러스들이 계속 나타나, 코로나 팬데믹이 끝이 아니라 어쩌면 진짜 전쟁의 시작 단계에 불과하지 않을까 하는 의문이 들기도 한다. 실제로 바이러스가 출현하는 빈도도 잦아지고, 그 주기도 점점 더 짧아지고 있는 것을 보면, 이러한 우려가 그저 우려가 아니라 진짜 현실이라는 걸 부정하기 어렵다. 사스, 메르스, 지카, 뎅기열 그리고 이번 코로나. 그다음엔 또 어떤 '변종 바이러스'가 출현하여 사피엔스 종과 전쟁을 벌이게 될까?

『인수공통 모든 전염병의 열쇠』라는 방대하고 괄목할 만한 연구서에서 저자 데이비드 콰먼은 말한다. "이 모든 것이 인수공통감염병의 생태학과 진화생물학에서 중요한 주제들이다. 생태학적 환경은 종간 전파의 기회를 제공한다. 그리고 진화는 종간 전파가 전 세계적인 유행병으로 번지는 과정을 촉진한다."[1]

그래서 나는 생각해 본다. 만일 박쥐가 생각을 할 수 있고, 인간처럼 말을 할 수 있다면 박쥐는 지금 우리 사피엔스 종에게 무슨 말을 할까? 무슨 말을 하고 싶을까?

---

1. 데이비드 콰먼, 강병철 역, 『인수공통 모든 전염병의 열쇠』, 꿈꿀 자유, 2017, p.639.

코로나로 피해를 보는 건 인간만이 아니다

우리는 세계사를 배우면서 인류 역사를 이렇게 배웠다. 석기 시대에서 청동기 시대로, 다음엔 지금 현재의 철기시대로 발전해 왔다고. 인간이 사용한 주요 도구를 기준으로 시대를 구분했다고 한다면, 20세기 중반 이후부터는 명백히 '플라스틱 시대'라고 규정하는 게 더 맞지 않을까?

이 시대가 플라스틱 시대라는 사실은 이번 코로나 사태를 맞고 있는 지금, 더욱더 명백하게 드러나고 있다. 코로나로 거의 모든 산업군들이 공장 가동을 줄이거나 중단하는 와중에도 플라스틱 관련 석유화학 산업체는 24시간 풀가동을 해야만 했다. 왜? 호모 마스쿠스 종이 매일 사용해야만 하는 일회용 마스크의 재료 자체가 플라스틱이고, 의료용 장갑이며, 요즘 식당이나 사무실마다 칸막이로 쓰는 아크릴 제품들도 모두 플라스틱이며, 모든 배달 음식의 포장 용기들도 플라스틱이기 때문이다. 더욱이 코로나 감염 방지를 명분으로 그동안 자제를 권하거나 금지를 추진하던 일회용 플라스틱 컵 사용도 다시 허용되어 전국 카페에서 쏟아지는 테이크아웃 플라스틱 컵 쓰레기도 무시 못 할 정도로 많이 쏟아지고 있는 실정이 아닌가?

단순히 전 세계 80억 인구가 사용하는 일회용 마스크 쓰레기만 생각해 봐도 참으로 답답한 노릇이다. 식품의약품안전처에 따르면 2020년 한국의 마스크 생산량은 16억 7천만 장이 넘는다. 플라스틱류인 폴리프로필렌(PP)으로 만드는 일회용 마스크는 제조에 1초도 걸리지 않지만, 썩는 데는 400년 넘게 걸린다. 또 배달 음식에 사용되는 플라스틱 용기는 땅에 묻어도 500년 동안 썩지 않는다. 한국의 경우, 한 달에 약 6천만 장의 일회용 마스크가 쓰레기로 버려지고 있고, 세계적으로는 매달 마스크 1,290억 개, 라텍스 장갑 650억 장이 소비되는 걸로 추정된다.

마스크뿐만 아니다. 우리나라에서만도 음식 배달과 택배가 급증하면서 2020년 기준 폐플라스틱이 크게 증가했는데, 음식 배달은 2019년과 비교해 76.8퍼센트, 택배는 20퍼센트나 증가했다.

문제는 이런 것이다. 인간들이 쓰고 버리는 어마어마한 양의 플라스틱을 포함한 각종 쓰레기들은 땅에 묻히거나 혹은 하천과 강을 통해 궁극적으로 바다로 흘러 들어가면서 무고한 뭇 생명들에게 재앙적인 사태를 빚게 된다는 사실.

네덜란드에서는 의료용 라텍스 장갑 손가락에 끼인 물고기와 마스크 2개가 옭아맨 박쥐가 발견됐고 캐나다의 미국지빠귀는 날개에 마스크가 얽힌 채 죽었다. 말레이시아의 원숭이는 마스크를 물어뜯고 있는 모습이 발견되었다. 피해 동물은 무척추동물인 게와 문어부터 조류, 여우와 박쥐 같은 포유류 등 다양하고 피해 범위도 육상에서 담수, 해양 생태계로 확산하고 있다.

또 다른 플라스틱 쓰레기와 마찬가지로 마스크와 장갑은 하천과 강을 거쳐 바다로 흘러간다. 미국에선 마스크에 얽힌 복어가, 프랑스에선 집게에 달린 마스크를 떼어내지 못하는 게와 문어가 발견됐다. 브라질의 마젤란펭귄의 배 속에선 마스크가 나왔다. 언론을 통해 알려진 것만 이 정도이니, 실상이 더욱 참혹하리라는 건 굳이 쓰지 않아도 충분히 예상 가능하다.

(마스크와 장갑 등으로 둥지를 만든 네덜란드 물닭,
사진 제공=아우커-플로리안 힘스트라, 한겨레신문 2021. 3. 30.에서 재인용)

사피엔스 종의 입장에선 당장 코로나를 막아내는 것이 시급하니 다른 야생 생태계의 사정을 살필 여력이 없다고 변명을 할 만도 하다. 일단 우리부터 살고 보자는 심리다. 인간 먼저, 너희들은 나중에, 여력이 생기면.

이리하여 코로나 사태로 인한 피해는 고스란히 야생 자연계의 환경과 생물들에게 떠넘겨진다. 잠깐, 앞에서 코로나 사태 발발의 진짜 원인은 박쥐나 천산갑 같은 자연계의 동물이 아니라 바로 사피엔스 종,

우리 인간이라고 하지 않았던가? 즉 사피엔스 종이야말로 스스로 가해자요 피해자인 셈이다. 그런데 죄라고는 그저 살던 터전을 잃고 쫓겨난 게 전부인데 야생 동물들이 바이러스 창궐의 죄를 뒤집어써야 하는 까닭은 무엇인가? 더욱이 강이나 바다에 사는 생물종은 박쥐와 같은 육상 생물과 달리 그야말로 바이러스 사태와는 완전히 무관하다. 그러니 그들은 순수한 '피해자'일 뿐이다. 사피엔스 종이 저지른 악행의 대가를 그들 해양 생물들이 덤터기 쓰고 있는 꼴이다.

강과 바다의 생물 종들은 '동물계의 욥' 즉 무죄한데도 참혹한 고통을 겪어야만 하는, 구약 성경에 나오는 비운의 사나이 욥이 아니고 무엇이란 말인가?

만일 죄가 있는 곳에 벌이 가해져야 한다는 '인과응보의 법칙'을 우리가 믿는다면, 그리고 그것이 정당한 정의의 법칙이 되어야 한다고 진심으로 믿는다면, 코로나 사태로 인한 벌은 사피엔스 종이 감당하는 게 맞지 않은가? 그런데도 실제는 무고한, 무죄한 해양 생물들이 왜 욥처럼 고통을 당해야만 할까?

이런 억울한 일이! 만일 내가 그들이라면, 혹은 그들에게 인간처럼 입이 있고 생각할 줄 아는 사고 능력이 있다면 하늘에다 대고 억울함을 호소하며 "저 나쁜 인간들에게 정당한 벌을 내려 주소서!" 하고 간청하지 않겠는가?

내가 울주군 반구대 일대를 돌아보고 와서 느끼고 생각한 것들이 바로 이런 사실들이었다.

플라스틱 범벅이 되어가는 생명-몸들

나는 과거 포경 산업의 중심지로 명성을 떨쳤던 장생포항 바닷가에 세워진 고래 박물관을 둘러본 후 바닷가를 산책했었다. 바다에는 크고 작은 배들이 떠 있었고, 내가 서 있는 자리 앞쪽 그리 멀지 않은 바다 위에 생수병이며 몇몇 플라스틱 쓰레기들이 떠다니고 있는 걸 발견했다.

어쩌면 장생포 앞바다에 떠다니던 그 플라스틱 생수병은 해류를 따라 태평양 바다를 흐르고 흘러 지금 태평양 중간에 거대하게 떠다니는 플라스틱 섬에 가 닿을지도 모를 일이다. 혹은 하와이 어느 해변에 당도할 수도 있을 것이다. 실제로 내가 본 어느 영상에선 하와이 해변에서 발견되는 한국산 플라스틱 쓰레기들에 대한 이야기를 하고 있었다.

그리고 지금 북태평양에 있는 미국 하와이와 캘리포니아 사이, 대한민국 면적의 15배가 넘는 약 155만㎢ 넓이의 거대한 섬이 떠다니고 있다. 대한민국 면적의 15배라고? 거의 유럽대륙만 하다는 이야기가 아닌가?

1997년 요트 경기에 참여 중이던 찰스 무어가 처음으로 발견한 거대한 플라스틱 쓰레기 섬. 일명 'GPGP(Great Pacific Garbage Patch)'라고도 불리는데, '태평양 위에 떠 있는 거대한 쓰레기의 땅'이라는 뜻이다. 언론이나 유튜브 같은 미디어를 통해 많이 알려진 이 쓰레기 섬은 중국과 일본뿐 아니라 한국에서 흘러간 플라스틱 쓰레기들도 당당한 일원으로 포함되어 있다.

이 거대한 플라스틱 섬을 이루는 엄청난 양의 플라스틱 쓰레기들은 해류에 마모되고 태양열로 부스러지는 과정을 거듭하면서 결국 우리 눈에는 잘 보이지도 않는 아주 작은, 5mm 미만의 무수히 많은 미세 플라스틱들로 분해된다. 대형 플라스틱 쓰레기는 어떻게든 제거한다고 해도, 정작 문제는 바로 이 미세 플라스틱들이다. 잘 알다시피 바다에서 살아가는 온갖 해양 생물들은 이 미세플라스틱을 먹이로 착각하여 순진하게 덥석덥석 먹어 치우기 일쑤다. 그러다 자기도 모르는 사이에 성장과 번식에 장애를 겪거나 장폐색, 섭식 장애 등 갖가지 질병에 시달리다 죽게 된다. 문제는 거기서 끝나지 않는다. 우리가 좋아하는 참다랑어나 홍합, 굴, 고등어, 갈치 등등 모든 해양 물고기들의 배 속에 이 미세 플라스틱이 차곡차곡 적금이 쌓이듯 쌓이게 되고, 우리는 그 물고기들을 생으로 먹거나 굽고, 끓이는 등 요리해 먹는다.

아 물론, 그 미세 플라스틱은 질 나쁜 독성 화학물질을 옮기는 훌륭한 매개체 역할도 하는데 폴리에틸렌, 폴리프로필렌, 나일론 같은 석유화학 물질로 만들어진 플라스틱은 주변 유해 화학 물질을 자석처럼 끌어당긴다. 그런 유독 물질을 흡수한 미세 플라스틱이 물고기의 몸을 거쳐 우리의 식탁에 오르고, 우리의 입을 거쳐 위장과 장에 도달하고,

거기서 온몸으로, 혈관과 살 속으로 옮겨져 들러붙게 된다.

이렇게 생물체의 몸속에 쌓이는 독성물질을 일컬어 '바디버든(body burden)'이라고 부른다. 더 정확하게 옥스퍼드 영어사전의 바디버든 항목을 인용하자면, "사람이나 동물의 몸 안에 있는, 방사성 원소나 독성물질 등 특정 화학물질의 총량"을 일컫는다.[2]

사실 바디버든을 만드는 독성 화학물질들은 이미 친숙하다. 얼마 전 한국 사회를 떠들썩하게 만든 가습기 살균제 사건이나 라돈 침대 사건 등이 바로 그런 사건들이다. 사실은 봄철이면 한반도를 덮치는 미세 먼지나 우리가 매일 쓰는 화장품이나 비누, 세제, 샴푸 등에도 독성 화학물질들이 함유되어 있고, 심지어 우리가 자주 사서 마시는 생수에도 미세플라스틱들이 제법 많이 포함되어 있다. "현재 전 세계에서 12만 종이 넘는 화학물질이 개발되어 사용 중이며 매년 신물질이 30%씩 증가한다고 한다. 유해성 정보가 확인된 물질은 이 중 15%뿐이라는데, 그 15%는 과연 신뢰할 수 있을까?"[3] 한마디로 현대인들의 몸은 "화학물질 칵테일"이나 다름없다.

그러나 화학물질 칵테일이 되어가는 건 인간의 몸만이 아니다. 저기 바다에서 영문도 모른 채 먹이로 착각하고 냠냠 먹고는 배 속이 온통 플라스틱으로 가득 찬 채 죽어가는 해양 생물들의 몸도 날이 갈수록 화학물질에 심각하게 노출되고 있다. 하긴 콧구멍에 플라스틱 빨대가 꽂힌 바다거북이며, 몸속이 온통 플라스틱 조각들로 가득 찬 채 죽

2. 이승미, 「바디버든, 내 몸은 어쩌다 화학물질 칵테일이 되었나」, 몸문화연구소, 『인류세와 에코바디』, 필로소픽, p.101.

3. 위의 책, p116.

은 앨버트로스의 사체 사진 등은 자주 미디어에 등장하여 그 위험을 알리고 있기는 하지만, 그렇다고 사람들의 일상이 별로 달라진 건 없는 것 같다. 특히 코로나 사태를 겪으면서 음식을 배달시켜 먹거나 택배로 쇼핑하는 일이 크게 증가하면서 플라스틱 사용량이 엄청나게 증가하는 걸 보면, 우린 벌써 그런 사진들을 잊어버린 듯하다.

그러나 다시 한번 우리가 주의 깊게 환기해야 할 사실은 무심코 배달의 민족을 통해 보쌈과 치킨을 시켜 먹고, 온라인 쇼핑몰에서 이것저것 구입하여 택배로 받는 사이에 거기서 나온 각종 플라스틱 쓰레기들이 하수구나 하천, 강을 통해 결국 바다로 흘러들고, 태평양 바다의 거대한 쓰레기 섬의 규모를 키우고, 또 앨버트로스나 바다거북이, 고등어, 참치, 바다 새우, 심지어 고래들까지 조각조작 부서진 미세 플라스틱을 먹고 또 먹으면서 죽어가고 있다는 잔인한 현실이다.

해안선이 아름답기로 유명한 몰디브 주변 해역이 미세 플라스틱으로 몸살을 앓고 있는 것으로 드러났다. 호주 플린더스대 연구 팀은 몰디브 북부에 위치한 라비야니 환초에서 가장 인구가 많은 섬인 나이파루 해안 22개 지점의 모래가 플라스틱에 얼마나 오염돼 있는지를 기록했는데, 연구 팀이 조사한 열대어 쥐치 71마리 모두 배 속에서 플라스틱이 발견되었다. 물고기당 평균 8개의 '플라스틱 섬유'가 나온 것이다. 그뿐만 아니라 바다 플랑크톤의 몸속에서도 다량의 미세 플라스틱이 발견되고 있다.

최근 전 세계 해안지역에서 바다로 흘러드는 플라스틱 쓰레기는 매년 거의 1천만 톤에 달한다고 한다. 또 미국 비영리단체 퓨 자선 신탁

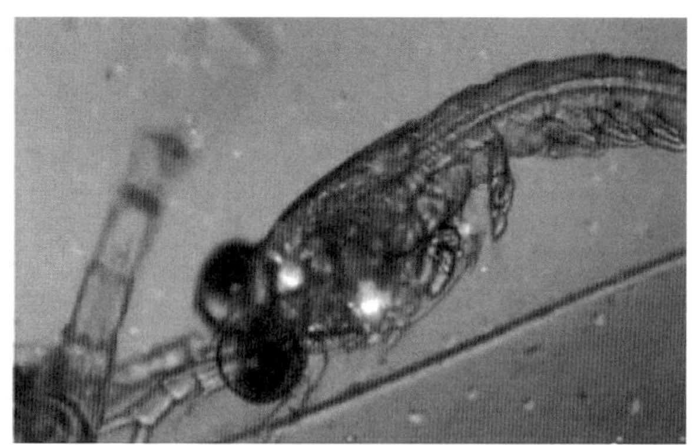

밝은 녹색 미세 플라스틱 입자를 먹는 동물 플랑크톤.
사진 제공=뉴사이언티스트/엑스터대학

은 '플라스틱 파도 부수기'라는 보고서에서 플라스틱 생산과 소비를 줄이기 위한 즉각적이고 지속적인 조치가 없다면 2040년께 바다로 유입되는 연간 플라스틱 쓰레기의 양이 현재의 3배가 될 것이라는 암울한 전망을 내놓았다. 그 보고서에서는 향후 바다로 유입되는 쓰레기의 양이 20년 사이 연간 1,100만 톤에서 2,900만 톤으로 늘어날 것이라고 경고했는데, 이는 세계 해변을 1m당 약 50kg의 플라스틱 쓰레기로 덮을 수 있는 양이다! 그렇다면 자칫 이번 세기 안에 태평양 쓰레기 섬이 점점 더 규모가 커져 태평양 바다를 온통 뒤덮어버릴 수도 있다는 이야기가 아닌가? 그럼 태평양 바다에 사는 해양 생물들의 삶은 뭐가 될까?

그런데 플라스틱의 문제는 비단 땅과 바다에 그치는 게 아니다. 공기 중에도 미세 플라스틱이 떠다니고 있고, 그것은 바람과 비를 통해 대지로 쏟아져 내린다. 미국 유타주립대 연구 팀은 미국 서부에서 질소와 인 같은 영양분이 바람을 타고 어떻게 퍼져나가는지를 연구하던 중 우연히 대기의 먼지 샘플에서 미세 플라스틱을 발견했다. 연구 팀은 처음엔 샘플이 오염됐다고 생각했지만 실제 대기 중에 미세 플라스틱이 섞여 있었다. 입자가 매우 작아 가벼운 미세 플라스틱들이 바람에 날려 확산하는 것이었다.[4]

이것이 의미하는 바는, 바로 플라스틱이 마치 공기나 물처럼 '순환'하고 있다는 사실이다. 계곡의 졸졸 흐르는 옹달샘 물이 강이 되고 바다로 흘러들고, 그것이 증발하여 구름이 되었다 비가 되거나 눈이 되어 다시 대지로 떨어지고, 그 물을 지구의 생명체들이 마시고 배출하며 다시 순환이 되듯, 플라스틱도 공장에서 우리 일상생활로, 거기서 쓰레기장이나 바다로 가고, 미세 플라스틱이 되었다가 물고기의 배 속이나 우리 몸속으로 들어오는 것, 이것이 플라스틱 시대의 플라스틱 순환 기제다. 지금 우리가 살고 있는 플라스틱 시대의 부인할 수 없는 실체다.

지구 시스템을 구성하는 대기권, 수권, 지권, 생물권 전체가 플라스틱 화학물질의 순환에 노출되고, 플라스틱은 생물도 아닌데 마치 생물처럼 먹이사슬 계단을 통해 가장 낮은 곳에 있는 플랑크톤에서 최상위 포식자인 사피엔스 인간들의 몸속으로 들어가 쌓이고 있다. 한마디로 조금 과장하자면, 지구 생물들의 몸은 이제 서서히 '플라스틱 바디(Plastic Body)'가 되어가고 있다. 그리고 나아가 지구조차도 비유가 아니라 생생한 현실로 '플라스틱 플래닛'이 되어가고 있다. 플라스틱 리얼리티 쇼가 벌어지는 지구다.

---

4. 『매경 프리미엄』, 2020. 8. 23.

우아하고 아름다운 생명의 그물망

지구는 호모 사피엔스 종만의 번영과 풍요를 위해 신이 마련해 준 에덴동산이 아니다. 지구는 무수한 생명체들이 더불어 살아가는 아름답고 경이로운, 위대한 생명의 그물망이다.

'생명의 그물망(Web of Life)'이란 단어를 최초로 사용한 사람은 19세기의 위대한 탐험가이자, 만물박사, 위대한 지리-생태학자였던 알렉산더 폰 훔볼트(Friedrich Wilhelm Heinrich Alexander Freiherr von Humboldt, 1769년~1859년)였다. 그는 1797년부터 남미 대륙으로 건너가 다양한 동식물 조사를 실시했다. 콜롬비아에서 안데스 산맥을 거쳐 페루 침보라소 산 정상 5,700m 지점까지 도달하여 리마에 도착하는 과학적 탐구를 이어갔는데, 이때 페루 연안을 흐르는 해류를 조사한 것을 기념하여, 훔볼트 해류라는 이름이 붙여지기도 했다.

훔볼트는 그 이전까지는 서로 독립적이라고 생각되던 동식물과 산맥, 기후, 이 모든 것이 연결되어 있다는 사실을 직접적인 탐험 연구를 통해 발견해 내고 근대 지리학과 생태학의 선구적인 업적이라 할 저서인 『코스모스』를 썼다. 그 책의 핵심 사상이 바로 생명의 그물망 사상이다. 그는 지구에 존재하는 모든 것에서 연결성을 발견했다. "거대한 인과관계의 사슬 속에서, 각각의 팩들을 분리해서 생각해서는 안 된다."고 주장했다. 또 "아무리 가장 작은 생물체일지라도, 모든 생물체들을 그 자체로만 바라봐서는 안 된다."고 주장했다.[5]

훔볼트의 생명 그물망 사상은 이후 많은 생태주의 사상가들에게 직접적인 영향을 주었다. 『침묵의 봄』을 쓴 레이첼 카슨이나 가이아 이론으로 잘 알려진 제임스 러브록 역시 훔볼트에게서 영감을 받았다.

오늘날 지구 시스템 과학자들은 지구가 하나의 거대한 생명의 그물망이며 대기권, 수권, 지권, 생물권, 외권이 전혀 독립적이지 않은 방식으로 서로 상호 작용하면서 지구의 환경세계를 만들고 있다는 사실을 너무나 잘 알고 있다. 더욱이 생물들이 과거의 생각과는 달리 그저 수동적으로 환경에 적응하기만 할 뿐 아니라, 적극적으로 수권과 지권, 대기권 등에 영향을 미치며 지구 환경 시스템 자체를 변형시키기도 한다는 사실도 잘 알고 있다.

그러나 이 우아하고 아름다운 지구 생명의 그물망이 전체 생물종 가운데 단 하나의 종, 호모 사피엔스 종의 이기적인 횡포로 마치 어느 나무 사이에 걸쳐진 거미줄을 어린아이들이 재미로 여기저기 찢어놓듯이 여기저기 구멍이 숭숭 뚫리고 찢어지고 있는 것이다. 우리는 이런 시대를 '인류세(人類世, Anthropocene)' 시대라고 부르고 있다. 즉 인류가 지

5. 안드레아 울프, 양병찬 역, 『자연의 발명』, 생각의 힘, 2016, p.28.

구 전체와 맞서 지구를 착취하고 약탈하여 지구 시스템의 조화와 균형이 깨어지고 있는 상황, 생명의 그물망이 찢기고 구멍이 뚫리는 지질 생태학적 상황이 초래되고 있는 지질시대가 바로 이 인류세 시대이다.

호모 사파엔스 종은 근대 산업혁명 이래 지구를 양식을 제공하는 농장이나 수산 양식장, 그리고 거대한 쓰레기장쯤으로, 또 나아가서는 언제든 꺼내 쓸 수 있는 자원 창고로 취급해 왔다. 소와 돼지, 양, 닭, 오리 등등 동물들은 '고기'로, 고래나 상어, 참치, 고등어, 문어, 게, 가재 등등 바다 생물들은 '생선'이나 '횟감'정도로만 취급해 왔다. 자연의 먹이사슬 균형을 깨뜨리고 그 자리를 인간만을 위한 '음식사슬'의 고리로 만들어 인간을 제외한 나머지 모든 살아있는 생물들의 몸을 '음식재료화'하여 왔다. 그리고 이 음식농장을 대규모로 유지하기 위해 아마존과 아프리카, 동아시아 등지의 숲을 마구 파괴하여 그 자리에 동물농장에 공급할 사료농장을 세워 왔고, 그 결과 발생한 것이 바로 코로나19 사태이다.

특히 자연의 음식사슬화의 영향은 심각하다. '지구생명 보고서'에 따르면 1970년에서 2012년 사이, 불과 40년 만에 전 세계 척추동물의 개체 수가 58퍼센트나 줄었는데 초원을 뛰어놀던 야생 포유동물 대부분은 전멸하거나 인간이 기르는 가축으로 전락했다. 지구 전체 포유동물 가운데 가축이 60퍼센트, 인간은 30퍼센트를 차지하지만, 야생 포유동물은 이제 고작 4퍼센트에 불과하다.[6]

---

6. 김종갑, 「인류세와 음식의 생태윤리학, 그리고 먹이사슬」, 몸문화연구소, 『생태, 몸, 예술』, 쿠북, 2020, p.45.

이쯤 되면 각종 바이러스로 인한 재난은 인과응보에 따른 당연한 대가라고 해도 사피엔스 종으로서는 크게 반박하기 어렵지 않을까. 사피엔스 종의 대량 파괴에 대한 반발, 혹은 자연의 보복 공격? 물론 사피엔스 종의 피해에 있어서도 가장 죄가 적은 사회적 약자들, 가난한 이들이 억울하게 더 큰 대가를 치르는 것도 사실이지만.

모비딕이 영원히 사라져버린다면?

내가 울주군의 반구대 암각화와 공룡 발자국 현장을 답사하고 또 한때 포경업의 중심지였던 장생포항을 찾은 것은 순전히 고래 때문이었다. 그렇다 고래 때문이었다. 나는 허먼 멜빌의『모비딕』에 빠져 있었고, 그 작품은 내게 어떤 영감과 자극을 주었다. 그 소설은 자연주의적으로도 읽히는데, 편협한 인간중심주의적인 사고에 빠진 선장 에이허브와 거대한 향유고래 모비딕과의 대결에서 에이허브 선장이 처참하게 패배하는 이야기이기도 하다.

그러나 허먼 멜빌이 그 이야기를 쓸 무렵, 인간들의 고래 사냥은 극에 달하고 있었다. 19세기의 고래는 현대의 원유산업이자 생필품 사업의 재료였다. 사냥한 고래에서 기름을 뽑아내서 불을 밝혔고, 비누와 화장품을 만들었으며 고래 뼈는 여성들의 코르셋 재료로 사용되었다. 멜빌이 포경선을 타고 남태평양을 순회하던 1840년대 후반부터『모비딕』을 발표한 1851년까지만 하더라도 포경산업은 황금기였었고,

포경 강국으로 등극한 미국이 그 시기에 보유한 포경선만 해도 무려 700척에 달했다. 전 세계 해양을 누비면서 고래를 닥치는 대로 사냥하여 말 그대로 고래들의 대수난기를 만들고 있었다.

당시 포경선 한 척이 한 철 동안 잡는 고래 수가 평균 100여 마리, 미국이 태평양에서 한 철에 잡아 죽이는 고래 수만 해도 약 7만 마리나 되었다. 고래들이 멸종위기에 처하게 된 것은 너무나 당연한 일이었다.

다행히 1980년대 중반 국제 포경위원회의 결정에 따라 상업 포경이 중단된 이후 고래들은 겨우 한숨을 돌리게 되었지만, 상황이 근본적으로 개선된 것은 아니다. 더욱이 지난 2019년엔 일본이 국제포경위원회를 탈퇴하면서까지 다시 고래 사냥을 하겠다고 선언하는 사태까지 일어났다. 사실 일본은 지난 30년 동안에도 연구를 빌미로 연간 1천 마리 이상의 고래를 사냥해왔고, 지금도 일본의 타이지 지역에선 '전통문화'라는 명분으로 매년 참혹한 돌고래 사냥 축제를 벌이고 있다.

그러나 이런 일본의 처사에 대해 많은 이들이 분노하며 고래들에 동정을 표하지만, 지금 바다의 돌고래들은 다른 방식으로 사냥을 당하고 있다는 사실을 간과하기 어렵다. 바로 인간들이 버린 플라스틱 쓰레기로 사냥을 당하고 있다. 고래의 먹이가 바로 해양 플랑크톤 아닌가? 그런데 플랑크톤의 배 속에 미세 플라스틱이 그득할 때, 그것을 대량으로 섭취하는 고래의 배 속도 당연히 미세 플라스틱 천국이 되는 것이다. 그리고 고래가 수명을 다하여 바다의 바닥에 가라앉으면 다시 심해에 사는 바다 생물들이 고래의 살을 먹이로 섭취하면서 미세 플라스틱까지 폭풍 흡입하게 되고, 그것들은 다시 다른 바다 물고기들의 입속으로 들어가고… 이렇게 해양 생태계는 인간들이 버린 플라스틱을 비롯한 각종 쓰레기들로 배를 채우며 살아가고, 결국 그것들은 다시 우리 인간들이 먹는 '생선요리'로 변하여 우리 몸속으로 들어와 차곡차곡 쌓이게 된다.

이런 참혹한 악순환, 생명의 그물망을 파괴하는 악순환을 어떻게 교정할 수 있을까? 진정 무엇이 문제일까? 지구 온난화, 서식지 파괴와 육식 과잉으로 인한 바이러스의 창궐, 육지와 바다를 망라한 뭇 생명들의 멸종 사태, 이 모든 사태가 어디서 기인하는 것일까? 그리고 근본적인 해결책을 어디에서 찾고 어디서부터 고쳐나가야 할까? 과연 지구의 아름다운 생명 그물망은 원상태로 돌아갈 가능성이 있는 걸까? 그런 희망이 아직 남아 있기나 할까?

나는 장생포 항구 앞에 늘어서 있는 고래 고기 집들과 바다를 바라보면서 그런 우려스런 상념에 빠지지 않을 수 없었다.

지구,
거주 불능 지구가 되기 전에

최근 행위자 네트워크 이론의 창시자인 브뤼노 라투르는 『지구와 충돌하지 않고 착륙하는 방법』이라는 흥미로운 제목을 가진 소책자를 발표했다. '신기후체제의 정치'라는 부제를 단 그 책에서 그는 기후변화를 부정하는 트럼프 같은 부정주의자들의 사고와 지구적인 계급적 불평등의 폭발적 증가가 동전의 양면 같은 현상임을 강조한다. 그럼에도 그는 세계는 '사회적 갈등'과 '생태적 갈등' 사이의 대립 속에 꼼짝없이 갇혀 마치 뷔리당의 당나귀처럼 배고픔과 갈증으로 죽어가고 있으면서도 계속 어느 것을 먼저 선택할지 망설이고만 있었다고 진단한다.

사실 지금 한국 사회만 하더라도 코로나 사태로 자영업자를 비롯한 사회적 소수자들이 더 가난해지고 있고 이런 문제들에 관심이 집중되고 쏠리는 나머지 지금까지 이 글에서 살펴본 또 다른 피해자들인 비인간 존재들에 대해선 무관심하거나 나중에 생각해 볼 일 정도로 치부하고 있는 게 현실이다. 그리고 대다수 시민들은 뉴스를 통해 코로나가 양산하는 새로운 쓰레기들, 즉 마스크와 장갑을 비롯한 의료 폐기물들과 음식 배달, 택배 등으로 생기는 플라스틱 이야기를 들으면서도 조금 미안한 생각을 가질 뿐, 적극적으로 개인적 차원에서라도 그런 쓰레기를 줄이거나 없앨 노력은 별로 실천하지 못하고 있다. 당장 눈앞에 닥친 실업과 폐업의 공포가 더 크다. 그리고 언제 어디서 감염될지 모를 코로나의 공포까지 더해지면 다른 생각을 할 여력조차 없다는 게 충분히 이해할 만도 한 상황이다.

아름다운 산들로 둘러싸인 분지에 한 마을이 있다. 마을 앞엔 강이 흐른다. 그런데 지금 산의 숲과 나무들은 말라 죽어가고 있고, 마을 앞 강물은 그동안 마을에서 내다버린 온갖 쓰레기들로 썩어 들어가고 있다. 마을엔 더러워진 강물 때문에 낯선 바이러스 감염병이 돌고 있는 중이다. 부자들은 더 넓은 농지를 차지하려 술수를 부리고, 농사지을 땅도 별로 없는 가난한 농부들은 가뭄에 감염병에까지 노출되어 구호를 바라고 있지만, 부자들은 자기 식구 챙기기에만 급급하다.

비유하자면, 지금 지구촌의 풍경은 이 이야기와 별 다를 바 없을 것이다. 힘을 합쳐 감염병도 퇴치하고, 강을 정화하고 숲과 나무들을 되살릴 노력을 강구해도 모자랄 판에, 각자 제 살길 찾기에 몰두하고 있는 그런 상황.

이런 때에 숲과 나무, 강을 되살리지 않으면 마을의 생존도 보장할 수 없고 그 마을이 아닌 다른 마을도 없으며, 숲과 강의 파괴는 결국 마을 멸망을 초래하게 된다는 외침은 그저 메아리 없는 독백에 불과하게 된다. 이러다 마을 전체가 '거주 불능 마을'이 되지나 않을지.(놀랍게도 이렇게 한계치를 넘어 종말로 치닫는 21세기 기후 재난 시대의 암울한 시나리오를 그려 보이는

『2050 거주 불능 지구』라는 책도 나와 충격을 준 바 있다.)

나는 이런 인간의 근시안을 '부족주의적 근시안'이라고 부르고 싶다. 인간의 생물학적 한계인진 모르겠으나, 인간들은 멀고 추상적인 문제엔 별로 관심이 없는 편이다. 나를 제외하고는, 바로 내 눈앞에 보이는 구체적인 어떤 것, '우리들'까지가 관심의 범위다. 내 가족, 내 애완동물, 내 친인척과 친구들, 동료 혹은 멀어야 우리나라 국민들.

저명한 생물학자 에드워드 윌슨은 『인간 존재의 의미』라는 책에서 찰스 다윈이 말한 "우리 하등한 기원의 지워지지 않는 각인"을 언급하며 사피엔스 종의 구석기적 한계, 근시안적 부족주의의 한계를 말한다.

> 우리는 구석기 시대의 저주(Paleolitic Curse)에 걸려 있다. 수렵 채집인으로 살아가던 수백만 년 동안은 잘 작동했지만, 지구 전체가 도시화한 과학 기술 시대에는 점점 더 방해가 되고 있는 유전적 적응 형질들을 말한다. 우리는 마을보다 더 높은 수준의 사회를 통치할 수단이나 경제 정책을 안정적으로 유지할 수 없는 듯하다. 게다가 전 세계 사람들의 대다수는 신자들의 복종과 자원을 차지하기 위해 자신이 초자연적인 힘을 지니고 있다고 주장하는 이들이 이끄는, 부족 수준에서 조직된 종교에 여전히 얽매여 있다. 우리는 부족적 갈등에 중독되어 있다. 그것은 팀 스포츠로 승화된다면 무해하고 즐겁지만, 현실 세계의 인종적, 종교적, 이념적 충돌 형태로 표출된다면 치명적이다.[7]

7. 에드워드 윌슨, 이한음 역, 『인간존재의 의미』, 사이언스북스, 2017, p.202.

한마디로 현재의 사피엔스 종은 부족 단위로 살던 구석기 시대의 두뇌 구조를 가진 채로 지구적인 문명을 일궜지만, 그걸 감당할 지적 도덕적 역량은 부족하다는 한탄이다. 물론 이런 구석기적 한계가 오늘날 지구적 위기 사태를 방관하게 하는 도덕적 면죄부가 될 수는 없다.

사실 지난 300년간 인류사를 규정해 온 휴머니즘 사상은 뒤집어 보면 그저 인간 지상주의, 인간중심주의에 불과했었다. 그러나 그 '인간' 부류에 포함될 범위조차도, 남자를 넘어 여성, 장애인, 동성애자를 비롯한 소수자들에게까지 인권적으로 평등하게 확장되기까지 수백 년이 걸렸고, 지금도 여전히 성적 소수자들은 비정상적인 인간 취급을 받으며 혐오 대상이 되고 있다.

물론 최근 몇십 년 사이에 비판적 포스트휴머니즘 사상의 조류가 등장하여 인간을 중심으로 수직적인 계열화를 이루던 인간중심주의를 폐기, 극복하는 대안으로 수평적인 생명 그물망을 이루는 생물, 무생물 모두를 포함해 행위자 그물망으로 보자는 운동이 일어나곤 있지만, 이런 발상의 전환, 지구 혹은 가이아 전체의 관점에서 세계를 바라보는 관점은 대중들에겐 여전히 낯설 뿐이다.

인간이라는 한 생물 종의 관점이 아닌 전체의 관점, 지구-가이아의 관점에서 전체 생명의 그물망을 바라보고, 모든 것이 연결되어 순환하고 있다는 사실을 자각하고 나면, 이번 코로나 사태를 바라보는 관점도 달라질까. 인식의 대전환이 일어나 박쥐의 관점, 도마뱀의 관점, 고래의 관점에서 생각하고 느낄 수 있게 될까? 그런 관점의 대전환이 모든 문제를 일거에 해결하는 만병통치약이 될 순 없지만, 그것이 문제의 진정한 출발은 될 수 있을 것이다. 내 몸이 바로 고래의 몸과 크게 떨어져 있지 않고, 고래의 몸과 내 몸은 결국 하나일 수 있다는 걸 받아들이면 말이다.

『2050 거주 불능 지구』의 저자 데이비드 월러스 웰즈는 말한다. "지구온난화는 인간의 발명품이며, 우리가 죄책감을 실시간으로 느낀다는 사실 이면에는 상황이 아직 우리 손에 달렸다는 전제가 깔려 있다."[8]

나는 이 말이 사실이기를, 진심으로 바란다.

8. 데이비드 월러스 웰즈, 김재경 역, 『2050 거주불능 지구』, 2020, 추수밭, p.56.

PART 7

코로나 팬데믹과 면역의 정치
: 질병 면제, 면역주의 그리고 백신 집단 접종

- 최은경 -

1. 들어가며- 질병 면제의 정치로서의 면역
2. 신체 사이의 차이: 면역의 인종주의
3. 내재적 차이에서 비자기와의 조우와 투쟁으로
4. 코로나 팬데믹과 면역의 지배
5. 코로나 팬데믹 속 백신의 불완전성
6. 닫힌 목표로서의 집단 면역의 불완전성
7. 백신이라는 이물질에 대한 불신과 불안

들어가며 - 질병 면제의 정치로서의 면역

면역학자 버넷(Macfarlane Burnet, 1899-1985)에 의하면 '면역(immunity)'은 생물학적으로 병원체를 비롯한 비-자기(non-self)의 이물질(foreign material)을 인식하고 중화하거나 제거하는 메커니즘을 의미한다. 수많은 비-자기 물질과 조우하면서 생물체는 이들 물질과 싸워 체내에서 없애거나 회피하거나 공생, 공존하는 길을 택하는 체계를 일컫는다. 오늘날 면역 개념은 비-자기에 대항하는 자기 방어의 개념을 필연적으로 포함한다.

그러나 면역이란 용어가 본래부터 자기(self)와 비자기(non-self)의 구분과 자기 방어 개념을 내포하고 있었던 것은 아니다. 면역은 본래 질병과 관련된 현상을 지칭한다. 면역은 라틴어 'immunitas'에서 유래하는데, 본래 법적인 의무나 세금 부과에서 면제(exempt)의 의미로 쓰였으며, 전염병에 관해서는 질병으로부터 가지는 저항력의 의미로 쓰였다. 철학자 에스포지토(Roberto Esposito)가 지적하듯, 면역은 공동체(community)와 라틴어에서 의무, 부담을 의미하는 'munus'라는 같은 어원을 지니는데, 공동체는 같이 부담을 나눈다는 의미를 가진다면 면역은 그를 부정하는 일종의 특권적 상태를 지칭하였다.[1] 질병과 같은 운명의 부담을 나누는 공동체에서 벗어나는 자기 폐쇄의 논리가 면역이란 단어 속에 내포되어 있다는 것이다.

면역 여권, 백신 접종에서 볼 수 있듯 코로나 팬데믹에서 면역은 뜨거운 논쟁 주제이다. 그렇다면 면역은 개인과 사회에 어떠한 정치적 철학적 함의를 가져왔으며, 오늘날 어떠한 함의를 가지고 있는 것일까. 포스트모더니즘에서 면역은 자기 구분과 자기 해체의 은유로서 헤러웨이, 데리다 등 철학자들에게 주요한 사유의 대상이 되어 왔다. 그러나 코로나 팬데믹과 같은 비상 상황과 집단 면역의 강조 속에서 면역은 또 다른 의미를 가진다. 이 글은 우선 신체 사이의 차이로서의 면역이 신체 내의 세포 간 투쟁으로의 의미를 획득하는 역사적 과정을 돌아본다. 이 과정은 신체적 차이에 따른 지배의 의미로서의 면역이 비자기와의 조우를 통한 생성의 의미로 변화하는 과정으로 이해될 수 있다. 그리고 코로나 팬데믹에서는 면역을 가진 이와 그렇지 않은 이로 구분하고 후자를 내버려 둠으로써 면역에 의한 지배가 묵인되고 있음을 살펴볼 것이다. 마지막으로 백신 대량 접종을 통한 집단 면역 목표가 가지는 불완전성을 고찰하며 열린 가능성으로서의 면역이 필요함을 주장하고자 한다.

1. Esposito, R., *Immunitas: The Protection and Negation of Life*. Cambridge:Polity Press, 2011, p.5.

신체 사이의 차이 : 면역의 인종주의

고대인들은 오랫동안 한번 병에 걸렸다 회복되면 다시 병에 걸리거나 심하게 앓지 않는 현상을 관찰하였다. 역사가 투키디데스(Thucydides, BC 460-400)는 『펠로폰네소스 전쟁사(the History of the Peloponnesian War)』에 아테네 역병에 관하여 "환자와 죽어가는 이들은 이 질환으로부터 회복된 이들로부터 가장 위안을 얻었다. (…) 같은 사람은 두 번 걸리지 않으며 적어도 치명적이지 않았다."라고 적고 있다.[2] 전염론을 처음으로 공식적으로 주장한 프라카스토로(Girolamo Fracastoro, 1478-1553)는 『전염에 관하여(On Contagion)』에 "나는 유행에 둘러싸여 있어도 병에 걸리지 않는 일부 사람들을 알아 왔다. (…) 우리 자신을 유행병에 대응하며 면역을 얻게 하는 것이 불가능한지 물어야 할 것이다."라고 하고 있다.[3]

---

2. Thucydides, The History of the Peloponnesian War, Chapter VII

3. Fracastoro, Girolamo, *De Contagione et Contagiosis Morbis et Eorum Curatione*, 1546, W.C. Wright translation (with Latin text), New York, Putnam, 1930; Silverstein, A. M. *A history of*

그러나 감염과 전염의 개념이 정립되지 않았듯이, 면역의 개념은 오늘날과 같은 방식으로 이해되지 않았다. 우두법을 발견한 제너(Edward Jenner, 1749-1823)나 세균론을 기반으로 백신 개발에 성공한 파스퇴르(Louis Pasteur, 1822-1895)는 백신과 면역을 적극적으로 연결하지 않았다. 파스퇴르는 사람이 질병을 앓은 후 다시 잘 걸리지 않는 현상에 대해 발효 현상처럼 감염 후 질병을 앓으면서 질병 발생에 필요한 영양소가 질병 현상으로 연소됨에 따라 더 이상 발발하지 않는 것처럼 설명하였다.[4] 파스퇴르의 이론을 허탈 이론(depletion theory)이라 부른다면 다른 이들은 박테리아 대사 산물이 독성이 되어 박테리아를 사멸시킨다는 보유 이론(retention theory)을 주장하였다.

허탈 이론이나 보유 이론은 이후 에밀 폰 베링(Emil von Behring, 1854-1917)에 의하여 항체 등 수동 면역이 발견되면서 폐기된다. 이들 이론은 질병의 원인이 병원체 하나라고 주장했을 때 가질 수 있는 문제점을 해결하고자 하였다. 같은 질병의 원인에 노출되더라도 어떤 이는 질병에 걸리고 어떤 이는 질병에 걸리지 않는다. 히포크라테스 때부터 내려 온 체액론(humoralism)은 개인이 환경과 집단에 따라 다른 체액 역동 속에 노출되어 있기 때문에 질병 경과가 달라진다고 설명하였다. 그러나 이 설명은 질병을 한번 앓고 난 후 왜 질병에 다시 잘 안 걸리는지, 제너의 우두법과 같은 백신이 왜 효과를 발휘하는지 설명하지 못한다. 많은 체액론자들은 질병에 대한 체액의 변화를 물리학과 화학의 이론

---

immunology. San Diego: Academic Press. 1989.에서 재인용.

4. Silverstein, A. M., 1989, p.18.

으로 환원할 수 있다고 보았으며, 질병 감수성(susceptibility)이 질병에서 보편적이면서 핵심적인 전제라 이해하였다.[5]

질병 감수성은 신체 간의 차이를 보여주는 상징적인 특징이다. 19세기 제국주의 시대 의료인들에게 신체 간의 차이는 주로 유전의 문제였고 민족 간, 인종 간 유전을 통해 설명하였다. 같은 인종 내의 신체 간의 차이나 질병 감수성의 차이는 크게 주목받지 못했다. 같은 원인에 노출되었다 하더라도 질병의 발현에 있어서 인종 간 편차가 있었고 식민지 환경에서는 더욱 두드러졌다. 어떤 질병에 대해 피식민인들은 더 많이 걸리기도 하였고, 열대 질환의 경우에는 본토인들이 더 잘 걸리는 것이 흔했다.

인종적 소질이 유전된다는 관념 속에서 식민지 관료들과 제국의 의료인들은 피식민인이나 식민지를 질병에 처음 접하는, 질병에 감수성이 있는 신체 또는 땅으로 묘사하였다. 씨앗(seed)과 땅(soil)의 유비는 곧잘 활용되었는데, 이를테면 병원체라는 씨앗은 인체의 흙이 있어야 병으로 발전한다는 식이었다. 한 의료계 인사는 이 흙에서 씨앗이 자라날 수 없게 만드는 것이 자연 저항(natural resistance)라고 설명하였다.[6] 메치니코프의 면역 이론이 도입된 후에도 의학계 대다수가 질병을 일으키는 신체의 소질(predisposition)이 존재하며 유전을 통해 전달된다고 믿었다. 안타깝게도 열대 식민지에 진출한 유럽인들은 현지인들이 겪지 않

5. Cohen, E., *A Body Worth Defending: Immunity, Biopolitics, and the Apotheosis of the Modern Body*. Duke University Press, 2009, p.214.

6. ON THE POWERS OF NATURAL RESISTANCE OR THE PERSONAL FACTOR IN DISEASE OF MICROBIC ORIGIN.: Being the Annual Oration of the Medical Society of London, delivered on May 26th, 1902.

는 다양한 열대 질환들을 앓았고 백인들의 면역은 열대 환경과 맞지 않았다. 열대 질환에 대한 두려움으로 일부 의사들은 피식민인들의 혈액을 섞거나 인종 간 결합을 통하여 열대 인종의 면역을 획득할 것을 제안하기도 하였다.[7]

면역 연구가 발전함에 따라 환경에 의해 후천적으로 면역이 획득될 수 있음이 밝혀진 이후에도 선천적 차이나 인종 및 유전의 역할은 강조되었다. 결핵은 면역의 인종 우월성을 상징하는 질병이었다. 문명의 발전에 따라 면역이 획득될 수 있다고 해석되었다. 결핵 연구자들은 유럽이나 북미 아프리카와 달리 아프리카, 태평양 군도 등의 지역은 소위 '처녀지(Virgin Soil)'로서 결핵균에 노출된 적이 없고, 면역성이 없기 때문에 결핵에 걸리기 쉬웠다고 보았다.[8] 처녀지 이론의 주창자 라일 커밍스(S.L.Cummins)는 파리, 러시아, 동부 아프리카의 튜베르쿨린 양성률을 비교하며 남아공의 흑인 광산 노동자들의 높은 결핵 유병률은 처녀지와 서구의 결핵균 면역에 다다른 상태 중간 단계이기 때문이었고, 이들의 몸이 문명 상태에 충분히 적응하지 않았기 때문이라고 주장하였다. 문명화 단계에 따라 문명화된 인구는 높은 수준의 면역을 얻게 되며, 그렇지 않은 인구는 도시화, 산업화를 거쳐야 얻게 되는 것으로 여겼다.

식민지 조선에서도 결핵의 민족적 차이는 일제 지배층들의 주요한

7. Anderson, W., "Immunities of empire: Race, disease, and the new tropical medicine, 1900-1920", Bulletin of the History of Medicine 70, 1, 1996, pp.94–118.

8. Harrision M, Worboys M. a disease of civilisation, *In: Marks L, ed. Migrants, minorities, and health : historical and contemporary studies*. London: Routledge; 1997.

관심이 되었다. 일본인보다 조선인의 결핵 유병률이 낮은 것은 조선인의 저항력 때문이라고 설명하였고, 조선인이 "일본인에 비해 체격, 체질이 완강하고 대부분 노동에 종사하여 변변치 못한 의류와 식사에 대한 저항이 절대적으로 강하여 자연 전염병에 대한 저항력이 일본인에 비해 매우 우수하다."라고 보았다.[9] 또는 경성의 하류민들이라 할 수 있는 토막민들의 생활에 관한 연구에서 결핵 이환을 낮게 보고하고, '모든 저항력에 있어 위생적인 생활을 하는 사람들보다 더욱 우수하다'고 해석하였다.[10] 재조일본인들의 높은 결핵 유병률에 대한 불안은 상대적으로 강한 조선인들의 생리적인 특징에 대한 주목으로 이어졌다. 그리고 주거 환경, 영양 상태, 식습관, 노동 조건 등 다양한 결핵 발병 요인보다 조선인들이 '건강한 주민'으로 결핵균이 만연한 환경을 견디고 있다는 데에 곧잘 관심의 초점을 두었다. 환경에 따른 후천적 습득이 면역에 미치는 역할이 밝혀진 후에도 면역의 민족적 차이는 민족 고유의 것으로 남겨졌다.

9. 南廣憲. 朝鮮人の衛生狀態.『朝鮮及滿洲』. 1929. 1.

10. 매일신보, 1940. 4. 24.

내재적 차이에서 비자기와의 조우와 투쟁으로

어떤 사람은 질병에 걸리고 어떤 이는 그렇지 않은 면역 현상으로 전염론은 수용되기 어려웠다. 유럽 국가들이 1892년 질병 전파를 차단하는 위생 협정을 역사상 최초로 체결했을 때에도 면역은 질병 전파 이론의 근거를 희석시키는 반대 논거로 활용되었다.[11] 메치니코프(Élie Metchnikoff, 1845-1916)가 세포 면역 이론(cellular immunity theory)을 주장하기 이전에는 질병의 개인 간 차이는 내재적 차이와 우수한 체질로 주로 설명되었다.

메치니코프의 세포 면역 이론은 기존의 면역 이론 뿐만 아니라 감염 이론에 있어서도 중요한 변화를 가져왔다. 그는 1891년 다윈 식의 진화론에 입각하여 식세포 이론을 정식화하였으며, 세포 자체가 계속 변화하는 세포설(cellular theory)을 제시하였다. 메치니코프에 따르면 세포

11. Cohen, E. 앞의 책. pp.229–230.

는 자기 세포와 자기 것이 아닌 비자기를 구분하며, 이러한 비자기에 대한 방어를 포함한 동적 작용이 면역의 핵심이다. 메치니코프 이론은 이후 림프구 등의 작용이 밝혀지면서 면역학의 핵심 개념으로 자리 잡는다.

코헨에 따르면, 메치니코프가 면역학의 개념을 수립하기 전까지 자기 방어가 가능한 객체로서의 자기 몸의 개념은 수립되기 어려웠다.[12] 면역을 몸의 진화 작용을 통한 역동적 메커니즘으로 정립함으로써 메치니코프는 생물학적 개체가 어떻게 내적 통일성을 유지하는지 설명하였다. 메치니코프의 세포 이론 이전, 생물학적 개체가 내적 통일성을 유지할 수 있는 것은 자연의 치유 작용을 통하여 체액 균형 상태가 수동적으로 회복하기 때문이었다. 기생충이나 박테리아 등 병원체는 인체에 파괴적인 작용을 하는 비자기로서, 인간의 몸은 비자기에 감수성이 있는 몸이었다가 그렇지 않은 몸으로 전환할 뿐이다. 그러나 메치니코프의 이론을 통해 병원체의 작용은 숙주의 방어를 통해 진화의 과정을 이루는 하나의 요소가 된다. 면역 철학자 토버(Alfred Tauber)는 이러한 메치니코프의 면역학 이론이 자기를 선험적으로 고정시키는 체액론의 입장과 다르고 칸트 철학의 선험적 자아 이론과도 달랐다고 설명한다.[13] 즉, 면역학적 자아는 세포 수준에서 신체 내부 진화 투쟁을 통해 유지되는 자아이다.

전염병과 위생의 관점에서 메치니코프의 세포 면역 이론은 항독소

12. 위의 책. pp.264-269.

13. Tauber, A. I., *The immune self: theory or metaphor?*. Cambridge: Cambridge Univ. Press, 2006, p.44-68.

와 항체를 주입함으로써 획득되는 수동 면역(체액 면역)과는 다른 실천적 인 함의를 지닌다. 능동적인 면역을 이해하지 못하면 위생을 위한 정치적 사회적 조치는 병원체의 전파 현상을 막는 것, 검역, 격리, 억제적 조치, 그리고 소독 등을 통해 타자(병원체)를 사멸시키는 것에 집중될 수밖에 없다. 자기 방어는 병원체가 신체에 침입하는 전 단계에서 이를 막는 데 집중하는, 병원체를 제거하는 청결 전략이 우선이다. 그러나 세포 면역이 발견되면서 병원체를 제거하는 것만이 위생에 도달하는 것이 아니라고 생각하게 되었다. 메치니코프가 말하듯 새로운 위생(new hygiene)은 '식세포'를 증강시키는 세포 위생 수준에서 도달할 수 있으며, 외부자에도 '불구하고' 자기를 유지하는 것이 핵심이 된다. 외부자와 조우하고 세포 간 투쟁을 거치면서 자기 방어는 학습되며, 자신을 유지할 수 있는 근간이 된다.

메치니코프의 면역 이론은 홉스의 만인에 대한 만인의 투쟁 은유가 신체 내부로 접목되는 계기를 낳았다. 세포와 세포 사이의 투쟁을 통한 면역 획득 작용이 아니라면 인간 개체는 외부 환경에 대한 방어력을 얻기 어렵다. 그러나 한편 자가-면역 질환(autoimmune disease)의 예에서 보듯, 면역의 작용은 반드시 자신을 강화시키는 것만이 아니며, 자기와 비자기를 구분하여 공격할 능력을 잃으면 더 이상 신체에 대한 온전성을 유지할 수 없다. 자기 자신에 관용(tolerance)을 유지하는 것이 자신 자신에 대한 온전성을 유지하는 핵심이나, 자기와 비자기를 구분하는 훈련을 거치지 못하면 면역 세포는 자기를 공격하는 무기로 바뀐다. 적절한 비자기와의 조우가 없으면 외부 환경에 대한 방어는 이루어지지 못한다.

코로나 팬데믹과 면역의 지배

오늘날의 면역학은 타자와의 조우를 통해 면역이 생성될 수 있음을 알려 준다. 새로운 타자와의 조우는 세포에게 새로운 학습 기회를 선사하고, 궁극적으로 타자를 제거하거나 중화시키는 능력이 형성된다. 코로나 팬데믹 속에서 인류 역시 이러한 세포의 학습 및 진화와 유사하게 집단적인 학습과 진화를 겪는다. 새로운 바이러스가 등장하고, 바이러스에 대하여 학습하며 이를 제거할 수 있는 백신이 등장한다. 그렇다면 인류 사회는 코로나바이러스라는 새로운 타자와 조우하면서 더 나은 방향으로, 환경에 적응하며 진화하는 것일까.

코로나 팬데믹에서 좀 더 분명해진 것은, 집단 면역의 형성과 공유가 팬데믹의 주요한 무기처럼 등장했다는 점이다. 과거 근대화 과정에서 위생의 성취가 한 사회의 안전 지표인 것처럼 여겨졌다면 오늘날 팬데믹에서는 집단 면역의 성취가 공동체 생존에서 중요한 목표가 된다. 그간의 생명 정치에서 면역은 자기/비자기 구분을 통한 자기 인식과 자기 방어의 개념으로 이해되었다면, 코로나 팬데믹에서 면역을 둘러싼 정치적 은유와 생물학적 은유는 더욱 가까워진다. 면역은 팬데믹에 대응하는 실물화된 실체이며 집단 면역 달성은 중요한 정치적 논쟁 대상이다.

오늘날 면역은 개인의 것을 넘어선 시민과 국가의 것이며, 치료제와 백신이라는 자본을 통해 성취된다. 자본은 면역이 형성된 사람과 그렇지 않은 사람을 끊임없이 구분 짓고 사회가 개인의 통제를 통해 집단적으로 면역을 성취하고자 한다. 이를 철학자 아자나(Btihaj Ajana)가 말하듯, 코로나 팬데믹의 면역주의(immunitarianism)라고 명명할 수 있을 것이다.[14] 코로나 팬데믹의 면역주의는 생체에 대한 주권 권력을 강화하면서 생명 그 자체가 외부 적으로부터의 방어와 선취의 일차적인 장소가 되고 있음을 보여 준다. 면역은 병원체가 감염된 이후 사람이 자연적으로 얻게 되는 부산물이 더 이상 아니다. 세포 내의 면역 물질은 코로나 팬데믹을 종식시키는 유일한 도구이며 개인의 신체 기능을 넘어서는 의미와 권력을 가진다.

황임경이 잘 설명하듯, 면역의 논리는 자기 구분과 자기 방어의 논리를 모두 포함한다.[15] 팬데믹 상황에서 면역의 자기 방어 논리는 더욱 극대화되고, 집단 면역을 위해 개인의 몸을 보다 순조로이 치안화(policing)하는 데에 팬데믹 대응의 목표를 두게 된다. 코로나19가 개인과

14. Ajana, B., "Immunitarianism: defence and sacrifice in the politics of Covid-19", History and Philosophy of the Life Sciences 43, 2021, p.25.

15. 황임경, 「자기 방어와 사회 안전을 넘어서-에스포지토, 데리다, 해러웨이를 중심으로 본 면역의 사회정치 철학」, 『의철학연구』 16, 2013, pp.115-143.

국가를 위협하는 적으로 간주되면서 개인의 몸의 면역 수준을 감지하는 검사 기술과 시스템은 더욱 발전한다. 기술을 통해 면역을 가진 이와 그렇지 않은 이를 구분하며 이들의 접촉과 교류를 추적할 수 있게 된다.

에스포지토는 면역의 자기 방어 논리가 더 극대화되면 공동체는 외부로부터 닫힌 공동체가 되고 자기 폐쇄성이 극대화된다고 보며 근대사회의 면역화 과정을 비판한다. 팬데믹하에서 면역의 자기 방어 논리는 자연적인 집단 면역 달성을 위해 희생을 감수해야 한다는 폭력으로 이어진다. 집단 면역은 하나의 인구 집단에 면역을 갖춘 인구가 충분한 분율로 형성되면 더 이상 바이러스가 전파되지 않아 유행이 멈추는 현상을 의미한다.[16] 그러나 백신이 빠르게 개발되지 않는 상황에서 일부 정치가와 과학자 집단들 사이에서 자연 감염을 통해 집단 면역을 도달할 것을 종용하는 의견이 나오기도 하였다. 도널드 트럼프는 바이러스 유행 도중 "집단 면역이 15%에 도달하였다."라고 언급하며 이를 "매우 강력한 백신"이라고 설명하였다.[17] 2020년 10월에는 자유주의 시장경제 씽크탱크 그룹과 과학자 집단이 연계하여 코로나바이러스가 전파되어 집단 면역에 충분히 도달할 수 있도록 하자는 "그레이트 베링턴 선언(Great Barrington Declaration)"을 발표하였다.[18] 이 선언은 집단 면

16. Aschwanden, C., "The false promise of herd immunity for COVID-19", Nature 587 (7832), 2020, pp.26–28.

17. Trump says it's 'terrific' so many Americans have caught the coronavirus because it 'is a very powerful vaccine in itself'. Insider. Dec 9, 2020. https://www.businessinsider.com/trump-herd-immunity-says-covid-a-very-powerful-vaccine-2020-12

18. https://gbdeclaration.org

역의 성취를 위해 바이러스에 취약한 노인과 기저질환 인구를 희생시키는 것을 묵인함으로써 윤리적 과학적으로 큰 문제가 있는 것으로 비판받았다. 자연 전파를 통한 집단 면역 성취 전략은 노인과 환자들을 팬데믹의 "타자"로 만드는 것과 유사하다.[19] 즉 건강한 인구의 면역을 성취하고 경제를 예전 수준으로 회복시키기 위해 허약한 이들을 제물로 삼는 것이다.

바이러스 유행에 대해 무방비로 노출시키고 자연 면역을 통해 일상으로 회복될 수 있다는 전략은 면역 형성의 '보이지 않는 손' 또는 약육강식을 연상케 한다. 그리고 면역을 이미 얻은 이와 그렇지 않은 이를 사회적, 계급적으로 분할한다. 도입을 논의하였다가 중단된 "면역여권"은 감염을 통해 항체가 형성된 이에게는 배타적으로 일상생활을 영위할 수 있는 권한을 부여하는 아이디어이다.[20] 자연 감염을 통해서든 그렇지 않든 코로나에 대한 면역을 갖고 있음이 입증된다면 이를 중심으로 자본주의 경제가 다시 회복될 수 있기를 기대한다. 면역은 경제 활동을 위한 자산이 되며, 자금을 통해 획득될 수 있는 상품이다. 일부 부유층 들은 자국 내의 백신 접종을 기다리지 않고 호화 비행 서비스를 통해 아랍 에미리트와 같은 지역에서 백신을 접종하도록 안내받는다.[21] 기존의 부유한/건강한 사람 그리고 부유한 국가는 백신 접

---

19. Laterza V, Romer LP. Coronavirus, herd immunity and the eugenics of the market. aljazeera. Apr 14, 2020 https://www.aljazeera.com/opinions/2020/4/14/coronavirus-herd-immunity-and-the-eugenics-of-the-market

20. Coronavirus: How 'immunity passports' could create an antibody elite. BBC. July 2, 2020 https://www.bbc.com/news/business-53082917

21. The Vaccinated Class. New York Times. Jan. 23, 2021. https://www.nytimes.com/2021/01/23/

근, 자연 전파 후 회복 등 모든 측면에서 면역을 얻기에 유리한 동시에 이를 바탕으로 더 나은 지위를 획득할 수 있게 되나 반면 이미 질병 이환율이 높은 가난한 지역의 사람들/고령의 환자들은 바이러스 전파에 치명적으로 노출된다. 젊고 건강한 경제활동인구에게 바이러스 전파 결과가 치명적이지 않다는 점은 면역을 특권으로 만든다.

에스포지토의 지적처럼 바이러스 전파와 희생을 통해 집단 면역을 구하겠다는 것은 일종의 자가면역 질환(autoimmune disease)과 유사하다.[22] 즉 면역을 얻기 위해 부적절하거나 문제가 되는 자신의 세포를 공격하고 죽게 내버려두는 폐쇄적인 자기 동일성을 극대화한다. 이를 일종의 '면역에 따른 지배'라 부를 수 있을 것이다. 홉스의 만인의 만인에 대한 투쟁이 주권자에 의한 지배를 가져오는 것처럼, 면역을 가진 이와 그렇지 못한 이 사이에 일종의 면역에 기반을 둔 주권이 생성된다.

---

style/the-vaccinated-class.html

22. The Biopolitics of Immunity in Times of COVID-19: An Interview with Roberto Esposito. June. 16, 2020. Antipode Online. https://antipodeonline.org/2020/06/16/interview-with-roberto-esposito/

5

코로나 팬데믹 속 백신의 불완전성

면역을 인간적이면서도 안전하고 효과적으로 구현하는 도구인 백신은 어떨까. 백신은 우리 몸의 면역을 학습케 하는 도구이다. 또한 사회 전체의 집단 면역을 일구기 위한 수단이다. 우리는 팬데믹 앞에서 백신이라는 이물질이 마치 우리 몸 안에서 긍정적인 세포, 면역 기능을 갖춘 세포를 생성하는 것처럼, 한 사회에서 면역을 갖춘 이들이 생성되어 전체적으로 집단 면역을 생성할 것을 상상한다. 백신은 자연감염보다 집단 면역에 보다 안전하게 도달할 수 있게 돕는다. 팬데믹하의 백신은 안전한 사회와 자기 방어라는 면역의 논리를 연결하여 실물화시키는 멕거핀이다.

코로나 팬데믹이 발발하고 1년이 지난 2021년, 전 세계는 코로나바이러스 팬데믹에 대응하는 면역을 얻기 위해 백신을 한참 접종 중이다. 코로나 팬데믹은 모든 사람이 바이러스에 감염될 수 있음을 보여주었다. 신종 바이러스에 대해 면역을 갖고 있는 사람은 없고, 모든 육체는 바이러스에 감수성을 가지고 있다는 점에서 평등하다. 그러나 고령의 기저질환을 가지고 있는 사람은 어떤 감염에 좀 더 취약하며, 면역을 얻는 기회비용이 좀 더 크다. 백신은 이러한 신체적 차이를 뒤집을 수 있는 인공물이다. 이론상으로는 백신이라는 인공물을 중심으로 대부분의 사람들은 유사한 수준의 보다 인간적이면서 평등한 면역력을 얻을 수 있다.

그러나 백신의 효능에 대한 기대는 금세 의구심으로 바뀐다. 임상시험에서의 백신 효과가 전체 인구에 대한 효과로 번역되는 과정은 순조롭지 못하다. COVID-19 백신 후보군이 되었던 아데노바이러스 플랫폼은 본래 에볼라 바이러스 유행에 대비하여 개발된 플랫폼으로 다른 플랫폼보다 검증된 기술이라는 점에서 일찌감치 주목을 받았다. 그러나 아데노바이러스를 기반으로 한 아스트라제네카 백신은 mRNA 백신의 높은 효능성(efficacy)에 못 미치는 것, 그리고 임상시험 설계와 실제 시행 과정이 상이했던 점 때문에 논란의 대상이 되었다.[23] 실험실에서 그리고 에볼라 바이러스 유행 맥락에서 효과적인 것으로 기대를 보였던 물질은 대규모 팬데믹의 맥락에서 적절한 임상시험을 통해 새로운 의미를 획득했어야 했다. 그러나 석연치 못한 연구계획 변경, 데이터 공개의 투명성 논란 등은 팬데믹 맥락에서 더 큰 의구심과 불신을 불러일으키며, 백신의 분배에 장애물이 되고 있다.

브루노 라투어의 행위자 연결망 이론은 어떠한 인공물이 어떠한 연

23. After Admitting Mistake, AstraZeneca Faces Difficult Questions About Its Vaccine. Nov. 25, 2020. New York Times. https://www.nytimes.com/2020/11/25/business/coronavirus-vaccine-astrazeneca-oxford.html

결망과 접속하는가에 따라 의미가 재전유될 수 있음을 보여 준다.[24] 과학자들이 보기에 아스트라제네카 백신의 효능과 안전성이 충분하다는 해석은 대규모 백신 접종이 이루어지는 과정에서 불완전한 반쪽짜리 해석이 된다. 과학자들은 코로나바이러스 감염의 위험보다 백신이 안전하다는, 위험에 대한 과학적 해석을 시도하나 아직 안전성이 충분히 입증되지 않았다는 또 다른 합리적인 반론에 부딪친다. 현재의 백신 대규모 접종을 둘러싼 논란은 백신이라는 인공물을 통해 빠르게 팬데믹에 대응하려는 과학적 기획과 백신의 빠른 개발 속도에 대한 불안, 그리고 불완전성에 대한 불신으로 해석할 수 있다.

24. Law, J., Hassard, J., *Actor network theory and after*. Oxford: Blackwell Publishers, 2004.

닫힌 목표로서의 집단 면역의 불완전성

흔히들 대규모 백신 접종과 이를 통한 집단 면역 획득은 팬데믹을 종결시킬 수 있는 유일한 대안이라고 얘기한다. 그러나 집단 면역은 결코 안정적인 종착점이 아니며, 과학적이면서 매끈하게 성취할 수 있는 목표라 하기 어렵다. 현재의 코로나 백신이 변이의 문제, 재감염의 문제 등을 딛고 집단 면역을 현실적으로 성취할 수 있는 잠재력이 있는지 의문이 존재한다.[25] 그러나 백신의 과학적 불완전성과는 또 다르게 집단 면역이 어떠한 내재적인 불완전성을 내포하고 있는지를 살펴볼 필요가 있다.

집단 면역의 불완전성은 크게 두 가지를 통해 고려해볼 수 있다. 하나는 집단적 차원으로 보았을 때, 집단 면역 자체의 목표와 현실과의

25. Aschwanden, C., “Five reasons why COVID herd immunity is probably impossible”, Nature 591(7851), 2021, pp.520–522.

괴리다. 다른 하나는 개인적 차원에서 백신을 접종받는 각 개인에게 백신이 가지는 의미와 해석의 차이이다. 전자가 우리가 팬데믹 대응을 위해 어떠한 집단을 상상하느냐와 관련된다면 후자는 집단 면역 성취를 위한 매개물로서의 백신과 내 몸을 어떻게 연결시키느냐와 관련된다고 볼 수 있다.

대규모 백신 접종을 통해 산술적으로 다수의 구성원이 면역을 얻는다면 이는 면역의 공동체를 일군 것이며 안전한 사회에 도달한 것일까. 하나의 공동체가 집단 면역에 도달하더라도 새로운 인구의 유입은 늘 집단 면역의 평형 상태를 바꿀 수 있다. 또한 산술적으로 하나의 국가에서 집단 면역 수준에 도달한다 하더라도 일부 지역에서 병원체에 감수성 있는 인구가 모여 있다면 유행은 언제든 재시작할 수 있다.[26] 바이러스 재유행이 사라지는 집단 면역의 모델은 필연적으로 닫힌 공동체, 평균화된 안정된 공동체를 상상한다. 그러나 모든 공동체가 전 지구적으로 실시간 연결되는 오늘날, 바이러스에 감수성이 있는 공동체 외부와 교류하지 않기란 더욱 어렵다.

부유한 국가가 전 세계 백신을 독점하는 백신 민족주의(Vaccine nationalism)는 집단 면역을 닫힌 공동체 속에서 상상하는 것으로 집단 면역에 대한 잘못된 이해를 기반으로 한다. 전 세계 인구의 16%를 차지하는 부유한 국가가 전 세계 백신 공급의 60%를 독점하고 있다. 현재 추세로 보았을 때는 저개발 국가 인구 80%가 2021년까지 백신을 접종받을 수 없다. 백신 접근의 불평등은 전 세계적인 집단 면역 도달에

26. 위의 글, pp.520-522.

장애물이 되며 현재의 팬데믹을 종결시키기 어렵게 만든다. 백신을 맞지 않은 감수성 있는 인구를 내버려둠으로써 바이러스의 변이와 전파가 계속될 수 있기 때문이다.[27] 전 지구적인 집단 면역을 고려하지 않는 일국만의 백신 접종은 자기 폐쇄적일 뿐 아니라 자기 모순적이다. 예를 들어 이스라엘은 지난 3월 60%가량의 인구가 백신을 접종받으며 지구상에서 가장 빠르게 백신 접종을 통한 집단 면역에 도달하는 중이나, 주변 국가 인구가 백신을 맞지 않는다면 계속 바이러스가 유행할 가능성이 높다.[28] 열린 공동체로서의 가능성을 고려하지 않는 면역은 자기 방어에도 실패한다.

27. Tedros Adhanom Ghebreyesus. Feb 2, 2021. Foreign Policy. Vaccine Nationalism Harms Everyone and Protects No One. https://foreignpolicy.com/2021/02/02/vaccine-nationalism-harms-everyone-and-protects-no-one/

28. Aschwanden, C., 앞의 글, pp.520–522.

백신이라는 이물질에 대한 불신과 불안

백신을 수용하는 것은 자신의 몸과 백신이라는 이물질과 관계를 맺는 작업이다. 전 인구 차원에서 보았을 때 코로나19에 대한 집단 면역을 얻기 위해서는 전 인구의 70%가 백신을 접종받아야 한다고 말한다. 그러나 백신을 수용하는 과정은 각 개인마다 상호 다른 의미화가 이루어지는 개인적인 과정이다. 각 개인은 다양한 메시지들 속에서 스스로 조율하며 선택을 내린다.

사람들은 백신을 접종하며 특정한 이물질이 자신의 면역 기능에 변화를 가져올 것을 상상한다. 백신에 대한 신뢰는 과학에 대한 신뢰를 바탕으로 하며, 신뢰 없이 백신과 같은 이물질을 수용하는 것은 쉬운 일이 아니다. 인류학자 메리 더글라스(Mary Douglas)는 제 위치에 있지 않는, 타자(otherness)와의 섞임을 '더러움(dirt)'으로 인식하는 문화적 불안에 대해 기술한 바 있다.[29] 세균과 병원체를 우리 몸에 대한 침입자로 인식하고 위생과 소독 그리고 청결에 대한 강조로 이어지는 것은 이러한 더러움에 대한 불안의 일종으로 이해할 수 있다. 백신은 미지의 물질이기에 필연적으로 몸에 섞이는 것이 불안을 가져온다.

우두법이 처음 발견되었을 때부터 백신에 대한 불안은 존재했다. 우두법은 천연두와 유사한 소의 천연두를 이용한 예방법이었으나 인간에게 소의 천연두는 익숙하지 않은 질병이었다. 게다가 초기 우두법의 방법인 팔에서 팔을 통한 전달 방법은 오염에 대한 두려움을 촉발시켰다. 많은 의사들은 이 방법으로 매독이나 나병과 같은 다른 질병이 전파될 수 있다고 우려하였다. 소와 같은 병든 동물의 물질을 사용한다는 것 역시 공포를 자아냈다. 식민지에 진출한 유럽인들은 본국에서 백신물질을 전달받는다는 점에서는 안도감을 느꼈으나 팔에서 팔을 통한 전달법은 피식민인들과 백신물질이 섞일 수 있다고 여겨 불안해하였다. 본국의 과학 문명에 대한 믿음이 아니었다면 제국주의 시대 백신 접종이 꾸준히 이루어지기 어려웠을 것이다.

오늘날의 백신도 혼합과 섞임에 대한 두려움을 자아낸다. 오늘날 흔하게 볼 수 있는 백신에 대한 격렬한 저항과 반대의 이면에는 동물의 물질이나 유전자 물질, 때로는 태아 조직을 주입할 수 있다는 선전이나 음모론이 자리잡고 있다.[30] 백신 반대론을 뒷받침하는 도덕적 감정에는 신체에 대한 숭앙, 순수성과 자유에 대한 희구가 강하게 자리

29. Douglas, M., Purity and danger: An analysis of concepts of pollution and taboo. Routledge. 2003.

30. Navin, M., Disgust, Contamination, and Vaccine Refusal. University of Pittsburgh. 2013.

잡고 있음을 밝히는 연구도 있다.[31] 소아나 10대 여성을 대상으로 백신을 접종하는 것은 아이의 순수성을 잃는 것이 아니냐는 두려움도 가진다. 특히 HPV나 HBV는 성 접촉을 통해 전파되는 바이러스이기 때문에 이를 '예방'한다는 것은 더욱 두려움과 분노의 대상이 된다. 오늘날 백신에 대한 두려움 배경에는 가족의 위기, 도덕의 타락에 대한 분노나 불안이 존재하며, 외부의 '독'이나 '오염 물질'이 자신과 아이를 타락시킬 것이라는 신념이 함께한다.

면역 전략은 기본적으로 자기와 비자기, 즉 타자를 구분하는 위에서 있으며 타자를 받아들여 자신을 '타자에도 불구하고' 유지할 수 있게 만드는 것이다. 기본적으로 타자와 끊임없는 교류를 통하여 자신에 대한 경계를 짓는 작업이라 할 수 있다. 그러나 백신 거부자들은 인공적인 면역 전략이라 할 수 있는 백신이 자신에 대한 경계를 흔들 것이라는 감정적 정동을 보인다. 자신에 대한 순수성과 경계를 고정시키면서 백신 거부자들은 진화와 변형 가능성을 거부한다.

코로나 팬데믹에서도 백신 거부 또는 접종에 대한 주저함은 백신 접종의 전략을 약화시킨다. 코로나 백신에 대한 일반인 태도를 조사한 결과에 따르면 보다 자기 이해에 충실하고 전문가와 같은 기존의 전통적인 정보원에 대한 불신이 높을수록 백신에 대해서도 거부하는 비율이 높다. 종교적인 신념이 강하거나 음모론에 대한 믿음이 높은 것도

31. Amin, A. B., Bednarczyk, R. A., Ray, C. E., Melchiori, K. J., Graham, J., Huntsinger, J. R., & Omer, S. B., "Association of moral values with vaccine hesitancy", Nature Human Behaviour 1(12), 2017, pp.873–880.

중요한 심리적인 특징이다.[32] 이민자 등 외부 침범에 대한 거부감이 강할수록 그리고 자기 자신이 삶을 통제한다는 신념이 강할수록 백신에 대한 불신감이 높다. 순수한 자기에 대하여 집착하고 닫힌 세계를 고수하는 백신 거부자들의 태도는 팬데믹하에서 집단 면역 성취를 어렵게 만든다.

또한 흑인이나 아시아인 등 유색 인종일수록 백신 접종에 대한 주저함 정도가 더 크다는 점도 생각해 볼 필요가 있다.[33] 유색 인종의 백신에 대한 주저함은 주로 백인들에 의해 의학 실험 대상이 되었던 역사와 의료 시스템 내 인종주의적 차별의 경향에 따른 불신이 원인이 된다. 인종주의적 차별과 배제의 역사는 백신의 효과적이고 평등한 수용을 방해한다. 안타깝게도 분절화되고 불균등한 백신 접종으로는 효과적인 집단 면역을 얻기 어렵다.

***

역사 속의 면역은 개인의 신체적, 내재적 차이에 기반을 둔 자기 방어의 논리, 자기 구분의 논리인 경우가 많았다. 그러나 면역의 자기 방어 논리가 극대화된 닫힌 공동체의 모습 속에서, 타인과 나의 구분을

32. Murphy, J., Vallières, F., Bentall, R. P., Shevlin, M., McBride, O., Hartman, T. K., … & Hyland, P., "Psychological characteristics associated with COVID-19 vaccine hesitancy and resistance in Ireland and the United Kingdom", Nature communications 12(1), 2021, pp.1–15.

33. Osama T, Majeed A. How can we address covid-19 vaccine hesitancy and improve vaccine acceptance? February 19, 2021. theBMJopinion. https://blogs.bmj.com/bmj/2021/02/19/how-can-we-address-covid-19-vaccine-hesitancy-and-improve-vaccine-acceptance/

강화하는 경계 속에서 면역을 성취하는 도구로서의 백신의 유용성은 도리어 약화된다. 글로벌 팬데믹 시대에 면역은 자기 방어와 자기 구분 이상의 가능성을 가져야 한다. 글로벌 인류 공동체에 대한 숙고와 면역의 진화 가능성에 대한 이해가 있어야 한다. 그러나 백신에 대한 독점, 민족주의 그리고 백신에 대한 불신과 거부는 면역의 확산과 진화를 가로막는다. 생명정치의 극대점에서 면역은 공동체 속의 열린 면역이 되지 못하고 도리어 면역에 대한 감시를 기반으로 면역을 가진 이와 그렇지 않은 이를 구분하고 분할하는 논리가 될 가능성이 높다.

메치니코프의 세포 이론은 타자와의 조우가 면역을 학습시키는 기회가 되며 열린 면역으로 진화할 수 있음을 보여주었다. 그러나 팬데믹이 전쟁 상태로 은유될수록, 면역은 팬데믹으로부터 벗어날 수 있는 생존을 위한 무기이며 안전을 위한 방어선이 된다. 자기 자신을 타인으로부터, 외부 침입자로부터 보호할 수 있는 유일한 방법이 된다. 하지만 면역이 전쟁에서 독점해야 할 방어 무기와 같은 자산으로 여겨지는 한, 그리고 백신 민족주의로 더욱 치닫는 한, 안타깝게도 인류는 팬데믹의 종식으로부터 멀어질 수밖에 없을 것이다.

PART 8

팬데믹에서 살아남기 위한 열역학 정치와 몸 윤리

- 주기화 -

1. 코로나 팬데믹에서 탈주할 방법은? 열역학정치!
2. 지구 정원을 돌보는 신의 정원사들
3. 팬데믹 시대의 몸 윤리
4. 행위가 믿음을 앞선단다
5. 시크릿버거의 비밀은?
6. 물질적 마주침, 우연한 탈주
7. 생명 회복 네트워크와 반려종
8. 자식 대신 친척을 만들자!
9. 에너지 순환과 퇴비 공동체
10. 바깥지옥세계의 엔트로피를 높여라
11. 에너지 소비를 최대한 줄여라
12. 열역학 가이아 정치

- 이 글은 2020년 11월 『인문과학』에 실린 필자의 「팬데믹에서 살아남기 위한 열역학 정치
-마가렛 애트우드의 『홍수의 해』」를 이 책의 목적에 맞게 수정·발전시킨 것입니다.

코로나 팬데믹에서 탈주할 방법은? 열역학정치!

21세기에 들어서면서 많은 전문가들은 인류 종말 시나리오 중 하나로 바이러스성 팬데믹을 제시하면서, 이를 피하려면 야생동물의 서식지를 보호하고, 기후변화 문제를 완화시키는 노력을 강화해야 한다고 주장해왔다. 지속 가능한 인류 문명을 위해서는 늦었지만 지금 당장 행동해야 한다는 이러한 경고에도 불구하고, 인류는 기존의 삶 형태에서 벗어나지 못하면서 변명과 체념 속에서 자포자기하는 한편 오히려 기후변화를 부인하거나 불확실한 과학기술로 위기를 모면하려는 오만함으로 일관해왔다. 그러나 이제 팬데믹에 대한 경고는 현실이 되어 수많은 사람들이 병들거나 사망하고, 전 세계는 격리와 감금, 경제 파탄, 식량난, 사회적 불평등, 차별과 혐오의 악화로 혼란과 공포의 도가니 속에 있다. 인류는 대봉쇄와 격리, 백신 개발, 위생과 방역에 박차를 가하고 있지만, 코로나19는 자신들을 정복·제압하려는 인간들의 오만함을 비웃는 듯, 보다 빨리 변이하면서 제2, 제3의 대유행을 예고하고 있다.

작금의 팬데믹 상황에서 인류는 근대적인 인간중심주의를 비판하면서 기존의 사고와 담론의 전환을 외칠 뿐, 일상생활이나 행동에서는 유의미한 변화를 만들지 못하고 있다. 비판과 분석, 설득과 항의, 윤리적 호소를 통해, 인간중심적이고 인간예외적인 습속에 물든 인간들에게 포스트휴먼적인 삶 형태로 전환하라고 설득하는 것은 효과적이지 않은 것으로 드러났다. 비판과 설득은 의식을 고양시키는 데에는 중요하지만, 기존의 삶 형태를 벗어나기 위한 탈주 속도 및 임계 규모에 도달하는 데에는 한계를 지닌다. 그렇다면 인류의 생존을 위협하는 팬데믹의 자장에서 탈주할 방법은 무엇인가?

인간과 미생물 같은 유기체든, 기관·제도·시설 같은 무기체든, 대다수의 개체들은 엔트로피에 저항하기 위해 지속적인 물질(=에너지)의 공급(흐름), 그리고 그것을 위한 일이 필요하다. 아인슈타인의 상대성이론($E=MC^2$)에 따르면 질량을 가진 물질은 에너지와 상호변환 가능하므로, 물질은 에너지다. 핵과 전자들로 구성된 원자의 내부는 물질로 채워진 것이 아니라 99.99% 이상이 빈 공간이다. 이 빈 공간은 보이지 않는 전자기적 인력에 의한 에너지로 채워져 있다. 에너지는 시공간 안에서 보이는 물질로 표현된다. 한편 후쿠오카 신이치(福岡伸一)에 따르면, 모든 개체 자체는 마이크로 단위에서 보면, 우연히 그곳에서 밀도가 높아진 분자가 여유롭게 '머무르는' 상태에 불과하다. 그 구성 분자는 모두 빠른 속도로 분해되며, 생명체의 경우 음식으로 섭취된 분자들로 대체된다. 개체의 몸 자체는 끊임없이 통과하고 있는 분자가 일시적으로 형태를 만들어 낸 것에 불과하다. 모든 개체의 몸들은 물질과 에너지의 흐름들, 그 이상도 이하도 아니다. 이 흐름들이 맺는 관계, 마주침에 따라 흐름들은 끊임없이 절단·변형·감속·가속하면서 새로운 것을 창발한다.[1]

모든 물질은 주위의 시공간에 변형을 주어 중력의 장(場)을 형성한다. 레비 브라이언트(Levi R. Bryant)는 유무형의 모든 존재자를 중력 관계에 따라 여섯 가지로 구분하는데, 그중 하나인 "블랙홀 객체"는 "시공간을 구부리는 중력이 매우 거대하여 아무것도 벗어날 수 없는 객체"다.[2] 모든 물질적 흐름을 빨아들이고 구부리는 강고한 자본주의나 막강한 팬데믹 같은 '블랙홀 객체'의 중력에서 벗어나기 위한 효과적이고 실질적인 전략은, 이들을 구성하고 유지하는 인간과 비인간(nonhuman, 인간 너머의 것) 네트워크의 물질적-담론적-감응적 흐름과 재생산 활동에 주목하여, 그 흐름과 일을 정지시키는 것이 중요하다. 레비 브라이언트에 따르면 이런 형태의 개입을 "열역학 정치(thermodynamic politics)"라고 하는데, "열역학 정치란 어떤 기계의 에너지원과 작업 역량을 겨냥하는 정치적 개입 형식이다."[3] "지구에 묶여있는(earthbound)"[4] 인간과 비인간 모두가 만족스러운 지속 가능한 세계를 만들기 위해서는, 기존의 강고한 인간-비인간 네트워크를 유지하는 에너지 흐름과 조작역량에 개입하는 것이, 이데올로기 폭로나 인식 전환보다 더

1. 후쿠오카 신이치, 김소연 역, 『동적평형』, 은행나무, 2010, pp.192~193.

2. Levi R. Bryant, *Onto-Cartography: An Ontology of Machines and Media*, Edinburgh: Edinburgh UP, 2014, p.207.

3. 위의 책, p.72.

4. Bruno Latour, *Facing Gaia: Eight Lectures on the New Climatic Regime*, Trans. Catherine Porter, Cambridge, UK: Polity Press, 2017, p.85.

유의미한 변화를 만들 수 있다. 열역학 정치 개념은 담론보다는 물질에, 인간보다는 비인간에 주목하는 새로운 패러다임인 신유물론(new materialism)의 자장 안에 위치한다.

코로나19 팬데믹은 우리를 둘러싼 신종 바이러스, 미생물, 야생동물 등과 같은 비인간을 철저히 대상화해서 지배·규제할 수 있다는 사고와 행동에서 비롯된 문제다. 그러나 이들 비인간들은 코로나19만으로도 알 수 있듯이 인간 통제를 넘어서는 강력한 힘을 지닌다. 이 바이러스는 무매개적으로 인간에 감염하여 몸을 변형시킬 뿐만 아니라 인간들의 의식과 행동을 바꿔놓고, 사회의 어두운 면면을 드러내어 사회정치적인 의제로 공론화하고, 기술과학의 혁신을 추동하는 등 인간 삶 전체의 전환을 주도하고 있다. 인간 주체의 휴머니즘이나 사회적 혁명이 아니라, 바이러스가 인간과 사회의 압축적이고 가속적인 변신과 진화를 밀어붙이고 있다. 현재 인간(휴먼)은 비인간 바이러스에 의해 새로운 인류, 포스트휴먼으로 "상전이(déphasage)"[5] 중이다. 그러므로 바이러스가 인류의 절멸을 불러오는 '재앙과 불운', '적'이라는 이미지는 불완전하다. 바이러스를 위시한 비인간들은 까다로운 "고려의 대상(matter of concern)"[6]이지만, 인간과는 다른 방식으로 세계에 변화와 차이를 가져오는 중요한 행위자다.

이 글은 이러한 신유물론과 관련하여, 브라이언트의 열역학 정치

5. Gilbert Simondon, *L'individuation à la lumière des notions de forme et d'information*, Grenoble: J. Millon, 2005, p.34.

6. Bruno Latour, "Why has Critique Run Out of Steam? From Matters of Fact to Matters of Concern", *Critical Inquiry*, 30.2, 2004, p.246.

개념을 토대로, 최근 다양한 분야의 신유물론적 성과 및 연구를 더하여, 마가렛 애트우드(Margaret Atwood)의 『홍수의 해(*The Year of the Flood* 2009)』에서 팬데믹을 예견하고 미리 대비하여 살아남은 사람들의 이야기를 살펴보고자 한다. 최근 코로나19 팬데믹에서 살아남기 위한 현대인들의 생존 투쟁과 관련하여 작품에 상상된 대안적인 사회의 재구성을, 물질적 얽힘과 내부 작용, 에너지와 일, 비인간의 행위 능력 등을 겨냥하여 개입하는 열역학 정치 측면에서 탐색할 것이다. 이와 관련하여 팬데믹 시대에 바람직한 몸 윤리와 그것이 함의하는 인간과 비인간의 새로운 관계도 살펴볼 것이다.

이 소설은 광신적인 생태론자로 알려진 "신의 정원사들(the God's Gardeners, 17)"[7]이 정원을 만든 후, 그들이 예견한 팬데믹이 휩쓸기까지 25년 동안 팬데믹에 대비하여 살아남은 이야기이다. 필자는 25년 동안의 이야기를 세 부분으로 나누어, 다음과 같은 순서로 살펴볼 것이다. 첫째, 신의 정원사들의 생태적 신념과 행동 강령, 몸 윤리, 축일과 성인들, 팬데믹에 대한 예언과 대비에 대해 살펴볼 것이다. 둘째, 정원사들이 "에덴절벽 옥상정원(Edencliff Rooftop Garden, 13)" 구축 후 생명을 회복하기 위한 각고의 노력과 실천들을 분석할 것이다. 셋째, 팬데믹이 휩쓸자 이에 대비한 정원사들이 어떻게 살아남아 재생의 첫 순간을 목격하고, 인류 재건을 도모하는지 이야기하겠다.

7. Margaret Atwood, *The Year of the Flood*, London: Virago Press, 2013, p.17. 앞으로 『홍수의 해』 본문 인용 시 특별한 서지사항 언급 없이 괄호 안에 쪽수만 표시할 것이다.

지구 정원을 돌보는 신의 정원사들

인류세의 기후변화 및 팬데믹에서 살아남기 위해 분투하는 인간 군상을 그리면서, 오늘날의 코로나 팬데믹 세계를 미리 방문한 듯한 작품 중 하나가 『홍수의 해』다. 평민촌 빈민가인 "오물늪(the Sewage Lagoon, 47)"에서는 수많은 광신적 종교 집단들이 고통받는 사람들을 끌어들이고 있었는데, "광적인 생태론자(ecofreak, 48)"로 여겨지는 신의 정원사들도 그중 하나다. 이들의 주요 신념은, 인간은 신 대신 지구 정원의 생명체들을 돌보는 "관리자의 임무(task of stewardship, 63)"를 가진다는 것이다. 그러나 이 지구 위임설은 인간의 예외성이나 우위성을 함축하지 않는다. 오히려 공존의 생태계에서 파괴되고 멸종된 비인간 생명체에 대한 "응답 능력(response-abilities)"[8]에 관한 것이다. 왜냐하면 이들은 땅 위의

8. Donna Haraway, *Manifestly Haraway*, Minneapolis, MN: University of Minnesota Press, 2016, p.294.

모든 것이 인간의 것이 아니라, 인간이 모든 것에 속해 있으며, 인간만이 아니라 모든 창조물 또한 영혼을 지니며 이들이 인간보다 더 뛰어난 역능을 지닌다고 생각하기 때문이다. 그래서 신의 정원사들의 정신적 지도자인 아담1(Adam One)은 "우리가 다른 모든 생명체들 위에 있어서, 우리 맘대로 그들을 파괴해도 벌 받지 않을 거라고 헛되게 상상하지 말아야 한다."(63)라고 말한다.

이들은 지구의 모든 생명체들이 인간과 동등한 행위자이며, 서로 돌봐주어야 할 서로의 아이들이라고 간주한다. 이러한 생각은 인간과 비인간은 서로 영향을 주고받으면서 단일한 평면에 동등하게 존재하는데, 역능이나 역량에 있어서는 서로 다르면서 예외적이지만, 존재론적으로는 예외적이지 않다는 신유물론의 "평평한 존재론(flat ontology)"[9]을 나타낸다. 신의 정원사들은 더 이상 인간 주체와 문화에만 초점을 맞추지 않고, 비인간 지구 가이아에 맞춰 인간과 비인간 모두가 만족스러운 지속 가능한 공동세계(common world)를 구성하려 한다. 예를 들어 이들은 유전자 조작 커피 작물을 재배하는 "행복한컵 조합(Happicuppa Corp)"에 반대하는데, 다른 사람들이 커피 노동자에 대한 조합의 열악한 대우에 항의하는 반면 정원사들은 반(反)조류 정책에 항의한다(444). 왜냐하면 레이첼 카슨(Rachel Carson) 시대에는 DDT 살충제가 조류에게 가장 큰 위협이었지만, 인류세에는 커피 작물을 재배하는 플랜테이션이 조류의 서식지인 열대우림을 파괴하는 가장 큰 위협이기 때문이다.

---

9. Manuel DeLanda, *Intensive Science and Virtual Philosophy*, London: Bloomsbury Publishing Plc, 2013, p.51.

인류세의 팬데믹에서 살아남기 위해서는 근대적인 인간중심주의에서 벗어나 포스트휴머니즘으로 전환해야 함을 잘 보여준다. 아담1은 다음과 같이 설교한다.

> 우리는 우리와 함께 살아가는 아주 작은 것들을 간과하는 경향이 있습니다. 하지만 그것들이 없다면 우리는 존재할 수 없습니다. 왜냐하면 우리 한 사람 한 사람 모두는 맨눈으로 볼 수 없는 생명체들로 구성된 정원이니까요. (…) 때로는 없었으면 하고 우리가 바라는 나노 생명체들, 예를 들면 유해한 박테리아나 바이러스는 말할 것도 없고 눈썹 진드기, 십이지장충, 음모에 붙어 있는 이, 요충, 진드기 같은 것들이 들끓고 있습니다.

아담1의 말처럼 우리의 감각으로는 인식하기 어렵지만, 우리 몸은 "마이크로바이옴(microbiomes)"에게 완전히 점령되어 있다.[10] 마이크로바이옴은 미생물(microbe)과 생태계(biome)를 합친 말로 몸속에 있는 100조 개의 미생물과 그에 대한 유전정보를 의미한다. 우리의 피부, 창자, 세포는 온통 미생물투성이다. 이 공생 미생물이 없다면 인간은 독립된 단위로 생존이 불가능할 뿐만 아니라 지금과 같은 모습으로 진화하지도 못했을 것이다. 지구가 신의 정원이라면, 인간의 몸 또한 온갖 미시 생명체들이 어울려 거주하는 정원이다. 이 정원은 인간과 비인간 "집

10. Ed. Yong, *I Contain Multitudes: The Microbes within Us and a Grander View of Life*, New York, NY: Ecco, an Imprint of Harper Collins Publishers, 2016, p.2.

합체(collective)"[11], "어셈블리지(assemblage)"[12]라고 할 수 있으며, 이들의 관계에 따라 전혀 다른 교향곡이 생산된다.

신의 정원사들은 "인구 과잉과 사악함 때문에(56)" 인간 스스로에 의해 야기될 "물 없는 홍수(Waterless Flood, 24)" 즉 팬데믹으로 인류의 대부분이 절멸할 것이지만, 자신들은 아라랏 저장고에 비축한 음식으로 물 없는 홍수를 이겨낼 수 있다고 믿는다. 신이 야기한 첫 번째 홍수에서 방주를 만든 노아(Noah)처럼, 정원사들은 두 번째 홍수에서 마음으로 수집해놓은 멸종한 동물들의 이름과 함께 살아남아 세상을 다시 충만하게 만들 것이라고 믿는다. 그래서 정원사들의 몸은 정원일 뿐만 아니라, "사라진 것들에 대한 기억들과 게놈을 지키는(300)" 현세의 방주다.

11. Bruno Latour, *We Have Never Been Modern*, Trans. Catherine Porter, Cambridge, Mass: Harvard UP, 1993, p.4.

12. Gilles Deleuze and Felix Guattari, *A Thousand Plateaus: Capitalism and Schizophrenia*, Minneapolis: U of Minnesota P, 1987, p.4.

팬데믹 시대의 몸 윤리

아담1은 전염병에 대비하여 낯선 사람과 만난 다음에는 적어도 하루에 일곱 번 반드시 손을 씻고, 재채기하는 사람을 피할 것을 당부하는 등 "필수적인 예방책(110)"과 몸 윤리에 매우 까다롭다. 이들은 "바깥지옥세계(the Exfernal World, 71)"로 외출할 때는 꼭 장갑을 끼고, "검은색 원뿔형 공기 여과기(26)"를 코에 착용하기 때문에 광적이라고 박해받았지만, 결국 팬데믹에서 살아남았다. 이러한 행동, 즉 미생물과의 공생을 강령으로 함과 동시에, 유해한 바이러스에 노출되지 않기 위해 비인간 타자와의 접촉을 꺼리는 모순적 행동은 어떻게 이해할 수 있을까?

정원사들의 종교적 강령과 몸 윤리의 중심에는 '인간을 넘어서는 세계'와 인간 몸 사이의 "물질적 상호연결들(material interconnections)" 및 교환과 이동이라는 스테이시 알레이모(Stacy Alaimo)의 "횡단신체성(trans-corporeality)”[13]과 다나 해러웨이(Donna Haraway)의 “거리를 둔 친밀성”(intimacy without proximity)이라는 2가지 개념이 중요하게 자리한다.

우리는 존재적 거리에 기반을 둔 공존의 생태계를 항상 염두에 두어야 한다. 어떤 바이러스는 오랜 시간 동안 인간 게놈 안에 거주하면서, 반려종으로서 인간의 발생과 진화에 개입해왔다. 이들이 없었다면 인간은 지금과 같은 모습으로 진화하지 못했을 것이다. 하지만 어떤 다른 바이러스들, 예를 들어 코로나바이러스와는 존재적 거리를 유지해 왔다. 인간이 열대우림의 야생동물들과 생태학적 거리를 두었더라면, 그들과의 반려종인 코로나바이러스가 숙주를 잃어버리고 인간을 먹잇감으로 올라타진 않았을 것이다. 팬데믹이라는 인간과 바이러스의 갈등관계는 훨씬 줄었을 것이다. 바이러스뿐만이 아니다. 어떤 동물들은 가축이나 반려종으로서 인간과 삶을 같이해 왔지만, 인간에 의해 절대 길들여지지 않는 야생동물들도 있다. 지구라는 개방적 공존지에서 모든 생명들은 이 공유 자원을 시간적, 공간적으로 분할하여 활용한다. 우리는 이들과 안전거리, 존재적 거리를 역동적으로 유지하면서 가이아의 구성원으로 함께 살아가야 한다. 그래서 해러웨이는 ‘거리를 둔 친밀성’을 강조한다. 팬데믹을 사는 우리가 시급히 발명해야 할 것이 바로 이것이다. 위생과 방역과 백신을 이야기하면서 바이러스들과의 공존 그 자체를 제거하거나 부인하는 우를 범하지는 말아야 한다. 인간과 미생물의 공생 관계, 상호의존적인 관계들 덕분에 인간

13. Stacy Alaimo, *Bodily Natures: Science, Environment, and the Material Self*, Bloomington: Indiana UP, 2010, p.2.

은 물질적-정신적 건강을 유지할 수 있었다. 항생제의 남용, 지나친 위생 관념 때문에 오랫동안 유지되던 인간-미생물 공생 관계가 점차 사라지면서, 현대인들은 새로운 병들에 시달리고 있다. 비인간들이 인간의 활동을 허용하고 참아낼 수 있는, 그들에게 위협이 되지 않는 만남과 관계들이 가능해지는 여러 조건과 접촉지대(contact zone)들이 상시적으로 모니터링되면서 발명되어야 한다. 팬데믹 시대의 몸 윤리란 이렇게 인간과 비인간 사이의 '횡단신체성'과 '거리를 둔 친밀성'에 유념하는 몸 윤리를 말한다.

행위가 믿음을 앞선단다

횡단신체성을 통찰한 신의 정원사들은 인간은 수많은 피조물들과 "DNA와 RNA(64)"로 묶여 있는 "친척(kinship, 235)"이라고 본다. 그래서 동식물들에 대한 축제와 축일을 만들어 이들의 역능에 대한 경외심을 고취시키고, 멸종된 동물들을 기억하고, 그들을 보호하고 지구를 살리기 위해 노력한 생태-환경론자들을 성인으로 기리며 애도한다. 예를 들어 아담1은 '지혜로운 뱀의 축제'에서 "뱀의 지혜란 땅의 진동을 즉각적으로 느끼는 것(279)"이라고 말한다. "우리 인간은 믿기 위해 노력해야 하지만" 동물들은 몸으로 느끼고 "생각보다 더 빨리 반응할 수 있어서" "믿음(faith)이 필요하지 않으므로(279)" 경이롭다. 애트우드는 이를 통해 가이아의 "자기규제 시스템(self-regulating system)"에서 "센서들"로 일조해야 할 인간이 뛰어난 정보감시 기술 능력에도 불구하고 환경 변화를 파악하는 데 있어 다른 생물들보다도 못함을 질타한다.[14] 정원사들에게 고릴라의 밀렵을 막는 데 일생을 바친 다이앤 포시(Dian Fossey), 살충제로부터 조류를 보호한 레이첼 카슨 등은 모두 성인들이다. 이러한 추대와 애도는 남은 자들의 삶이 그들의 삶과 죽음에 빚졌음을 기억하고, 해러웨이의 말처럼 "세계가 어떻게 변했는지… 우리 자신이 어떻게 변해야 하는지, 관계들을 어떻게 새롭게 만들어야 하는지를 잘 인식하기(Staying, 38)" 위한 것이다.

신의 정원사들은 믿음과 신념, 이성과 생각, 지식과 담론, 인간보다 물질, 몸, 감응(affect), 행위, 비인간 자연에 우선순위를 둔다. 바깥지옥세계에서 구출된 토비(Toby)는 정원사들과의 생활에 점차 익숙해지지만, "첫날 자신이 느꼈던 깨달음의 순간을 또다시 느낄 수가 없었다(200)." 아담1이 정원사들의 핵심 멤버인 이브가 되어달라고 제안하자 토비는 신의 정원사들의 믿음에 대한 확신이 없으므로 이브가 되는 것은 영광이지만 위선이라고 말한다(200). 아담1은 어떤 종교는 믿음이 행위(action)를 앞서기도 하지만, "우리들의 경우는 행위가 믿음을 앞선단다. 너는 믿는 것처럼 행동했어. 마치 ~인 것처럼(as if)이라는 말이 우리에게는 매우 중요하단다. 계속해서 그렇게 살다 보면 이윽고 신념이 따라올 거야. 믿음에 대해 너무 많은 걸 기대해서는 안 돼. 인간의 이해는 오류투성이인데다 우리는 유리잔을 통해 희미하게 보고 있단다(201)" 라고 말한다. 물질과 행위가 믿음이나 지식보다 앞선다는 정원사들의 강령은, 멸종되어가는 생명들을 회복하고 긴박하게 도래한 팬데믹에

14. Timothy M. Lenton and Bruno Latour, "Gaia 2.0.", *Science*, 361.6407, 2018, pp.1067~1068.

대비하는 즉각적인 행동이나 조치들을 촉발한다. 이것은 인류세의 기후변화와 팬데믹을 살아가는 우리에게 중요한 통찰을 시사한다.

믿음이나 신념이 희미하지만, 토비는 이브6 직함을 물려받아 이브6처럼 행동한다. 이제 그녀는 이브6라는 직함이 자신에게 스며들면서 본모습이 침식되고 과거 자신의 날카로운 모서리들이 모두 닳아 없어지는 것을 느낀다. 새로운 이브6-토비는 특정한 "물질적-담론적" 요인들의 제약을 받으며 역동적인 "내부작용(intra-action)"[15]에 의해 지속적으로 "공구성(co-constitution)"[16]되는 몸을 잘 보여준다. 버라드에 따르면 '내부작용'이란 "얽혀 있는 행위 주체들의 상호 구성을 의미하는데, 기존의 상호작용(interaction)이 상호작용에 앞서서 존재하는 개별적으로 분리된 행위 주체들을 가정한다면, 이 신조어는 별개의 행위 주체들이 전제되지 않고 오히려 내부작용을 통해 창발한다고 인식한다(33)." 이브6-토비의 출현과 동시에 신의 정원사 네트워크의 다른 관계항들(정원사들, 동식물들 등) 또한 내부작용을 통해 지속적으로 생성하면서 네트워크를 강고하게 만든다.

15. Karen Barad, *Meeting the Universe Halfway: Quantum Physics and the Entanglement of Matter and Meaning*, Durham: Duke UP, 2007, p.153.

16. Donna Haraway, *Manifestly Haraway*, p.99.

시크릿버거의 비밀은?

신의 정원사들은 사악한 오물늪의 폐허가 된 건물들을 아지트로 삼고, 황량한 옥상에 '에덴절벽 옥상정원'을 건설한다. 푸른 나무들을 키워 삭막한 황무지를 장미처럼 멋진 곳으로 만들어, 오염되지 않은 식재료와 치료제를 얻는다. 그리고 바깥지옥세계에서 고통받고 버림받은 인간과 비인간들을 구출하여 돌본다. 이 정원은 인류세의 기후변화와 팬데믹에서 생명이 위태로운 다양한 종들의 어셈블리지가 재구축될 수 있는 "레퓨지아(refugia)"라고 할 수 있다.[17] 황무지 옥상은 신자유주의적 자본주의에 의해 이용되고 버려진(담론적), 황폐하고 삭막한(감응적), 쓰레기 배출물로서(물질적), 물질적-감응적-담론적 개체라고 할 수 있다. 이 흐름은 탈인간중심적이고(담론적), 생의 활력을 추구하는(감응

17. Donna Haraway, "Anthropocene, Cpaitalocene, Plantationocene, Chthulucene: Making Kin", *Environmental Humanities*, 6, 2015, p.159.

적), 신의 정원사들이라는(물질적) 흐름과 마주치고, 이 흐름들은 상호 얽히고 내부작용하여, 장미가 피어나는 정원으로, 자신의 새로운 역능을 발휘하는 아담과 이브들로 창발한다. 전문 영역과 맡은 일의 중요도에서 아담과 이브들의 서열이 일반 정원사보다 높다. 정원사들은 개체들의 물질적-담론적-감응적 흐름과 얽힘, 내부작용에 유의하여 오물늪의 에너지 흐름을 변형한다. 그리하여 엔트로피가 낮은, 활력을 회복하는 새로운 어셈블리지, '에덴절벽 옥상정원'을 만든다.

평민촌 출신의 토비는 집안 사정이 악화되자, 오물늪으로 흘러들어 처음에는 머리카락을 다음에는 난자를 팔아 연명하다가, 불임이 되어 그마저도 여의치 않자, 시크릿버거(SecretBurgers, 46) 체인점에서 일한다. "시크릿버거의 비밀은 햄버거 안에 실제로 어떤 종류의 동물 단백질이 들어 있는지 아무도 알지 못한다는 점이었다(40)." 사람들은 햄버거에서 고양이 털이나 쥐 꼬리 조각을 발견할까 봐 두려워했으며, 한 번은 사람의 손톱이 발견되었다. 이식용 장기를 확보한 후 장기를 빼낸 사체를 시크릿버거 분쇄기에 넣고 돌린다는 최악의 소문까지 나돌았다(40). 먹고살기 위한 일자리를 잃지 않기 위해 매니저 블랑코(Blanco)의 성노리개로 전락한 토비는, 시크릿버거를 먹고 만들어 파는 관계 속에서 물질적-감응적-담론적 내부작용에 의해 큰 상처를 입어 몸과 마음이 병들지만, 이 네트워크 속에서 벗어날 방법이 없다.

물질적 마주침, 우연한 탈주

그러나 신의 정원사들과의 만남으로 그녀는 탈주할 수 있게 된다. 아담1은 토비에게 "내 아가, 네가 팔고 있는 게 뭔지 아니? 너는 분명 네 친척들을 먹지는 않을 거야(49)." "우리에게로 오렴. 우리는 네 친구고, 네가 지낼 곳도 있단다(50)."라고 설득한다. 아담1과 다투던 블랑코가 넘어지고, 곤경에 처한 블랑코를 보자 이상하게도 기분이 좋아진 토비는 그의 머리를 발로 차며 으르렁댄다. 생각할 틈도 없이 저절로 그런 행동이 나온 것이다. 직장을 잃은 토비는 어쩔 수 없이 정원사들의 옥상으로 피신한다. 이제 토비는 시크릿버거와 블랑코를 중심으로 한, 생명을 파괴하는 인간-비인간 네트워크의 자장에서 탈주하여, 신의 정원사라는 새로운 네트워크에 접속한다. 토비가 탈주 속도를 높일 수 있었던 것은, 정원사들의 믿음과 교리에 설득되었다기보다는, 그들에게 당하는 블랑코를 보고 기분이 좋아지면서, 블랑코를 공격할 용기와 행동이 저절로 생겼기 때문이다. 그리고 고아인 자신을 친구로서 다정하게 위로하고, 숙식을 제공해 주겠다는 물질과 감응에 촉발되었기 때문이다. 즉 정원사들과 토비의 물질적-감응적-기호적 흐름들이 상호 얽히는 새로운 관계 속에서 내부작용에 의해 블랑코를 거부하고 맞서 싸우는 새로운 힘이 내재적으로 창발한 것이다. 토비의 탈주는 블랑코와 바깥지옥세계로 대변되는 인류세와 신자유주의적 자본주의에서 벗어나는 변화가 가능할 뿐만 아니라, 우연한 물질적 마주침들에 의해 언제나 가능함을 잘 보여준다. 토비의 구출은, 이윤을 위해서라면 모든 생명과 최소한의 양심과 도덕마저도 축출하여 갈아버리는 시크릿버거를 만드는 반생명적인 네트워크, 문제적인 물질적-기호적-감응적 흐름을 절단·변형하여, 생명을 회복하는 새로운 네트워크로 재접속하는 정원사들의 열역학 정치를 잘 보여준다.

신의 정원사들에 접속한 토비는 옥상정원에서 아이들의 환영 어린 포옹을 받았다. 몸을 씻지 않은 아이들의 달콤하면서도 짭짤한 냄새 속에 파묻힌 그녀는 뭐라고 정의하기 힘든 어떤 것, 마치 토끼들이 코를 비벼대는 것 같은 "은은하게 친밀한(softly intimate, 51)" 느낌에 감동했다. 정원의 식물들과 꽃들, 나비와 벌들, 생명의 생기와 빛을 보고 토비는 안도와 고마움의 눈물을 흘렸고, 마치 하늘에서 "자애로운 큰 손(a large, benevolent hand, 52)"이 내려와 그녀를 들어 올려 안전하게 안아주고 있는 것만 같았다. 이 순간을 그녀는 결코 잊지 못했고, 이곳에 오게 된 것은 자신의 결정이라기보다는 "다른 어떤 것(something else, 52)"이 그녀 대신 결정을 내렸다고 생각했다. 토비를 사로잡은 이 순간의 '은은한 친밀감', '생명의 생기와 빛', '자애로운 큰 손', 자신이 아닌 '다른 어떤 것'은 옥상정원의 동식물들, 아이들 그리고 토비로 구성된 새로운 인간-비인간 네트워크에서 개체들의 물질적-기호적-감응적 흐름들과 얽힘, 내부작용을 통해 부글부글 생성된 것들이라고 할 수 있다. 자신이 아닌 '다른 어떤 것'이란 바로 개체초월적인(transindividual) 내재성(immanence)이며 그래서 신의 정원사들을 초재적인 신(God)이 아니라, 대지 세계의 현존(내재성)을 신봉하는 철학자들로 해석할 수 있다.

토비가 합류한 후 '에덴절벽 옥상정원' 네트워크의 개체항들은 새롭게 상호 구성된다. 이제 토비는 필라(Pilar)와 함께 벌을 위해 옥상정원의 메밀과 라벤더를 돌본다. 그렇게 시간이 흘러갔고, "한밤이 되면 토비는 자기 자신을 들이마셨다. 새롭게 태어난 자아를. 그녀의 피부에서는 꿀과 소금 냄새가 났다. 그리고 흙냄새도(121)." 이전에 토비는 생계를 위해 멸종위기 동물의 가죽을 판매하는 매장에서 일하면서 화학물질과 고약한 기름 냄새를 흡입했고, 시크릿버거 가게에서는 알 수 없는 살코기들을 분쇄한 버거를 먹었었다. 그러나 이제 자연의 꿀, 소금, 흙이 토비의 투과적 몸에 침투하여 축적되고, 횡단신체적으로 상호 연결된 물질들의 내부작용을 통해 발효의 시간을 거쳐 새로운 자아, 흙냄새 나는 토비가 창조된다. 외부는 내부가 되고, 자아와 타자는 구별 불가능하다. 토비가 자기 자신을 들이마셨다는 표현은, 타자로 간주되던 자연의 물질들이 자아와 구별 가능하지 않음을 나타낸다. 그녀는 이제 식물과 버섯에 대한 지식을 이용하여 치료제 등을 만들고, 소설의 후반부에서는 블랑코를 제거하는 등 자신의 역능을 새롭게 발휘하는 이브6로 거듭난다.

생명 회복 네트워크와 반려종

온 세상의 벌들은 살충제, 질병, 뜨거운 날씨 등으로 수십 년 동안 곤경에 빠져 있지만, 토비와 필라로부터 사랑받고 있다는 것을 아는 옥상정원의 벌들은 번성한다. 토비는 벌들과 소통하면서 바깥지옥세계에서 상처받은 마음을 치유하고, 벌들 또한 토비와 친밀하게 관계맺음으로써 생명을 회복할 뿐 아니라, 자신들의 꿀로 인간의 상처를 치료하고 활력을 증강시키고, 토비를 위협하는 블랑코에게 덤벼들어 물리치는 역능을 발휘하는 중요한 행위자로 거듭난다. 토비와 벌은 이제 더 이상 블랑코로 대변되는 인류세의 주범들에게 짓밟히고, 착취당하고, 멸종되는 무능한 존재가 아니다. 토비와 벌들은 서로 돌보면서 공구성적 관계를 이루는 "반려종(companion species)"[18]이다. 이들은 "공제작적(sympoietic) 시스템"을 이루는 세계에서, "절대 홀로 있지 않은 채 다른

18. Donna Haraway, *Manifestly Haraway*, p.103.

세계들과 늘 얽힌 채로 함께 만든다."[19] 토비와 벌들은 인류세를 함께 건너가는 반려종, 친척이다.

토비뿐만 아니라 물질적, 감응적으로 고통받는 수많은 사람들이 스스로 또는 우연하게 옥상정원으로 흘러든다. 힘없는 여성들, 아이들이 특히 그렇다. 이러한 흐름들을 받아들이거나 끌어오고 가속하고 변형하여, 생명 회복을 위한 새로운 네트워크를 구성하면서 바깥지옥세계의 네트워크를 해체하는 것이 바로 신의 정원사들의 열역학 정치다. 아만다(Amanda)는 텍사스의 가뭄과 허리케인으로 부모를 잃은 후, 열악한 난민수용소를 탈출하여 수천 명의 피난민들과 함께 북쪽으로 이동했고, 음식 같은 걸 찾아 평민촌으로 흘러들어 거처 없이 아무 데서나 쪼그린 채로 잠을 자면서 도둑질과 섹스로 연명 중인 텍사스 멕시코계 어린 소녀, 기후난민이다. 신의 정원사들의 일원인 10살 소녀 렌(Ren)은 우연히 만난 아만다로부터 사정을 듣고 불쑥 "우리 집에 와서 나랑 같이 살자(92)"라고 말한다. 계획도 하지 않았는데 그 말이 툭 튀어나온 것이다. 렌은 평민촌 출신의 아이들이 모두 도둑이거나 거짓말쟁이, 들개라는 엄마 루선(Lucerne)의 편견, 산전수전 다 겪은 아만다가 도둑질, 아첨 등 세상사에 너무 능숙해서 자신에게 좋지 않은 영향을 미칠 수 있다는 일부 정원사들의 우려, 모르는 사람과는 말하면 안 된다는 규칙을 깨고, 경계를 넘어가 인종과 계급이 다른 아만다를 자매로 맞이하여 가족을 이룬다. 렌은 마치 길 잃은 새끼 고양이를 집으로 데려가듯이 아만다를 데려가고, 아만다는 자신이 지낼 거처의 상태를 꼼꼼

---

19. 위의 책 p.216.

히 체크한 후 렌의 집에 정착한다. 토비처럼 아만다도 정원사들의 믿음에 설득되었다기보다는 자신을 믿어주고, 먹을 것과 잘 곳을 제공하는 정원사들의 물질적-감응적 중력에 끌린 것이다. 렌과 아만다는 함께 살면서 팬데믹이 창궐한 속에서도 서로를 목숨 걸고 구해낸다. 이처럼 신의 정원사들은 어른이건 아이건, 인간과 비인간을 가리지 않고 가족 만들기, 친척 만들기 즉 새로운 네트워크 구축의 선수들이다. 애트우드는 새로운 네트워크가 생각보다 쉽게 우발적으로 구축될 수 있음을 보여주려는 듯, 아만다의 탈주를 너무도 우연하고, 무심하고, 비논리적이고, 비개연적으로 재현한다.

8

자식 대신 친척을 만들자!

반면 이 소설에서 바깥지옥세계에 물질적 기반을 둔, 혈연으로 맺어진 가족들은 서로를 돌보지 않는다. 루선은 재가하면서 렌을 버리고, 아버지는 너무도 무관심하다. 가이아적 삶 형태의 연결성을 보지 못하는 이 세계의 물질적 흐름과 일들은 타자의 생명을 돌보고 순환시키는 데 복무하지 않는다. 모든 물질과 생명들을 무한정 빨아들여 태워버리고 원래 있던 자리로 돌려보내지 않는 이러한 물질대사의 종획과 단절은 공감의 단절, 무관심을 낳는다. 사랑의 한 양태인 공감(감응)의 단절이 초래한 것이 바로 가족에 대한 배신과 유기라고 할 수 있다. 그러나 정원사들은 물질적 흐름과 일들을 꼭 필요하고 중요한 가이아적 삶 형태를 위해, 즉 생명을 순환시키고 돌보는 데 사용한다. 버려진 아이들을 정성을 다해 돌보고, 팬데믹에서 살아남을 수 있도록 교육시킨다. 필라는 토비에게 벌들을 돌보고 소통하고 사랑하는 법을 전수하고, 토비는 아픈 가족사를 필라에게 털어놓으면서 속 깊은 모녀 관계를 이룬다. 정원사들은 공동체로 흘러드는 새로운 사람들이 어디 출신인지, 무슨 일을 했었는지, 인종에 상관없이 받아들여 가족처럼 함께 살아간다. 정원사들의 가족 만들기, 친척 만들기는 종도 넘어선다. 두 세계의 이러한 대조는 생명을 살리고 돌보는 물질대사의 순환을 위한 일들이 중요함을 선명하게 드러낸다.

정원사들은 혈연 중심의 기존의 물질적-기호적-감응적 흐름들보다는, 낯설고 이질적인 인간과 비인간 타자들을 연결하여 그 흐름들의 얽힘과 내부작용을 가속한다. 이 새로운 어셈블리지는 인류세의 위기 속에서 "자식 대신 친척을 만들자!(Make kin Not Babies!)"[20]는 해러웨이 슬로건의 체현이라고 할 수 있다. 애트우드는 팬데믹에서 살아남기 위해서는 특히 위기에 처한 여성들, 비인간 생명체들을 친척으로 만들어 최선을 다해 직접 돌보라고 말한다. 이제 인간-비인간 대가족을 이룬 신의 정원사들은 벌떼처럼 한 몸이 되어 사랑과 배려, 관심과 희생, 즉각적인 응답능력으로 서로를 돌본다. 신의 정원사들은 가능한 많은 물질적 흐름들을 구부려 빨아들이고, 흐름들의 얽힘과 내부작용을 통해 생명을 회복하는 조작역량을 강화하면서, 바깥지옥세계의 "이윤율에 위협적인 존재," "더 이상 능력 없는 별난 사람 정도로 치부할 수 없는(327)" 강고한 어셈블리지가 된다.

20. Donna Haraway, *Staying with the Trouble: Making Kin in the Chthulucene*, Durham: Duke UP, 2016, p.102.

9

에너지 순환과 퇴비 공동체

신의 정원사들은 인간과 동물만이 아니라 쓰레기와 유해물질들도 끌어와 조작하여 단절된 에너지를 순환시킨다. 바깥지옥세계에서 버린 비누 쪼가리를 모아 재활용 비누를 만들고, 술집 등에서 남은 와인을 모아 식초를 만든다. 버려진 플라스틱으로는 멸종된 영장류들을 위한 기념물을 만든다. 이들에게 "쓰레기, 잡동사니, 오물 같은 건 없다. 단지 적절하게 이용되지 못한 물질만이 있을 뿐이다(83)." "유해한 물질이라도 선한 용도로 활용될 수 있다(61)." 재생 비누와 식초는 세균을 지나치게 염려하는 정원사들이 씻고 청소하는 데 사용된 후 나머지는 바깥지옥세계로 팔린다. 소비자들은 다른 유기농 제품들은 믿을 수 없지만 정원사들의 제품은 진품 냄새가 나며, 정원사들이 광신적이고 우스울 정도로 괴상해 보이지만 적어도 윤리적이라고 선호한다(170). 이처럼 신의 정원사들에게 포획된 바깥지옥세계의 쓰레기와 유해물질들은, 물질적-기호적-감응적 내부작용을 거쳐 새로운 에너지 흐름과 순환을 만든다. 렌턴(Timothy Lenton)과 라투르는 물질적으로 거의 닫혀 있는 가이아 체계에서 지속 가능한 에너지 순환, 성공적인 순환 경제를 이뤄내기 위해서는 "폐기물을 새로운 생산물로 만드는 데 유용한 자원으로 써야 한다(1067)"라고 말한다.

신의 정원사들이 동물 친척을 먹지 말라고 설교하고, 시크릿버거와 행복한컵 매장 앞에서 생태계 파괴에 대해 항의 시위를 하더라도 사람들은 조롱할 뿐이지만, 쓰레기와 유해물질로 바깥지옥세계에서는 희귀한 안전하고 윤리적인 물건을 생산하여 에너지를 순환시키는 행위능력(조작역량)을 보여줄 때, 그들의 이데올로기는 보다 더 설득적이다. 바깥지옥세계의 사람들은 동물을 죽이지 말고, 지구를 살리자는 정원사들의 믿음과 교리에는 동의하지만, 동물을 죽이고 지구를 파괴하지 않고서는, 가족을 배신하고, 살인하고, 성을 팔지 않고서는, 저렴한 시크릿버거를 먹지 않고서는, 자신들의 생존과 현재 활동을 존속할 물질과 에너지를 얻을 수 있는 다른 방법이 없기 때문에 참고 있는 것이다. 이들이 신자유주의적 이데올로기와 비윤리적인 불만족스러운 조건을 감내하는 이유는, 그 이데올로기나 조건을 세상의 자연적 질서라고 믿고 있기 때문이라기보다는 오히려 자신들의 만족스러운 생활을 위한 일들(구직, 부채상환, 질병관리, 자녀교육 등)을 하는 데 필요한 에너지를 바깥지옥세계에 의존하고 있기 때문이다. 이브6로서 철저하게 채식하던 토비가 팬데믹 이후 육식하는 이유는, 토비의 믿음이 바닥났기 때문이 아니라 먹을 것이 바닥났기 때문이다.

남의 몸을 먹고, 내 살을 내주는 것은 자연의 이치다. 물질의 순환은 "생명의 순환(71)"이다. 그래서 정원사들은 "죽음은 자연스러운 과정"

이며, "퇴비(compost)가 되는 것은 좋은 일이라고(71)" 생각한다. 그들은 "자신의 몸을 독수리의 일부가 되도록 내주는 것은 고대할 만한 멋진 미래(71)"라고 여긴다. 필라는 죽은 후 퇴비가 되어 에너지 순환에 동참하길 소망한다. 그래서 죽은 후 자신 위에 딱총나무(Elderberry)를 심어 정원사들이 열매를 채집할 수 있기를 바란다. 해러웨이는 SF인「카밀 이야기(The Camille Stories)」에서 신의 정원사들과 매우 유사한 "퇴비 공동체(The Communities of Compost)"[21]를 상상한다. 퇴비 공동체는 신의 정원사들과 마찬가지로 황폐한 땅에 기꺼이 들어가 생명을 되살리는 퇴비가 되고자 한다. 애트우드와 해러웨이가 찬양하는 '퇴비'가 의미하는 것은, 역설적이게도 필멸의 인간이 푹 썩어서 물질의 순환에 동참해야 인류가 지속 가능하다는 것이다. 애트우드는 죽지 않고 썩지 않으려는 트랜스휴먼들의 욕망을 새론당신스파(AnooYooSpa)에 빗대어 질타하면서 썩는 것의 미학, 에너지 순환의 미학에 대해 매우 설득적이고 감동적으로 이야기한다.

21. 위의 책, p.145.

바깥지옥세계의 엔트로피를 높여라

모든 개체(물질)는 엔트로피 법칙(열역학 제2법칙)의 지배를 받는다. 이 법칙에 따르면 우주의 물질, 에너지는 엔트로피가 증가하는 방향으로 변한다. 바깥지옥세계 또한 자체의 "은밀한 음모와 기계적 간계, 작은 반역 행위, 엉큼한 불복종 행위"[22]로 엔트로피가 증가하게 마련이다. 이 엔트로피는 두 가지 개입, 즉 간접적으로는 사람들이 신의 정원사들의 재활용 제품을 소비하면서 물질적-기호적-감응적인 마주침을 통해 자신들의 삶 형태가 가짜이고 비윤리적임을 새삼 깨닫거나, 혹은 신의 정원사들이 바깥지옥세계 내부의 에너지의 흐름을 보다 직접적으로 차단함으로써 증가한다. 자체의 은밀한 불복종 행위들은 자신의 물질적-기호적-감응적 흐름에 균열을 내어 엔트로피를 높이면서 매끈하고 강고한 어셈블리지를 파탄 낼 준비를 한다. "건강현인 조합

22. Levi R. Bryant, 앞의 책, p.81.

(the HelthWyzer Compound, 79)"의 간부였던 글렌(Glenn)의 아빠는 양심의 가책 때문에 필라에게 조합의 사악한 의료 행위에 대한 흥미로운 자료를 보내주었고, 글렌 또한 조합 자료를 해킹해서 정원사들에게 보내주었다. 필라는 조합의 의사와 과학자들은 모두 돈으로 매수된 사람들이며 의료 윤리가 조금이라도 남아있는 사람들은 조합을 탈주하여 신의 정원사에 합류했다면서 "궁극적으로 물이 새지 않는 배는 지금까지 한 척도 만들어진 적이 없다(126)."고 말한다. 이 말은 정원사들이 세계가 작동하는 엔트로피 법칙을 통찰하고 있음을 나타낸다.

신의 정원사들에 합류한 의사들은 조합에서 제조한 항생제나 약 대신 다양한 비인간을 치료에 이용한다. 이들은 칼로 베인 젭(Zeb)의 상처를 식초로 닦고 꿀을 문질러 발라 지혈한 후 옻나무 즙을 마시게 한다. 또한 구더기를 이용하여 괴사되는 환부를 치료한다. 음식으로서 에너지를 공급했던 식초나 꿀은 정원사들과 접속하여 소독제와 지혈제로 작동하고, 징그럽고 해로운 벌레였던 구더기와 거머리는 정원사들과 연결되어 보다 효율적인 치료 역능을 발휘한다. 특히 팬데믹 상황에서 굶주리던 토비는 죽은 돼지를 둘러싼 독수리, 까마귀, 구더기 등의 먹이 연쇄와 에너지 흐름들을 파악하여 흐름들 중의 하나인 구더기를 음식으로 섭취하여 자신의 몸을 유지하기 위한 에너지로 변환시킨다. 토비의 생존 및 활력의 증가는 렌을 치유하고 돌보는 행위로 이어지고, 렌과 토비는 정원 파괴자를 대표하는 "고통공죄수들(Painballers, 118)"을 제압하고 아만다를 구출한다. 애트우드는 인간-비인간 "행위자 네트워크"[23]의 물질들의 얽힘과 내부작용과 순환을 간파하고 그것에 개입함으로써 생명을 회복하는 열역학 정치·경제·윤리·미학을 잘 보여준다.

23. Mike Michael, *Actor Network Theory: Trials, Trails and Translations*, Los Angeles: SAGE, 2017, p.28.

11

에너지 소비를 최대한 줄여라

드디어 신의 정원사들이 그토록 자주 경고했던 팬데믹이 지구를 휩쓴다. 바깥지옥세계의 인간들이 만든 "초강력세균(superbug, 337)"이 삽입된 "슈퍼섹스 알약(supersex pill, 474)" 때문에 바이러스와 박테리아가 계속 돌연변이를 일으키면서 급속하게 퍼져 수많은 사람들이 신속하게 죽어나가고 폭동, 약탈, 살육이 자행된다(337). 이 전염병은 인류 외 다른 생물 종에게는 전혀 해를 끼치지 않는다(509). 신의 정원사들은 장갑과 원뿔형 여과기를 코에 착용하고 레퓨지아에 피신 후 조롱과 박해 속에서도 여일하게 체득한 "깊이 몸에 밴 습관들(ingrained habits, 18)"에 따라 행동한다. 이 습관의 핵심은 에너지 소비를 최대한 줄이는 것이다. 그동안 그들은 버려진 건물에 살았고 생활용품들은 모두 밖에서 주워 왔다. 안전한 식재료 마련을 위해 정원의 흙을 고되게 일구었으며, 냄새나는 생태변기를 감내했고, 빗물을 받아 사용하면서도 매일 샤워하지 않는 규칙을 지켰다. 에너지를 최대한 아끼고 재활용하면서 탄소배출

제로의 고행의 길을 걸어왔고, 이것은 뿌리 깊은 습관이 되어 문명이 붕괴한 혹독한 환경에서도 생존할 수 있게 한다.

팬데믹 속에서 비인간들의 행위능력은 선명하게 드러난다. 토비는 비밀리에 아라랏 창고를 만들어 둔 건물에 남아 문을 걸어 잠갔고, 양식이 점점 줄어들자 정원사 시절의 습관과 학습에 따라 건물에 딸린 텃밭을 일구어 먹을 것을 조달했다. 렌 또한 우연히 격리구역에 남아 병에 걸리지 않고 살아남았다. 이 격리구역에는 "태양광발전기(the solar)"가 다행히 계속 작동하여 물이 나오고, 음식이 든 미니 냉장고와 냉동고, 공기정화기가 작동했다(338). 겨우 작동하는 핸드폰을 통해 아만다에게 구조도 요청했다. 이 개체들(태양광발전기, 유전자조작 식품들, 물, 냉장고, 냉동고, 공기정화기, 핸드폰 등) 중 어느 하나라도 없었다면 렌은 생존 불가능했을 것이다. 이 특정한 인간-비인간 어셈블리지에서 비인간 개체들은 단순한 보조적 수단이라기보다는 에너지 순환을 가능하게 하여 렌의 생명을 유지시키는 필수적인 중요한 행위자들이다. 토비와 렌은 이제 레퓨지아의 식량이 바닥났을 뿐만 아니라, 인질로 잡힌 아만다를 구하기 위해 문명이 파괴된 야생의 세계로 들어가야 한다. 토비는 남은 식량과 여러 가지 도구들을 챙기는데, 정원사 시절 배운 대로 "음식으로 나올 수 있는 칼로리보다 더 많은 에너지를 소비시킬 만한 짐은 가져가지 않는다(435)." 토비가 챙긴 식량과 도구들(설탕, 소금, 꿀, 총, 탄약 등)인 인간을 넘어서는 비인간들은 지금 당장의 구체적인 상황, 즉 인질범들을 물리쳐 아만다를 구하고, 야생의 세계에서 생존하기 위해, 토비와 렌의 에너지 흐름을 유지시킬 필수적인 소중한 행위자들이다. 그래서 애트우드는 이 비인간 사물들의 이름을 하나하나 빠짐없이 모두 나열한다. 이 여성들이 극악무도한 인질범들과 맞닥뜨려 이겨서 살아남을 확률은 제로에 가깝지만, 이 사물들과의 새로운 관계 속에서는 생존이 가능하다. 이 비인간들은 반생명적인 네트워크를 해체하고 아만다를 구출하기 위해 즉각적인 응답능력을 발휘하는 열역학 정치에서 매우 중요한 행위자들이다.

팬데믹이 지구 정원을 파괴한 인간들을 휩쓸자, 새소리를 삼키던 자동차 소리는 더 이상 들리지 않는다(3). 이제 작은 새들의 목소리가 날카롭고 청아하게 울려 퍼지고, 온갖 동물들이 활개를 치고 돌아다니며, 칡들이 폐허가 된 문명의 잔해들 위로 기어오른다(462). 인간이 만든 오염이 치워지니 공기도 아주 맑다. 살아남은 정원사들은 세상이 새롭게 정비되는 "재생(rebirth)"의 첫 순간을 목격한다(443). 재생의 첫 순간은 이제 SF만의 한 장면이 아니다. 코로나19 팬데믹으로 지구인들이 반강제적으로 격리되자 자동차, 항공기, 배, 공장이 멈추고, 인간이 사라진 땅과 바다와 하늘에 야생동물들이 대거 출현하는 진풍경이 세계 곳곳에서 목격되었다. 코로나19 팬데믹은 가이아의 일부일 뿐인 인류가 다른 구성원들의 자리를 빼앗아 독점하면서 지구 온난화와 기후변화를 야기하여 다른 생명들의 생존을 위협하고 있음을 확실히 보여주고 있다.

몇몇 살아남은 정원사들은 잔해 속의 부품들을 이용해 통신시설과 태양광발전기를 복구하고, 음식을 조달할 채소밭과 정원을 만들고, 생존 가능한 정원사들을 찾고, 사나운 유전자조작 동물들을 견제하고, 아직 살아남은 악랄한 생명 파괴자들과 싸우면서 "인류를 재건하기(468)" 위해 노력한다. 통신시설, 태양광발전기, 채소밭 등 비인간들의 물질적 도움 없이는 이들의 생존과 재건은 불가능할 것이다. 팬데믹 이후 인류를 대신할 "또 하나의, 더 자비심 많은 인종(another, more compassionate race, 509)"인 크레이커들(Crakers)이 등장하면서 이야기는 끝난다.

12

열역학 가이아 정치

이상에서 우리는 인류세의 팬데믹에서 살아남기 위한 신의 정원사들의 열역학 정치에 대해 살펴보았다. 정원사들은 반생명적인 네트워크의 문제적인 물질적-기호적-감응적 흐름들을 절단하고 재생산을 차단하여 균열을 만든다. 그리고 이 흐름들을 포획·변형하여 자신의 네트워크를 안정적으로 재생산한다. 이들은 동식물들에 대한 경외심을 고취시키고, 멸종된 생명들을 기억하고, 이들을 보호하기 위해 노력한 생태-환경론자들을 성인으로 기리고, 오염되지 않은 식재료와 치료제를 생산하고, 고통받는 인간과 동물들을 구출하여 돌보고, 에너지를 비축한 레퓨지아를 곳곳에 구축하고, 에너지를 최대한 아끼고 재활용하면서, 탄소배출 제로의 삶 형태를 만든다. 평생을 자신의 신앙에 충실하게 살아가는 성인들처럼, 정원사들은 팬데믹 시대를 살아가는 우리 모두의 본보기가 될 가이아적인 삶을 살고자 애쓴다.

라투르는 미셸 세르(Michel Serres)에 기대어, "종교는 한 사람이 꼭 붙잡고 있고, 조심스럽게 보호하고, 방치하지 않도록 주의를 기울여야 할 무엇을 지명한다"[24]고 본다. 종교 집단인 신의 정원사들이 신도들에게 지명한 것은 지구 가이아이며, 인류세를 살아가는 우리가 조심스럽게 보호하고 돌보아야 할 것도 가이아다. 그러므로 인간과 비인간 모두가 묶여 있는 가이아를 조심스럽게 보호하지 않고 방치하면서 돌보지 않는 것은 신의 정원사들에게든 인간에게든 '태만(negligence)'이라는 큰 죄에 해당한다. 태만한 정도가 아니라 너무도 심각하게 가이아를 훼손한 죄를 저질렀기 때문에, 제임스 러브록(James Lovelock)은 "지금 가이아가 멸종이라는 궁극적 처벌을 하겠다며 인간을 위협하고 있어서"[25] 수십억 명 중 극소수만 살아남을 것이라고 예측한다. 이 소설은 마치 러브록의 예측에 영감을 받은 듯 가이아의 복수로 인한 인류의 종말을 그리는데, 전반적인 경향이나 대다수의 세부적인 사항들이 놀랄 정도로 코로나19 팬데믹을 닮았다. 인류세에 '깨어난 거인' 앞에 움츠러든 인간의 삶 형태는 구체적으로 어떻게 바뀌어야 하며, 가이아의 일원으로서 인간의 역할은 어떻게 달라져야 할까? 소설 속의 신의 정원사들은 광적인 생태론자라고 박해받았지만, 결국 팬데믹에서 살아남았다.

"가이아의 침입(intrusion)"[26], "사물들(things)의 반격"[27]이라고 할 수 있

---

24. Bruno Latour, *Facing Gaia: Eight Lectures on the New Climatic Regime*, p.152.

25. James Lovelock, *The Revenge of Gaia: Why the Earth is Fighting Back-and How We Can Still Save Humanity*, London: Penguin UK, 2007, p.189.

26. Isabelle Stengers, "Autonomy and the Intrusion of Gaia", *South Atlantic Quarterly*, 116.2, 2017, p.386.

27. Bruno Latour, "When Things Strike Back: A Possible Contribution of 'Science Studies' to the Social Sciences", *The British Journal of Sociology*, 51.1, 2000, p.107.

는 팬데믹을 벗어나 적절한 삶이 다시 가능하게 하려면, 가이아를 파괴하는 억압적인 네트워크들이나 가이아의 지속 가능성을 도모하는 특정 네트워크들의 에너지원과 작업 역량에 개입하여 그 흐름들을 절단·포획·변형·감속·가속시켜야 한다. 신의 정원사들처럼 의식(ceremony)과 일상생활에서 올바른 관계들이 회복되어야 한다. 이것은 명확한 경제·윤리·미학·정치적 방향을 제시하며, 이제 열역학 정치는 제 분야를 아우르는 열역학 "가이아 정치(Gaia-politics)"[28]로 확장된다. '열역학 가이아 정치'를 위한 다양한 일들이 상상되고 발명되어야 하며, 정원사들이 보여주는 헌신적인 삶 형태는 그중 하나일 것이다. 이 작품은 팬데믹을 초래한 가이아의 물질적 세계에 주목하고, 팬데믹에서 벗어나는 탈주 속도에 도달하기 위한 '열역학 가이아 정치'를 구체적으로 탐색하고 발명하므로, 코로나 시대를 살아가는 그리고 포스트 코로나 시대를 살아갈 우리가 생존을 위한 전략을 발명하는 데 있어 현실 적합성과 문제해결 능력을 크게 높여준다.

28. Bruno Latour, *Facing Gaia: Eight Lectures on the New Climatic Regime*, p.232.

PART 9

코로나19 K-방역과 생명정치

- 서윤호 -

1. 신종 전염병의 출현과 코로나19 팬데믹
2. 코로나19 확산 과정과 현재의 상황
3. K-방역은 정말 성공적인가?
4. 팬데믹, 국가의 귀환, 생명권력과 생명정치
5. 백신 접종과 집단면역의 문제
6. 코로나19가 우리에게 남긴 것은?

신종 전염병의 출현과 코로나19 팬데믹

예전에는 볼 수 없었던 신종 전염병이 출현하여 우리의 삶을 위협하고 있다. 최근 발생한 신종 전염병은 대부분 인수공통감염병으로 알려지고 있다. 2002년 사스는 박쥐가 옮긴 것으로 추정되고, 2012년 메르스는 낙타를 숙주로 감염된 것으로 알려졌으며, 이번 신종 코로나바이러스 감염병(코로나19)도 박쥐나 천산갑 등 야생동물들이 사람에게 옮긴 것으로 밝혀졌다. 이들 신종 전염병은 그 발생 주기도 갈수록 점점 짧아지고 있다. 마크 제롬 월터스는 『자연의 역습』에서 새로운 환경전염병을 불러들인 주범은 자신의 욕망을 충족하기 위해 자연을 지배하고 지구환경을 파괴한 인간이라고 강조한다.[1] 야생동물들이 인간에게 치명적인 새로운 바이러스성 감염 질환의 매개체가 된 이유는 인간과의 접촉 기회가 크게 늘었기 때문이다. 기후위기, 삼림 벌목으로 인한

1. 마크 제롬 월터스, 이한음 역, 『자연의 역습, 환경전염병』, 책세상, 2008.

야생동물 서식지 파괴, 야생동물 밀거래, 공장식 축산, 항생제 남용 등 자연에 대한 인간의 무분별한 개입은 새로운 변종 바이러스의 창궐을 초래하고 있다.

2019년 12월 중국 우한에서 발생한 코로나19도 이런 변종 바이러스의 반격이라 할 수 있다. 코로나19가 전 세계로 급속하게 확산됨에 따라 사람들은 엄청난 충격과 공포에 휩싸이게 되었다. 코로나19가 발생한 지도 벌써 1년이 훌쩍 지났다. 세계보건기구(WHO)가 코로나19를 처음 접한 때는 2019년 12월 31일이다. 그날 WHO 중국지역사무소는 우한 보건당국 홈페이지에서 '바이러스성 폐렴'에 관한 보도자료를 입수했으며, 같은 날 WHO 전염병 정보서비스는 국제전염병감시네트워크 '프로메드'로부터 우한에서 발생한 원인 불명의 폐렴과 관련한 기사를 전달받았다. 로이터통신은 중국 보건당국이 우한에서 발생한 바이러스성 폐렴 27건을 조사하기 시작했다는 소식과 함께, 이것이 사스와 관련이 있다는 소문이 소셜 미디어에 돌았다고 전하기도 했다.

코로나19는 애초 폐렴으로 알려져서 WHO가 2020년 2월 11일 '코로나바이러스 감염증 2019'라는 공식 명칭을 부여하기 전까지 정확한 명칭도 없이 '우한 폐렴', '원인 불명 폐렴' 등으로 불렸다. 이 감염병은 지구촌 곳곳으로 빠르게 번져 나가며 인류를 위협하는 공포의 대상이 되었다. 전 지구적 전파와 함께 이내 우리나라에서도 코로나19의 확산을 피할 수 없게 되었다. "2020년 1월 20일 오전에 중국 우한시 신종 코로나바이러스 감염증(코로나19) 해외 유입 확진 환자를 확인했습니다." 이것이 질병관리본부가 보도자료를 통해 밝힌 우리나라 코로나19 사태의 출발점이다. 그 이후 우리나라에서 코로나19는 대구·경북 지역을 중심으로 한 2020년 2~3월 1차 대유행, 8~9월 수도권 위주의 2차 유행, 11월 중순부터 두 달 넘게 전국적인 3차 대유행을 거쳐, 이제는 새로운 변이 바이러스로 인한 4차 유행의 가능성을 눈앞에 두고 있다.

코로나19가 우리에게 가져다준 여파는 참으로 다양하고 강력하다. 백신 접종이 본격화되면서 한숨을 돌릴 수 있게 되었지만, 그래도 여전히 코로나19의 영향력에서 벗어나기는 쉽지 않다. 코로나19는 막대한 경제적 피해뿐 아니라 우리 사회 전반에 직간접 영향을 미치면서 일상을 순식간에 바꿔놓았다. 코로나19는 세상을 근본부터 뒤흔들었다. 이전엔 당연시하던 일들이 더 이상 당연하지 않게 되었다. 학생은 학교에, 직업인은 일터에 가는 평범한 일상은 이제 코로나19 확산세가 누그러져 상황이 허락해야 가능한 일로 바뀌었다. 코로나19 대유행 이전의 일상이 당분간 돌아오지 않는다는 전망은 현실이 되었다. 백신 접종이 시작되었지만, 집단면역 형성까지는 최소 6개월 이상 걸리는 만큼 당분간 우리는 코로나19와 함께 지낼 수밖에 없는 상황이다. 이 글에서는 코로나19 확산 과정, 코로나 팬데믹에 대한 K-방역과 세계의 대응, 국가의 귀환과 생명권력의 문제 등을 생명정치와 관련하여 살펴보고, 코로나19 사태가 우리의 몸, 삶, 생명에 대해 근본적인 성찰을 요청하고 있음을 되짚어보고자 한다.

2

코로나19 확산 과정과 현재의 상황

먼저 우리나라에서 코로나19가 어떻게 전파되었으며, 이른바 'K-방역'은 어떻게 진행되었는지 그동안의 경과와 현재의 상황에 대해 개괄적으로 살펴보기로 하자.[2]

국내의 첫 확진자는 2020년 1월 19일 중국 우한에서 인천국제공항으로 입국한 30대 중국인 여성이다. 검역 과정에서 발열 등 의심 증상을 보여 긴급 검사를 한 결과, 다음 날 양성으로 확인되었다. 이후 약 한 달간 우한을 비롯해 세계 각지에서 온 입국자와 이들의 접촉자 등을 중심으로 28명이 감염되었다. 이때까지만 해도 많은 사람들이 코로나19의 심각성을 제대로 알지 못했다. 그러나 2월 18일 신천지예수교 증거장막성전(신천지) 대구 교회 관련 확진자가 나오면서 상황은 급

2. 자세한 것은 코로나19 1년을 맞아 15회의 특집으로 구성하여 연재한 연합뉴스, 「코로나 1년」 시리즈 기사를 참조하라.

변했다. 그간 한 자릿수에 불과했던 하루 신규 확진자 수는 수십 명, 수백 명 단위로 폭발적으로 늘어났으며, 2월 29일에는 909명으로 정점을 찍었다. 이것이 바로 대구·경북 중심의 '1차 대유행'(1만 774명 감염)으로 분류되는 시기에 해당한다.

확진자가 단기간에 급증하면서 '아프면 병원에서 치료를 받는다'는 보건·의료체계의 근간도 흔들렸다. 자택에서 병상을 대기하거나 제때 적절한 치료를 받지 못해 숨지는 사례까지 발생했다. 3월 들어 신천지 교인에 대한 전수 검사 및 역학 조사가 마무리되면서 1차 대유행은 점차 누그러졌지만, 한번 불붙은 감염의 불씨는 콜센터, 종교시설, 의료기관 등을 고리 삼아 곳곳에서 조용히 번져갔다. 5월 초 이태원 클럽과 경기 부천시 쿠팡물류센터 사례를 비롯해 수도권에서 소규모 집단감염이 잇따랐으나 유행 수준으로 분류할 정도는 아니었다.

잠시나마 소강상태를 보였던 코로나19 확산세가 다시 맹렬해진 것은 8월 중순이었다. 8·15 광복절 도심 집회와 서울 성북구 사랑제일교회를 두 축으로 하는 집단감염에서 확진자가 속출했고 언제, 어디서 감염됐는지 알지 못하는 '감염 경로 불명' 환자도 20%를 웃돌았다. 이때가 '2차 유행'(1만 3,282명 감염) 시기에 해당한다. 특히 이 시기에는 '고위험군'에 해당하는 60세 이상 고령층을 중심으로 확진자가 잇따르면서 의료 대응 체계마저 흔들렸다. 인공호흡기, 인공심폐장치 등 중환자 치료가 필요한 환자는 처음으로 100명대를 넘었고, 이들을 치료할 병상이 넉넉지 않아 위태로운 상황이 이어졌다. 8월 말부터는 사망자가 거의 매일같이 나오기 시작했다. 이처럼 확산세가 거세지면서 정부는 '사회적 거리두기' 단계를 격상하고, 젊은 층이 많이 모이는 음식점, 카페 등의 운영을 제한하는 고강도 방역 조치까지 내놓았다. 이에 10월 들어 확진자 수는 100명 아래로 떨어졌고, 정부는 거리두기 단계를 '생활 방역' 수준으로 낮췄다.

하지만 바이러스가 활동하기에 유리한 겨울철을 앞둔 상황에서 사람들의 방역 경각심까지 낮아지면서 코로나19는 다시 고개를 들었고, 11월 중순부터 3차 대유행이 본격적으로 시작되었다. 해를 넘겨 두 달째 이어진 3차 대유행은 초기부터 여러모로 방역 대응이 쉽지 않았다. 앞선 1, 2차 유행은 특정 집단이나 시설을 중심으로 확산세가 뻗어나갔지만, 3차 유행은 가족과 지인 모임, 직장, 학교 등 일상적 공간을 고리로 동시다발적으로 감염이 터져 나와 그만큼 더 대응이 힘들었다. 12월 13일(1,030명) 처음으로 '심리적 저지선'이었던 1천 명을 넘어섰고, 정점을 찍은 12월 25일에는 1,240명으로 최다 기록을 세웠다. 일상 감염이 급기야 취약 시설로 번지면서 요양병원과 구치소에서도 확진자가 무더기로 쏟아졌다. 서울 구로구 미소들요양병원 및 요양원(누적 230명), 광주 효정요양병원(121명), 울산 남구 양지요양병원(246명) 등 요양병원 집단감염 사태로 사망자도 급증했다. 특히 국가가 관리하는 교정시설에서 대규모 확진자가 나온 것은 뼈아픈 '방역 실책'으로 꼽힌다. 서울 송파구 동부구치소에서는 11월 말 첫 확진자가 나온 뒤 수용자와 종사자, 가족 등 약 1,200명이 확진됐는데, 이는 국내 감염 사례 가운데 신천지(5,213명) 다음으로 큰 규모다.

코로나19 사태가 발생한 지 1년이 훨씬 넘었지만, 나라 안팎 모두 확산세가 쉽사리 잦아들지 않는 형국이다. 일부 나라에서는 성공적인 백신 접종과 함께 실외에서 마스크를 벗고 기뻐하는 모습이 해외 뉴스를 통해 보도되기도 했지만, 많은 나라에서 여전히 코로나19는 변이 바이러스의 확산과 함께 더 심각한 상황 속으로 빠져들고 있다. 백신 보급을 둘러싼 국가 간의 희비 교차는 전 지구적 재앙이라고 할 수 있는 코로나19 사태를 둘러싼 세계화의 명암을 잘 보여주고 있다. 영국에서 시작된 '변이 바이러스'는 기존 바이러스보다 전파력이 훨씬 센 것으로 알려져 가뜩이나 힘든 코로나19와의 싸움을 더 힘들게 하고 있다. 지난 유행 과정을 돌아보면 코로나19는 언제, 어디서든 다시 고개를 들면서 급격히 확산할 수 있다. 코로나19 유행은 번졌다가 잦아드는 게 아니라, 단지 잠시 억제되는 것일 뿐 얼마든지 다시 번질 수 있는 여지가 남아 있다. 일상으로의 복귀라는 희망은 현재로서는 백신 접종이 성공적으로 진행되고 있는 일부의 나라에서만 가능한 일이다. 아직도 많은 나라에서는 백신 확보라는 문제와 함께 여전히 마스크 착용과 사회적 거리두기를 중단하기 쉽지 않은 상황이다.

K-방역은 정말 성공적인가?

WHO는 코로나19 발생 한 달 후인 1월 30일 사상 여섯 번째 '공중보건비상사태(PHEIC)'를 선언했으며, 3월 11일에는 코로나19 확산을 '팬데믹(세계적 대유행)'으로 규정했다. 코로나19 확산세를 고려하면 늑장 조치라는 비판이 쏟아졌다. 실제 코로나19는 생각보다 빠르게 확산했다. 전 세계 누적 확진자는 작년 4월 3일 100만 명을 넘은 뒤, 6월 27일 1,000만 명대로 불어났다. 두 달여 만에 10배로 늘어났다. 세계가 확진자 1,000만 명에 놀라고 있을 때 테워드로스 아드하놈 거브러여수스 WHO 사무총장은 "최악이 아직 오지 않았다."라고 경고했고 이는 곧 현실화되었다.

코로나19로 막심한 피해를 본 서구 선진국들은 경제상황 등을 우선시하여, 봉쇄 조치를 늦게 실시하거나 성급하게 봉쇄를 푸는 등 제대로 대처하지 못했다는 평가를 받았다. 일부 지도자들은 코로나19 위험성을 경시하거나 그릇된 정보를 퍼뜨렸다. 이에 '선진국의 민낯'이 드러났다는 평가와 이들이 과연 '선진 사회'인지에 대한 의문이 함께 제기됐다. 그에 비해 한국과 대만, 뉴질랜드 등은 상대적으로 잘 대처한 국가로 꼽힌다.

우리나라는 지난해 1월 20일 첫 코로나19 확진자가 발생한 후 지금까지 약 12만여 명이 양성 판정을 받았다. 대만, 홍콩, 태국 등에 비해서는 많고, 미국, 인도, 브라질, 러시아, 영국, 일본, 중국 등과 비교하면 적다. 특히 인구 10만 명당 확진자 수는 경제협력개발기구(OECD) 회원국 37개국 중 36위로, 확진자가 적게 발생한 그룹에 포함된다. 사태 초기에 국경 봉쇄라는 극단적 조치를 취하지 않고 방역 대응과 시민들의 협조를 통해 코로나19 상황을 비교적 잘 관리해 'K-방역'이라는 별칭을 얻으면서 세계적인 주목을 받기도 했다. 하지만 지난해 11월 중순 이후 본격화한 '3차 대유행' 속에서 K-방역의 위상도 흔들리기 시작했고, 백신 접종 및 집단면역과 관련해서는 후진국이라는 오명까지 나오게 되었다.

K-방역은 대규모 검사(Test)를 통해 확진자를 조기에 찾아내고, 이들의 감염 경로와 접촉자를 신속하게 추적(Trace)해 감염 고리를 끊어내며, 적절한 치료(Treatment)를 제공하는 이른바 '3T 전략'이 그 핵심을 이루고 있다. '드라이브 스루', '워크 스루' 같은 새로운 진료 방식을 도입하고, 자가 격리 애플리케이션과 전자출입명부 등 정보통신기술을 활용한 것도 K-방역의 특징으로 꼽힌다. 정부는 백신과 치료제가 없는 상황에서 코로나19 확산을 억제하기 위해 '사회적 거리두기' 조치도 병행했다. 사회적 거리두기는 사람 간 접촉을 최소화해 전파를 막는 전통적인 감염병 대응 방식으로, 정부는 이 조치의 실효성을 높이기 위해

지난해 3월 말 다중이용시설의 영업을 중단시키는 '집합금지' 행정명령까지 동원했다.

초기에는 유흥시설·종교시설·실내체육시설의 운영을 제한하는 형태였으나, 지난해 6월 적용 대상 시설을 확대한 동시에 방역 조치의 강도에 따라 거리두기를 1~3단계로 구분했고, 이어 11월에는 이를 5단계로 재정비했다. 거리두기로 확산 속도를 늦추면서 확진자를 신속하게 찾아 격리해나가는 3T 전략은 지난해 8~9월 2차 유행 때까지는 성과를 거뒀다. 반면 지난해 11월 중순부터 시작된 '3차 대유행' 상황에서는 K-방역의 기본 전략은 빠른 효과를 나타내지 못했다. 앞선 두 차례의 유행 때는 특정 집단을 중심으로 환자가 쏟아졌으나, 3차 대유행에선 가족·지인·직장·동창 등 일상 소모임을 중심으로 감염자가 속출하면서, 다중이용시설의 운영을 제한하는 기존 방식의 거리두기로는 유행을 억제하는 데 한계가 있었다.

신규 확진자 수가 연일 1,000명 안팎을 오르내리면서 역학조사가 환자 발생 속도를 따라잡지 못해 감염경로 불분명 사례 비율이 한때 30%에 육박했고, 병상 배정이 지연되면서 확진 판정 후 자택에서 사망하는 환자도 나왔다. 상황이 점차 악화하면서 거리두기를 거의 '봉쇄'에 맞먹는 수준인 3단계로 격상해야 한다는 목소리가 점차 커졌다. 거리두기 단계 조정의 핵심 지표인 지역발생 확진자 수 역시 3단계 기준(전국 800~1,000명 이상)을 넘었다. 정부는 사회·경제적인 피해를 고려해 거리두기 단계를 최고 수준으로 높이는 대신 '5인 이상 사적모임 금지'라는 다른 카드를 꺼내 들었다. 거리두기 3단계에서는 10인 이상 모임·행사를 금지하는데 이보다 인원수를 더 낮게 잡은 강력한 조치인 셈이다.

확진자를 조기에 찾기 위해 진단검사 수도 대폭 늘렸다. 확진자가 많이 발생하는 수도권에 임시 선별검사소를 설치해 '숨은 감염자'를 적극적으로 찾아냈고, 집단감염이 이어지는 요양병원·시설에 대해서는 주기적으로 검사를 진행했다. 그 결과 2개월간 기승을 부리던 3차 대유행은 다소 진정세를 보이고 있다. 그러나 다중이용시설 운영이 장기간 제한되면서 소상공인의 경제적 피해는 눈덩이처럼 불어나고 있는 상황이다. 여기에 특정 업종에 대해서만 영업 제한을 먼저 풀어주면서 형평성 논란까지 불거졌다. 기본 지침에 추가 방역 조치를 더한 '핀셋 방역'을 두고 일각에선 '핀셋 차별'이라는 비판도 나왔다. 정부는 헬스장 등 수도권 실내체육시설과 노래방, 학원 등 수도권 집합금지 업종에 대한 영업 재개를 단계적으로 허용하고, 또 3차 대유행이 진정되면 현행 5단계 거리두기 체계도 개편한다는 계획을 세워두고 있다. 코로나19가 재확산할 위험이 상존하고, 새로운 변이 바이러스 유입으로 유행 양상이 더 복잡해질 수 있는 만큼 효과적인 방역 전략 재정비가 크게 요구되고 있다.

한때 현 정부의 코로나19 위기 대처 능력은 'K-방역'이라는 이름으로 방역 당국뿐 아니라 국민 대부분이 자부심을 가질 만큼, 실제 국내외에서 상당히 인정받기도 했다. K-방역은 과연 성공적인가? K-방역의 긍정적인 측면은 다음과 같은 점을 꼽을 수 있을 것이다. 정부의 적극적 관심과 신속한 대응으로 확진자와 사망자 수를 줄일 수 있었으며, 다른 나라와 비교할 때 도시 봉쇄와 같은 이동권 제한이나 집회, 언론의 자유 등을 가능하면 침해하지 않으면서 코로나19 확산 차단에 힘썼으며, 공적 마스크, 진단키트 등 의료 관련 자원 및 기본 재난 지원금

지급 등 소비 촉진을 위한 재원을 기민하게 확보하고 이의 공평한 배분을 위해 노력했으며, 관련 통계 자료나 확진자의 정보, 의료시설의 배치 현황 등을 신속하고 투명하게 공개함으로써 국민의 신뢰를 얻을 수 있었다는 점은 누가 보더라도 박수를 칠 만하다.

그러나 다른 한편에서는 한계와 문제점도 보인다.[3] 코로나19 확산을 차단하고 위기를 해소하기 위한 단기적 대책에 주로 관심을 가지면서, 위기 발생의 근본적 원인과 구조적 과정에 대해서는 특별한 대책을 제시하지 않았다는 점, 국가의 적극적 개입과 대책 시행에 시민들이 동의하는 것처럼 보이지만 실제 국가의 자기 주도적 홍보와 언론의 이중적 여론 조성에 이끌려 왔을 뿐이고 시민들의 의사와 참여를 통한 공론화 과정은 거의 이뤄지지 않았다는 점, 자원의 공평한 배분을 고려했다고 하지만 사회·공간적으로 취약한 계층이나 집단에 대한 직접적 배려는 없었으며, 강력한 방역조치로 전 국민의 안전을 도모했지만 그 과정에서 발생하는 사회적 배제와 경제적 손실은 취약 계층에 더 큰 부정적 영향을 미쳤다는 점, 코로나19 위기가 생태 위기에서 파생된 것을 고려하지 않았고 이를 해소하는 데도 거의 관심을 가지지 않았다는 점 등을 지적할 수 있을 것이다.

K-방역은 강제적 이동 통제나 도시 봉쇄 없이 이번 사태를 나름대로 관리하고 있다는 점에서 어느 정도 긍정적으로 평가받고 있다. 그러나 코로나19 확진자의 동선 파악과 정보 공개, 자가 격리 이탈자의 감시와 통제를 위한 이른바 '안전 밴드' 착용 등에 관한 타당성과 한계

3. 자세한 것은 최병두, 『인류세와 코로나 팬데믹』, 한울아카데미, 2021, p.238 이하 참조.

는 되짚어봐야 할 문제이다. 신용 카드의 사용처나 휴대폰의 위치 추적뿐 아니라 도처에 설치되어 있는 CCTV를 통한 정보 수집·보관·분석은 범죄나 여타 사고 예방 등의 목적에 기여하지만, 반면 개인 사생활이 노출되고 침해되거나 통제될 우려가 있다.[4] 이미 강력한 감시국가임을 여실히 보여준 정보통신기술의 위력을 이번 코로나19 사태를 통해 실감하게 된 셈이다. 감시국가로 변해버린 현실에 대해 좀 더 비판적인 고찰이 필요하다. 시민들의 일상생활에 내재되어 있는 문제들을 정부가 나서서 모두 해결할 수는 없으며, 오히려 지나친 개선 정책이나 개입은 강제에 따르는 역효과를 낼 수 있다. 당면한 코로나19 대유행이나 앞으로 닥쳐올 수 있는 새로운 전염병이나 재난에 대비할 수 있는 방안을 시민들 스스로 결정하고 실천할 수 있는 새로운 시민사회 거버넌스 체제를 구축해 나갈 필요가 있다. 또 생활 방역을 어렵게 하는 도시의 밀집 공간 환경도 심각한 문제로 드러났다. 주거 공간뿐 아니라 도시의 업무 공간과 공적 공간에 대한 재점검과 재편이 필요하다. 대구 신천지교회와 요양병원, 구로 콜센터 등에서 발생한 집단 감염 사례는 공간적 밀착이 얼마나 위험한지 보여주었다. 이 문제의 해결을 위해서는 단순한 생활 수칙 준수가 아니라 보다 근본적인 생활환경 개선이 요구된다. 그 외에도 코로나19는 불평등의 심화 문제와 재난지원금, 보편적 기본소득을 둘러싼 논의를 불러 일으켰고, 백신 접

4. 코로나 확진과 함께 개인의 인권이 구체적으로 어떻게 침해될 수 있는지에 대해서는 다음의 책을 읽어보기 바란다. 서창록, 『나는 감염되었다』, 문학동네, 2021. 이 책의 부제는 'UN 인권위원의 코로나 확진일기'이다. 그는 이 책의 9쪽에서 다음과 같이 말하면서 그의 개인적 체험을 생생하게 전달하고 있다. "이것은 코로나19로 인해 예기치 않게 인생이 바뀐 한 사람의 기록이다. 그러나 당신에게도 얼마든지 일어날 수 있는 사건이다."

종 및 집단면역 문제와 함께 팬데믹이 유발된 생태환경적 배경에 대해 더 많은 관심을 가져야 함을 깨닫게 함으로써 우리의 삶에 대한 태도를 근본적으로 되돌아보게 만드는 계기가 되었다.

팬데믹, 국가의 귀환, 생명권력과 생명정치

코로나19의 세계 누적 확진자는 계속 가파르게 상승하여 2021년 4월 말 1.5억 명을 넘어서고 있다. 전파 속도도 더욱 빨라져서 1,000만 명씩 증가하는 데 걸리는 시간도 더 짧아지고 있다. 최근 코로나19 백신이 여러 제약회사에서 개발되어 접종 단계에 들어가면서 신규 확진자 수가 많이 줄어들고 있지만, 아직 전 세계가 안심할 단계는 아니다. 세계적으로 일정 수준 이상의 백신 접종이 이뤄져야 집단면역이 형성될 것이기 때문이다. 더구나 세계 여러 곳에서 코로나19 변이가 나타나면서 코로나19를 완전히 퇴치하기란 불가능하고, 코로나19 외에도 다른 바이러스 변종들이 발생할 것이라는 예측이 대두하고 있다.

이처럼 인류 전체를 공포와 긴장의 도가니 속으로 몰아넣은 코로나19 팬데믹은 세계적 확산 과정에서 전 지구적 차원의 대응과 관련하여 많은 문제를 보여주고 있다. 미국과 서유럽 선진국들이 코로나19 누적 확진자 및 사망자 상위 국가로 기록되면서, 의료 체계가 붕괴되고 극도의 경제 침체가 유발되는 상황을 겪고 있다. 흔히 세계적 전염병은 빈곤과 의료 수준이 낮은 저개발국에서 창궐할 것으로 여겨졌지만, 현재 대유행에 휩싸인 국가들은 대부분 부유하고 의료 수준이 높은 서구 선진국이다. 지구화 과정을 통해 구축한 네트워크는 코로나19의 급속한 전파 경로가 되었고, 개별 국가가 취하고 있는 자국 중심의 국가주의적 전략은 이를 관리 통제하는 데 심각한 한계를 드러내고 있다. 대유행과 관련하여 국가주의의 한계는 각 국가들이 협력과 연대보다 견제와 대립을 통해 당면한 위기에 대처하고 있다는 점이다. 서구 선진국들은 가장 먼저 어려움을 겪었던 중국에 지원과 협력보다는 비민주적 언론 탄압과 강제적 도시 봉쇄 등을 비난했다. 그러한 비난 속에는 서구 우월주의, 인종차별과 혐오가 깔려 있음을 알 수 있다. 물론 중국의 대응 방식에 비난할 점이 있다고 하더라도, 서구의 반응은 국가주의적 자만심만 가득한 채, 정작 국가의 역할을 제대로 수행하지 못하고 치부만 보여주었다.

서구 국가들이 취한 주요 대책은 국가 비상사태를 선포하고, 국경 폐쇄와 자국 내 이동 및 집회금지령을 내리는 것이 전부였다. 일상생활의 통제는 시민사회가 누리는 다양한 유형의 자유, 즉 언론·이동·집회·종교의 자유 등을 유보하는 것이다. 서구 국가들이 취했던 또 다른 주요 대책은 대유행에 동반된 경제적 위기를 완화하는 것인데, 일상생활의 통제와 국가 간 이동 차단으로 소비와 생산 활동이 급속도로 위축되면서 소득 격감과 대량 실업이 발생했다. 사태를 완화시키기 위해, 각국 정부는 앞 다퉈 기준 금리를 대폭 인하하고, 전례 없는 재정 확대 정책을 펼쳤다. 주요국들은 코로나19로 급격히 위축된 고용과 소비를 진작하고 격심한 매출 감소로 폐업의 위기에 처한 중소기업에 자금을 지원한다는 목적 아래 역사상 최대 규모의 재정을 투입했다. 재정지출 방식은 국민들에게 직접 현금으로 재난지원금을 나눠주거나, 기업의 종업원 급여 보조, 영업이 정지된 기업과 음식점 등을 위한 매출의 일정 부분 보전 등 다양한 형태로 이뤄졌다. 주요국들의 재정 확대 정책은 코로나 팬데믹으로 피해를 입은 국민 생활과 중소업체들의 생존을 지원한다는 점에서 의미가 있다. 하지만 경제를 우선하는 이 전략은 실제 피해를 입은 사회적 취약 가구나 영세 자영업자, 중소기업을 위하기보다는 이를 명분으로 기업의 이윤 보전책으로 변질되거나 자산 가격의 폭등으로 이어질 것이라는 우려도 나오고 있다.

코로나19는 전 지구적으로 '국가의 귀환'이라는 현상을 가져왔다. 우리나라도 예외는 아니다. 한때 코로나19가 급속히 확산되는 초기에는 하루에도 몇 번씩 휴대폰 문자 메시지를 받았던 적이 있다. 대부분 확진자의 동선과 머문 장소 정보에서부터 감염을 막기 위한 외출 자제와 손 씻기, 마스크 쓰기, 사회적 거리두기 등 생활 방역 수칙 준수와 관련된 내용이었다. TV에서는 매 시간 코로나19 위기 상황에 관한 속보가 보도되고, 하루에도 두 번씩 방역 당국의 책임자들이 나와서 브리핑을 했다. 국가가 전면에 나서서 마스크나 진단키트, 여타 의료 장비와 시설의 수급, 백신의 확보와 접종을 관장하고 통제했으며, 코로나19 확산이 우려되는 사업장이나 실내외 모임에 대한 금지·재개 여부를 결정하고, 나아가 전례 없이 전 국민에게 긴급 재난 지원금을 지불하고, 침체된 경제를 살리기 위해 이른바 한국판 뉴딜 정책을 추진하고 있다. 국민의 생명을 위협하는 코로나19 대유행과 사회경제적 위기 극복을 위해 강력하고 효율적인 방역 대책과 이에 부수되는 다양한 사회경제 정책을 추진하는 주체로서 국가가 전면에 재등장한 것이다.

코로나19는 새로운 생명정치의 모습을 가시화하고 있다.[5] 사람들은 어느 시대보다 더 거리두기를 하고, 어느 시대보다 더 백신이 개발되기를 바라고, 어느 시대보다 더 온택트하려고 한다. 21세기 생명정치가 자본-권력과 접합되어 새로운 권력을 획득하는 현상은 코로나19 사태로 더욱 심화될 여지가 있다. 국가의 귀환도 이와 연관된다. 누구도 거리두기, 격리, 개인정보 데이터의 추적에 대해 쉽게 항의하지 못한다. 시민들은 거리두기가 마땅하다고 주장하고, 확진자 격리와 의심자 개인정보 데이터 추적을 해야 한다고 주장한다. 나아가 그렇게 하지 않는 사람은 사회를 위험에 빠뜨리는 사람이므로 공권력을 행사하여 제지해야 한다고 주장하기도 한다. 사람들은 국가의 귀환을 이미 당연한 것으로 받아들인다.

코로나 팬데믹은 전 지구적으로 전염병 통제를 이유로 정치권력이 권위화하는 모습을 공통적으로 보여주고 있다. 코로나19 위기 상황에서 행사되는 국가의 역할을 우리는 어떤 시선으로 바라보아야 할까? 여기에서 우리는 푸코가 말하는 생명권력과 생명정치에 대한 논의를 다시 한번 숙고해야 한다. 푸코가 말하는 생명권력은 국민의 생명뿐만 아니라 이와 관련된 삶의 문제, 출생과 사망, 공중보건, 주거와 이주 등의 문제를 제기하고 해결하는 권력을 뜻한다. 근대 초기에는 국민을 마음대로 죽이거나 살리는 군주의 '규율권력'이 절대적으로 작동했다

5. 양천수 외, 『코로나 시대의 법과 철학』, 박영사, 2021, p.14 이하 참조.

면, 근대 후기 국가의 통치권력은 국민의 생명과 삶을 조직하고 관리, 통제하는 '생명권력'으로 바뀐다고 푸코는 주장한다. 규율권력은 국민이 지켜야 할 규율을 제시하고 그 이행 여부에 따라 정상·비정상을 구분하면서 사회·공간적으로 분할 통제하지만, 생명 권력은 국민을 구분하지 않고 안전관리기술을 통해 비정상을 정상화시키고자 한다.

아감벤은 푸코가 제시한 생명 권력의 연장선상에서 코로나19 위기와 이에 대처하고자 하는 국가의 역할을 설명한다. 아감벤에 따르면, 코로나19가 개인뿐만 아니라 사회 전체의 존립을 위협하는 상황에서 감염을 막고 '벌거벗은 생명'으로 살아남는 것이 다른 어떤 권리나 자유보다 우선 가치가 되었다. 국가는 이 상황을 은밀하게 이용해, 도시를 봉쇄하고 개인의 이동을 통제하며, 표현의 자유나 집회의 권리를 제한하는 권력을 강화하려 한다. 이러한 국가 통치는 특정한 '예외상태'를 정상적인 통치 패러다임으로 만들려는 욕망, 즉 비정상의 정상화 욕망을 숨기고 있다. 그러나 아감벤의 주장은 코로나19 팬데믹의 충격을 지나치게 과소평가하고, 위기 상황에서 국가의 정당한 역할을 음모론으로 왜곡해 이해한다는 점에서 비판을 받을 수 있다.

아감벤과 달리, 지젝은 코로나19 위기와 국가의 귀환에 대해 상당히 다른 견해를 피력한다. 지젝은 코로나19 위기 상황에서 강한 국가가 필요함을 인정하면서도, 국가가 권력을 감염병 차단이나 봉쇄를 위해 쓰는 것이 아니라 중국이 자행한 것처럼 정보를 조작 은폐하고 당사자를 체포 구금하는 데 이용하는 것을 우려한다. 이러한 점에서 지젝은 국가 권력과 연계된 '재난 자본주의' 대신 '최소한의 생존을 위해 실행되는 공산주의'를 주창한다.[6] 시장 메커니즘으로는 위기 상황에 대처하기 어렵기 때문에 공산주의적 조치들이 실제 지구적으로 고려되고 있다고 지적한다. 공적 마스크 5부제 시행이나 국가에 의한 의료 물품과 시설의 공적 동원과 관리, 국가가 개인에게 현금을 직접 지급한 긴급 재난 지원금 등은 코로나19 위기 이전에는 생각조차하기 어려웠던 것이고, 국가의 사회주의화를 의미하는 것처럼 보인다. 그러나 지젝의 주장은 코로나19 비상 상황에서도 국가의 역할에 대한 통제 장치로서 시민사회의 역할이 필수적임을 간과하고 있다.

국가의 귀환을 바라보는 아감벤과 지젝의 시선은 둘 다 일정한 한계가 있다. 그럼에도 국가의 귀환과 생명권력이 행사하는 생명정치에 주목해야 함을 일깨워주는 측면에서 방역국가의 생명관리기술을 계속 관심을 가지고 비판적으로 예의 주시할 필요가 있다. 이는 새로운 국면이라고 할 수 있는 백신 접종과 집단면역과 관련해서도 여전히 유효한 관점이라고 할 수 있다.

6. 슬라보예 지젝, 강우성 역, 『팬데믹 패닉』, 북하우스, 2020.

백신 접종과 집단면역의 문제

백신이 개발되고 접종이 시작됨에 따라, 조만간 코로나 팬데믹이 끝날 것이라는 기대감이 부풀고 있다. 그러나 이것으로 팬데믹의 충격이 끝나고, 모든 문제가 해결되는 것은 아니다. 우선 코로나19 백신 개발 및 접종 과정에 내재된 문제를 살펴볼 필요가 있다. 백신 개발과 접종이 예상보다 상당히 빠르게 진행되고 있다.[7] 코로나19 백신이 빠르게 개발된 데는 물론 팬데믹 사태가 매우 긴박하게 진행되면서 많은

7. 화이자-바이오엔테크 백신의 경우 2020년 1월 설계에 들어가 5월 임상시험에 돌입했고, 마침내 12월 영국에서 처음 긴급사용이 승인됐다. 개발 착수 11개월 만의 출시로 백신 개발에 평균 10여 년이 걸리는 점을 고려하면 '광속개발'에 성공한 것이었다. 이는 다른 백신과 비교하면 더 분명해진다. 독감 백신은 1937년 처음 개발된 이후 계속해서 새로운 제품이 개발 생산되고 있지만, 사스나 메르스 백신은 사태가 끝나면서 개발 노력도 중단되었다. 사실 초국적 제약 회사들은 백신 개발에 큰 자금을 투입하려 하지 않는다. 백신은 개발 기간이 길고 성공 여부도 불확실하기 때문이다. 매년 맞는 독감 백신은 계속 새롭게 개발해도 연간 수십억 달러의 수익을 올려주지만, 일반적으로 바이러스 백신은 한두 번 접종으로 끝나버린다. 더욱이 과거의 사례로 보면, 바이러스 전염병은 대체로 빈곤 국가들에서 흔히 나타나서 백신 개발을 요청했지만, 실제 이 국가들은 높은 가격을 부담하기 어려웠기 때문에 제약 회사들이 손실을 보기도 했다.

희생자가 발생하고 사회경제적으로도 엄청난 충격이 있었기 때문이다. 전 세계의 관련 연구자들이 대거 백신 개발에 참여했고, 안전성을 점검하기 위한 임상시험도 매우 빠르게 진행됐다. 또한 접종을 받은 사람의 면역력이 얼마나 지속될지, 장기적으로 어떤 부작용이 있을지 확인되지 않은 상태에서 접종이 시작되었다.

코로나19 백신 개발에 엄청난 자금이 투입되었다. 일부 제약 회사들은 정부나 지원 단체로부터 큰 지원금 없이 백신을 개발하기도 했지만, 대부분은 국가와 관련 단체들의 공적 지원으로 개발된 것이라고 할 수 있다. 그럼에도 불구하고 그 소유권은 해당 제약 회사가 가질 것이고, 그 가격과 배분도 이들에 의해 결정될 것이다. 이 과정에서 백신의 개발과 배분에 영향력을 미칠 수 있는 국가들은 국민 수보다 더 많은 백신을 확보하고 발 빠르게 접종을 시행하고 있다. 영국은 인구의 300% 넘게 접종할 수 있는 백신을 확보해 2021년 2월에 이미 인구 20% 정도가 접종을 했고, EU는 전체 인구 183.5%가 접종할 수 있는 백신을 확보해 회원국에 인구 비례로 배분하고 있다. 미국은 백신 접종률이 저조함에도 국민 수보다 더 많은 백신을 추가로 확보해 접종을 독려하고 있다.

세계보건기구의 주도하에 코로나19 백신을 국제적으로 공동 구매·분배하는 조직인 코백스(COVAX)가 운영되고 있지만, 실질적 효과는 매우 약하다. 2021년 3월 22일 기준 코백스는 엘살바도르 등 57개국에 백신 3,100만 회분을 배포했다고 밝혔다. 하지만 이는 영국의 백신 접종량(2,986만 회)과 비슷하며, 전 세계 백신 배포량의 6.9%, 전 세계 인구의 0.4%에 해당된다. 반면 이 시점에 전 세계 접종 횟수는 총 4억

4,816만 회로, 미국(1억 2,448회분)과 중국(7,496만 회분)이 절반 정도를 차지했고, 그 뒤로 인도, 영국, 브라질, 터키, 독일 등의 순으로 많다. 이처럼 선진국 및 강대국 중심으로 백신 확보 경쟁이 치열해짐에 따라 이들 국가에서 생산된 백신의 해외 수출을 중단하려는 시도가 유발되기도 했다. 이로 인해 세계적으로 백신의 수급에 큰 혼란이 초래되면서, 저개발국들의 백신 배포는 점점 더 뒤로 미루어지고 있다. 이러한 상황에 대해 세계보건기구의 사무총장은 선진국과 저개발국 간 백신 접종 격차에 대해 '도덕적 분노'를 느낀다고 강하게 비판했다.

백신 접종을 먼저 시작한 국가는 2021년 말경 국민의 60~70%가 접종을 끝내고 집단면역을 달성할 것으로 예상된다. 그러나 이 국가들도 세계적으로 코로나19에 대한 집단면역이 구축되기 전까지는 안심할 수 없다. 세계 많은 국가는 2022년 또는 2023년이 지나야 백신 접종으로 집단면역을 형성할 것으로 예상된다. 백신 개발뿐 아니라 배분과 접종 과정에도 경제적, 정치적 힘이 작동해 불균등하게 진행되기 때문이다. 코로나19 백신의 개발과 접종은 개인에게 생명의 위협을 줄여주고 집단면역으로 팬데믹이 끝나면서 사회가 다시 안정되어 경제성장이 촉진될 것이라는 기대감을 가지게 한다. 그러나 이렇게 되기 위해서는 몇 가지 전제 조건이 충족돼야 한다. 우선 코로나19 백신이 원활하게 접종되어 부작용 없이 전 세계가 집단면역을 달성해야 한다. 개발된 백신으로는 감당할 수 없는 코로나19의 변이나 또 다른 변종 바이러스가 나타나지 않아야 한다. 그러나 일부 백신 제품은 변이 바이러스에 대해 효과가 떨어진다는 점이 이미 드러나고 있다. 그뿐만 아니라 지구의 황폐화된 자연환경이 전혀 개선되지 않은 상황에서 변종 바이러스가 언제라도 출현할 것이라는 점을 부정할 수 없다.

백신 접종에도 불구하고 당분간 코로나 팬데믹 종식은 난망한 상황이다. 백신 생산, 보급 속도가 코로나19 확산세에 비해 더디고 전파력이 훨씬 센 변이 바이러스마저 등장했다. 변이 바이러스가 백신을 무력화한다는 정황은 아직 나오지 않았지만, 각국은 다시금 빗장을 걸어 잠그고 움츠리고 있다. 코로나19는 인류가 해결해야 할 많은 문제를 드러냈다. 대유행 속에 여러모로 불평등이 노골적으로 나타난 점이 대표적이다. 백신만 봐도 미국과 영국, 유럽연합(EU), 캐나다 등 선진국은 전 국민에 여러 번씩 접종할 수 있을 만큼 입도선매했다. 하지만 저소득 국가는 제약사들과 개별 계약을 맺지 못하고 선진국의 공여에 기대야 하는 실정으로, 국민 열 중 아홉이 올해가 다 가도록 백신을 맞지 못할 것이라는 분석이 나온다. 부유한 국가와 빈곤한 국가 간의 불평등을 넘어서기 위해 국가주의가 아니라 새로운 지구적 협력과 연대가 필요하다. 세계시민주의적 연대와 협력 체계가 구축되어야 하며, 이를 운영하고 감시할 대안적 세계시민기구가 조직되어야 할 것이다.

성공적이라고 홍보했던 K-방역에 비해 우리나라의 백신 접종은 매우 후진적인 모습을 보이고 있다. 정부는 이미 다국적 제약사 등으로부터 전 국민이 접종할 수 있는 분량의 코로나19 백신을 확보했으며, 토종 코로나19 치료제의 등장도 머지않았다고 대국민 홍보를 하고 있다. 이에 따라 한때 코로나19 종식을 향한 기대감이 한껏 부풀기도 했다. 몇몇 나라에서 성공적인 백신 접종과 함께 마스크를 벗는 모습이 보도되면서 오히려 정부의 홍보는 역풍을 맞고 있다. 백신 접종이 제대로 이뤄진다고 해도 단기간에 집단면역에 성공하기는 어렵고 올해는 다른 나라들처럼 '마스크 없는 일상'을 기대하기는 쉽지 않다.

통상 감염병에 대한 집단면역을 위해서는 전체 인구의 60~70%가 바이러스에 대한 항체를 형성해야 한다. 감염이 아닌 백신 접종으로 집단면역을 갖추려면 가능한 한 많은 사람이 신속하게 백신을 맞아야 한다. 그러나 코로나19 백신이 차례로 들어오는 데다 접종 계획 등이 확정되지 않은 상황이어서 집단면역이 형성되기까지는 적잖은 기간이 걸릴 것으로 보인다. 정부에서도 올가을 인플루엔자(독감) 유행이 시작되기 전인 11월을 코로나19에 대한 집단면역을 형성하는 '목표' 시점으로 잡았다. 그때까지 우선 접종 대상자인 3,200~3,600만 명이 백신 접종을 완료하면 집단면역 형성을 기대할 수 있게 된다. 단 백신마다 효능·효과에 차이가 있고 우선 접종 대상자들이 전부 백신을 맞는다는 보장도 없는 터라 어떤 것도 단정하기는 이르다. 접종 이후 항체 형성에 걸리는 시간이나 백신 효과가 나타나지 않는 사례 등도 변수가 될 수 있다.

전문가들은 집단면역이 형성되는 시점을 아직은 확정할 수가 없다면서, 백신 종류별 상이한 효능 등 다양한 변수가 있기 때문에, 정부가 우선 접종 대상으로 선정한 3,600만 명이 모두 항체를 보유하는 게 아니라고 선을 긋고 있다. 또한 백신 접종을 통한 집단면역을 형성하기 위해선 백신 확보에서 실제 접종에 이르는 인프라가 유기적으로 돌아갈 수 있는 시스템을 마련해야 한다고 거듭 강조하고 있다. 자동차가 굴러가기 위해 엔진만 있으면 되는 게 아니듯, 백신을 통한 집단면역을 형성하려면 백신 확보, 보관 및 유통을 위한 콜드체인 구축, 의료진 교육, 안전성 모니터링 등 일사불란한 시스템을 갖춰야 한다. 이에 따라 백신 접종이 시작되더라도 마스크 없는 일상은 기대하기 어려울 것으로 보인다. 백신을 접종하더라도 집단면역이 형성되는 시점 자체가 연말이어서 현재의 방역수칙 등은 지속해서 준수해야 한다. 이는 우리 모두 당분간 방역국가의 생명정치에 우리의 몸과 삶을 내놓아야 함을 뜻한다.

코로나19가 우리에게 남긴 것은?

지구적 위기 상황에서 가장 큰 피해를 입는 집단은 취약하고 주변화된 사람들이다. 위기 상황에서 생명의 위협과 사회적 충격을 막기 위해 국가가 전면에 등장하지만, 국가의 대책은 흔히 전염병 방역과 위기관리를 위해 국민의 기본권을 제한하거나 유보하는 데 그치고, 그 피해는 집단별·지역별로 차별화되고 비용은 불평등하게 배분된다. 코로나19 사태에 대처하기 위한 국가의 권위적 통제는 시민사회를 배제하고 물신화된 생명권력을 행사한다. 코로나19 확산에 대한 중국의 대응 전략이 결과적으로 성공했다고 해도, 그 과정에서 행해진 국가의 강압적 대책이 커다란 비판을 받는 까닭도 이 때문이다. 설령 통제 전략이 단기적으로는 위기를 진정시킨다 해도, 장기적으로는 위기를 극복하고 새로운 사회로 나아가기 어렵다.

현대 사회에서 공적 의료보건은 국가의 책임에 속한다. 그러나 실제 오늘날 국가는 공적 의료보건이라는 의무와 책임을 성실히 수행하기보다는 오히려 강력한 생명권력으로 기능하고 있다. 생명권력은 종으로서의 신체, 즉 개체 증식, 출생률과 사망률, 건강 수준, 수명 등과 그것들을 변화시킬 수 있는 조건들에 개입하고 조정하는 통제 전체, '인구의 생명정치'로 화한다.[8] 한마디로 생명권력이 행사하는 생명정치는 곧바로 죽음정치와 결합하여, 국민을 살게 만들고 죽게 내버려두는 권한을 말한다. 코로나19가 급속히 확산되는 상황에서 생명권력은 마치 당연한 것처럼 일부 환자들만이 아니라 국민 전체를 대상으로 작동하며, 점차 세련되고 명시적인 방식으로 일상생활 속에 파고든다.

정부는 확산 차단을 위해 국민에게 사회적 거리두기, 마스크 착용, 손 씻기 등과 같은 생활 수칙의 준수를 요구한다. 그러나 환경전염병을 통한 자연의 반격은 기술관료주의적 생명관리와 통제만으로 막을 수 없다. 생명권력은 국민들의 삶과 죽음을 조율할 수 있겠지만, 코로나19가 발현하게 된 원인을 제거하지는 못한다. 이는 단순한 의학적 문제가 아니라 생태학적 문제이며 또한 정치적 문제와 긴밀하게 결합되어 있음을 보여준다. 생명권력의 생명정치 또는 죽음정치와는 다른 긍정의 생명정치를 고민해야 할 시점이다. 이는 시민들의 협력과 연대를 통해 가능할 것이다. 모든 권력이 그렇듯 생명권력도 견고하고 고정된 실체가 아니라 허술한 구멍이 많은 법이다. 그 틈새에서 새로운 긍정의 생명정치의 가능성을 엿봐야 한다.[9]

---

8. 미셸 푸코, 이규현 역, 『성의 역사 I: 앎의 의지』, 나남출판, 2004, pp.155-156.

9. 로베르토 에스포지토는 아감벤의 죽음정치에 대항하는 모델로 '긍정의 생명정치(affirmative biopolitics)'를 제안한다. 이에 대해서는 토마스 렘케, 심성보 역, 『생명정치란 무엇인가』, 그린비, 2018, p.147 참조. 마찬가지로 '죽음의 생명정치'에서 '삶의 생명정치'로 전환을 주장하는 입장으로는 니콜라스 로즈가 있다. 이에 대해서는 김환석, 『생명정치의 사

이미 황폐할 대로 황폐해진 지구의 자연환경 속에서 바이러스는 결코 사라지지 않고 계속 진화하면서 새로운 변종으로 나타날 것이다. 인간의 생명 의료 기술이나 자연 통제 기술은 바이러스의 진화를 따라가지 못한다. 현재 인간은 황폐해진 지구 생태계를 복원할 의지가 강하지 않아 보인다. 의지를 가지고 실천한다 할지라도 엄청난 시간과 노력이 필요하다. 코로나19 사태는 자본주의 경제가 성장을 지속하기 위해 심화시킨 생태적 모순의 발현이다. 이는 자본주의 경제가 성장의 한계에 도달했음을 보여준다. 따라서 코로나19 이후 사회를 위한 경제적 대책은 기존 경제 메커니즘의 복원이 아니라 자본주의 경제가 안고 있는 내적 모순과 한계를 근본적으로 극복하는 것이어야 한다.

코로나19 위기 충격에 대한 대부분의 대책들은 즉각적 대응과 더불어 성장의 한계에 도달한 경제 시스템을 어떻게든 그 이전 상태로 돌리는 데 더 많은 관심을 두고 있다. 그러나 기존 자본주의 경제 시스템의 복원과 이에 따른 경제성장의 회복은 또 다른 팬데믹을 초래할 수 있다. 코로나 팬데믹은 우리에게 기존의 경제성장은 더 이상 불가능하며, 탈성장 사회로 나아갈 것을 보여준다. 탈성장은 자본 축적 메커니즘의 작동을 늦추고 궁극적으로는 전환함으로써 자본주의적 경제성장 과정에 내재된 모순을 해소 또는 완화하고, 인간 사회의 불평등과 지구 시스템 손상을 최소화해 공생적으로 발전할 것을 제시한다.

코로나19는 일상의 균열을 가져오고, 우리의 삶을 되돌아보게 하는 하나의 특별한 사건이다. 코로나19, 기후위기, 인류세 등 서로 연관된

회과학』, 알렙, 2014, p.97 참조.

일련의 사태들은 우리 인간의 일상과 교묘하게 맞물려 있고 서로 얽혀 있다. 그동안 너무 당연하게 여겼던 우리의 삶의 양식과 문화를 근본에서부터 재점검해야 하는 시간이 도래했음을 코로나19 사태는 우리에게 알려준다. 우리는 자연의 지배자가 아니라 자연의 생명그물 속에 있는 수많은 종들 가운데 하나임을 깨달아야 한다. 비록 늦었지만 이제라도 자연생태계 속에서 공생할 수 있는 대안적 생활과 생산양식을 만들어나가야 한다.

PART 10

팬데믹 연결망 속, 코로나19와 여성의 몸

- 윤지영 -

1. 바이러스로 인한 인간 삶의 요동
2. 팬데믹 시대의 가정과 여성의 몸
3. 사회 봉쇄령이 촉발한 현상들
4. 팬데믹 시대, 의료 현장과 여성의 몸
5. 여성 의료진들의 작업환경
6. 팬데믹으로 인한 여성 재생산 건강권의 악화
7. 위기의 시대를 새롭게 사유하기-팬데믹 이펙트에서 팬데믹 어펙트로
8. 여성주의적으로 팬데믹 연결망 재구축하기
9. 인간-비인간 집합체의 시대

바이러스로 인한 인간 삶의 요동

국가 간 경계를 넘어 인적 자원과 물적 자원의 자유로운 교환 경로였던 신자유주의적 세계화에 경탄해 마지않던 이들이, 바로 이러한 연결망이 "종(種)을 가로지르고 몸을 가로지르는"[1] 바이러스라는 비인간 물질성의 인간 횡단기(橫斷記)의 궤적이었다는 현실 앞에선 경악을 멈추지 못하고 있다. 바이러스라는 비인간 물질성은 인간 몸을 예측하지 못한 방식으로 붙들어 매고 있을 뿐 아니라, 변형시켜 나가고 있기 때문이다. 인간 몸이 비인간 물질성에 연루되어 관통되고 있는 이러한 배치 방식은 이 둘 사이에 견고하게 세워져 있다고 여기던 인간과 비인간 간의 비대칭적 축대의 파열을 도래시킨다. 인간 아래, 혹은 인간 뒤에 고요히 놓인 채, 인간의 우월성을 돋보이도록 만드는 잔잔한 배경 정도나 유용성을 위해 언제든 동원 가능한 수동적 자원으로 여겨지

1. 앨러이모, 윤준 · 김종갑 역, 『말, 살, 흙 : 페미니즘과 환경정의』, 그린비, 2018, p.378.

던 비인간 물질성이 이제 감히 존재론적 무대(ontological scene) 위로 뛰어오른 셈이기 때문이다. 이러한 비예측적 배치 양상 앞에서 인간들은 인간학적 존재론의 무대 붕괴를 감지하며, 파국론을 도입하기 바쁘다. 하지만 이러한 사태는 이미 인간 몸이 비인간이라는 이질적 항과의 집합체로 존재하고 있었다는 관계론적 존재론(relational ontology)과 주체와 객체, 인간과 사물 간의 위계성을 파기하는 "평평한 존재론"[2]의 국면을 재확인시켜주는 사건일 따름이다. 이처럼 코로나19라는 비인간 행위자(nonhuman actor)는 종별 간 경계를 무너뜨리며 인수공통 질병을 일으킴은 물론 인간 삶 전체의 전경과 존재론적 무대를 근본적으로 뒤바꿔놓고 있다.

이 시점에서, "바이러스는 생명인가? 아닌가?"라는 논쟁 또한 여전히 진행 중이다. 스스로 물질대사와 번식을 할 수 없으며 세포 구조를 가지지 않는다는 점에서 바이러스를 무생물로 분류하기도 하지만, 유전 물질을 운반하고 증식하며 엔트로피를 감소시키고자 하는 성질로 인해 바이러스는 생명체의 한 형태로 분류되기도 한다. 즉 바이러스야말로 생물과 무생물의 중간자이자, 인간의 인식구조와 밀접하게 연관된 생명 개념 자체가 지닌 불안정성과 유동성을 여실히 투영해내는 결정체이다. 여태껏 인간이 아닌 존재자에 대해서는 철저히 간과하거나 이를 말끔히 통제하며 살아오고 있다 여기던 지금까지의 세상과는 달리, 코로나바이러스라는 생물과 무생물의 중간자인 반(半)생물체가

2. DeLanda, Manuel, *Intensive Science and Virtual Philosophy*, London: Continuum, 2004, p.58.; Bryant, Levy. R, *Onto-Cartography An Ontology of Machines and Media*, Edinbergh: Edinbergh University Press, 2014, p.116.

인간 삶의 존재론적 기틀과 가치론적 기반을 송두리째 뒤흔들고 있는 셈이다. 이처럼 우리는 바이러스에 의해 인간과 비인간의 경계가 허물어지고 있는 현실을 목도하고 있음에도 불구하고, 여성과 남성이라는 이분법적 위계는 오히려 강화되고 있다는 점에 주목해야 한다. 현재 우리가 직면하고 있는 재난 성차별의 문제가 코로나19와 여성의 몸이 얽혀 있는 방식으로부터 기인한다는 문제의식 속에서 필자는 이를 신유물론(New materialism)의 관점에서 다뤄보고자 한다. 신유물론이라 함은 1980년과 1990년대를 특징짓는 포스트구조주의와 사회구성주의에 의한 언어적 전회, 기호적 전회가 가진 사상적 한계를 넘어서기 위해, 2000년 초반부터 시작된 존재론적 전회, 물질적 전회를 가리킨다.[3] 기존의 사회구성주의적 관점이 몸의 물질성 문제를 담론적 구성물, 기호적 텍스트로만 축소, 환원하는 한계와 더불어 인간이 아닌 비인간의 존재를 수동적 자원이나 인간 주체에 대립되는 객체의 지위로 한정 지음으로써 인간학적 패러다임에서 벗어나지 못했었다. 그러나 신유물론은 인간 몸의 물질성에 대한 근본적인 재사유를 위해 "생물학적 몸에 대한 고려"[4]는 물론 비인간이 가진 행위성(agency)의 문제, 인간과 비

3. 김환석, 「사회과학의 새로운 패러다임으로서의 신유물론」, 『지식의 지평』 25(1), p.4.를 참조하라. "1980~1990년대에는 마르크스주의를 벗어나 포스트구조주의와 사회구성주의가 대두하여 언어, 의미, 담론, 문화를 중심으로 사회 현실을 파악하는 '언어적(= 문화적) 전환'이 지배적 패러다임이 되었다. 하지만 이러한 접근이 사회 현실에서 물질성의 중요한 역할을 간과한다는 자각이 대두하면서 2000년대부터 자연, 공간, 인공물, 과학기술 등 비인간 사물을 사회의 핵심적 구성 요소로 파악하는 '물질적(= 존재론적) 전환', '신유물론'이 사회과학 전반에 걸쳐 지배적 흐름을 형성하고 있다."(Coole & Frost, 2010; Dolphijn & van der Tuin, 2012; Grusin, 2015; Holbraad & Pedersen, 2017; 블록 & 옌센, 2017)

4. Shildrick, Margrit and Janet Pryce, *Vital signs: Feminist reconfiguration of the Bio/logical body*. Edinburgh: University of Edinburgh Press, 1999.; Wilson, Elizabeth, *Neural Geographies:*

인간의 물질적 얽힘을 통한 존재-인식론(onto-epistemology) 등을 주요한 논의의 축으로 대두시키고 있다.

이러한 물질적 전회(material turn)의 관점에서, 우리는 팬데믹 사태를 인간의 신체성(human corporeality)과 바이러스라는 비인간 물질성의 때 아닌 배치 문제로 접근해 볼 수 있다. 그렇다면 현 시점에서, 시대적 키워드로 소환되고 있는 팬데믹이란 용어는 과연 무엇을 뜻하는가? 팬데믹(pandemic)은 에피데믹(epidemic)과 규모(scale)의 차원에서 구분되는 개념이다. 이 두 용어의 어원학적 유래를 살펴보자면, 팬데믹은 "'모두'를 뜻하는 고대 그리스어 pān과 '민중'을 뜻하는 dẽmos의 합성어"[5]로 민중 전체에 돌고 있는 것을 뜻한다면, 에피데믹은 "'~에 관하여'를 뜻하는 고대 그리스어 epi와 '민중'을 나타내는 dẽmos의 합성어"[6]로 민중 사이에 돌고 있는 것이라는 의미이다. 전자가 두 개 이상의 대륙 간 경계를 뛰어넘는 보다 폭넓은 전염의 확산 양태를 가리킨다면, 후자는 특정 인구나 지역, 공동체라는 한정된 공간과 기간을 통해 나타나는 보다 협소한 전염병의 확산 양태를 뜻한다. 즉 이 둘은 질적 차이가 아닌 양적 차이, 규모의 차이에 입각한 개념 분할이라 할 수 있다. 이처럼 인간

Feminism and Microstructure of cognition, New York: Routledge, 1998.; Birke, Lynda, *Feminism and biological body*, New Brunswich, NJ: Rutgers University Press, 2000.; Grosz, Elizabeth, *Time travels: Feminism, Nature, Power*, Durham, N.C: Duke University Press, 2005.; Grosz, Elizabeth, "Darwin and Feminism: Preliminary investigations for a possible alliance.", in Stacy Alaimo and Susan Hekman (eds.). *Material Feminisms*. Bloomington: Indiana University Press, 2008. pp.23-51.

5. Rey, Alain, *Dictionnaire culturel en langue française*, tome III, Paris: Le Robert, 2005, p.1311.

6. 위의 책, p.1311.

과 비인간, 이 둘 간의 접속은 새로운 감응(affect)[7]의 양식들–영향을 주고 영향을 받는 역능의 양태들–을 도래시키며 기존의 "존재 지도학"[8]을 변동시키고 있다.

코로나19 팬데믹 시대에 인간과 비인간을 명확히 가르던 견고한 울타리는 사라졌지만 성별에 따라 상이하게 배분되는 취약성의 지도는 더 심화, 확산되는 현상을 분석하는 것이 바로 이 글의 목적이다. 이를 위해 필자는 첫 번째로 인간과 비인간이 결합된 팬데믹 연결망이 어떻게 여성의 몸을 관통하고 있는가를 들여다보고자, 가정이라는 사적 공간 내에서 일어나는 불평등과 폭력의 양상들을 분석할 것이다. 두 번째로 의료보건노동자의 70퍼센트를 차지하는 여성 의료진들에게 어떠한 의료노동환경이 제공되고 있는가의 문제와 더불어 사회적 격리조치로 인한 의료기술 접근권의 제한이 여성 대상 폭력의 국면으로 외재화되는 양상에 대해 논의할 것이다. 다시 말해 팬데믹 연결망 속에서 "현재 전개되어 나가고 있는 경향들"[9]의 추이를 드러내어 주는 "벡터 지도(vector map)"[10]를 그려 봄으로써 지금, 여기에서 "우리가 개입해

---

7. 필자는 2019년 논문에서 affect를 정동으로 번역하였지만 이 논문에서는 감응(感應)으로 번역하고자 한다. affect를 정동으로 번역할 시에, 인간 행위자에 국한된 정서와 같은 감정 양식으로 오인하기 쉽기 때문이다. 그러하기에 affect를 몸과 몸, 몸과 물질, 물질과 물질 간의 마주침에서 비롯된 상호적 역능의 자장-영향을 미치기도 하고 영향을 받기도 하는 동역학적인 상태라는 의미에서 명사형이 아닌, 동사형으로 이해하고자 한다.

8. "존재지도학은 존재자들 사이의 관계들이나 상호작용들의 지도와 이들 관계가 존재자들의 움직임과 되기를 구축하는 방식의 지도" 레비 R. 브라이언트, 김효진 역, 『존재의 지도』, 갈무리, 2020, p.27.

9. 위의 책, p.404.

10. Bryant, Levy. R. 앞의 책, p.264.

야 할 지점"[11]이 무엇인가를 보여주고자 할 것이다. 이 글에서 분석 대상이 되고 있는 가정과 의료 영역은 완벽히 분리되어 있는 것이 아니라, 여성의 몸을 중층적으로 관통하고 있는 영역이자 존재론적으로 연결되어 있는 것이다. 세 번째로 필자는 앞에서 언급한 가정-의료 영역에서 나타나는 벡터 지도의 양상들을 "팬데믹 어펙트(pandemic affect)"라는 새로운 개념 틀을 통해 심화 분석해 보고자 한다. 또한 필자가 제안하고자 하는 팬데믹 어펙트 개념이 팬데믹 이펙트(pandemic effect)와 어떻게 구분되는지를 상세히 논증할 것이다. 나아가 인간과 비인간이 서로 영향을 주기도 하고 받기도 하며 더불어 살아갈 수밖에 없음이 뉴노멀(new normal)이 된 이 시대에, 어떠한 존재론적 무대 위의 네트워크들이 기존 권력의 등고선을 갱신시키는지, 인간과 비인간 간의 공동세계 속, 여성의 몸과 비인간 물질성의 재배치가 어떠한 가능성의 공간을 열 수 있는가를 신유물론의 관점에서 논해 보고자 한다.

11. 레비 R. 브라이언트, 앞의 책, p.403.

2

팬데믹 시대의 가정과 여성의 몸

인간 몸의 물질성과 인간 너머 세계인 바이러스의 물질성, 이 예상치 못한 물질성들의 교직은 인간과 비인간의 위상을 역전시키는 장이기도 하다. 비인간 물질성이 인간을 둘러싼 환경이나 인간의 이동경로, 활용 가능한 자원에 그치는 것이 아니라, 오히려 인간이 바이러스의 서식지이자 이동경로, 환경이 되어버렸다는 점에서 인간 우위적인 단독적, 실체론적 존재론은 이미 막을 내렸다고 할 수 있다. 이처럼 인간 신체와 비인간 물질성의 결합은 새로운 연결망을 형성하고 있는 중이다. 이는 더 이상 물질이 고정된 실체나 인간에 의해 의미화를 기다리는 수동적인 빈 서판[12]이 아니라, 인간의 몸과 인간 너머 세계를 구성하는 공통적 존재 단위임을 보여주는 것이다. 팬데믹 연결망은 유동

12. Alaimo, Stacy, *Bodily Natures: Science, Environment, and the material self.* Bloomington: Indiana University Press, 2010, p.1.

적이며 "관계적 물질성"[13]의 장에 인간과 비인간이 함께 연루되어 있음을 드러내어 준다. 하지만 이러한 연결망이 인간과 비인간의 종별간 비대칭성을 약화시키지만, 정작 인간 내부의 불평등 구조와 성별 계급성은 심화시키는 역설적 배치 효과를 낳고 있는 중이다. 왜냐하면 재난은 성 중립적인 방식으로 나타나는 것이 아니라, 성차를 가진 몸의 구체적 물질성을 통해 강화되고 전개되어 나가는 것이기 때문이다. 비인간과 인간의 연결망 속, 규범적 성별화의 무형기계-신념, 제도, 이데올로기, 언어 등-와 유형기계-시간과 공간을 점유하는 물질성과 신체 등-의 패턴화 방식이 비예측적으로 급변하는 존재론적 네트워크를 어떻게 포획해 나가고 있는지와 이러한 기존의 배치에 어떠한 교란과 역동이 발생하는가를 추적해나가는 것이 신유물론적 분석의 초점이다.

재난 성차별의 문제를 배치 이론의 관점으로 접근하기에 앞서, 배치를 구성하는 두 가지 차원에는 무엇이 있는지부터 알아보자. 들뢰즈와 가타리는 배치의 두 차원을 표현의 영역과 내용의 영역으로 나누는데, 표현(expression)의 영역은 언어와 기호의 체제, 담론적 차원에 속한다면, 내용(contenu)의 영역은 물질적 신체의 영역, "서로 반응하는 신체들의 혼합물"의 차원에 속한다.[14] 그렇다면 팬데믹 연결망에서 배치를

13. Law, John and Annemarie Mol. "Notes on materiality and sociality." *The Sociological Review* 43, 1995, pp.274-294.

14. 신유물론 이론가들인 마뉴엘 데란다와 레비 브라이언트는 배치 이론의 선구자로 질 들뢰즈와 펠릭스 가타리를 꼽는다. 들뢰즈와 가타리는 『천의 고원(Mille Plateau)』에서 배치의 두 차원-표현(expression)과 내용(contenu)-을 다음과 같이 구분하고 있다. "표현의 형태는 단어들로 축소되지 않지만, 층위들처럼 여겨지는 사회적 장 안에서 도래하는 언표들의 집합으로 환원 가능하다. 이것은 기호의 체제이다. 내용의 형태는 사물들로 축소되지 않

구성하는 표현적 영역은 어떻게 조직되고 있는가? 프랑스 한림원인 아카데미 프랑세즈(Académie Française)는 코로나19를 여성형 명사로 명명[15]하는 표현적 배치를 시도하였다. 프랑스어로 바이러스(virus)는 남성형 명사이며 코로나 팬데믹 사태를 남성형 명사로 이미 널리 사용하고 있었음에도 불구하고, 코비드-19를 굳이 여성형 명사로 규정하고자 하는 이유는 무엇인가? 코비드(COVID)가 Corona Virus Disease의 약자이므로 질병을 뜻하는 maladie라는 여성형 명사를 써야 한다는 아카데미 프랑세즈의 주장[16]은 논리적으로도 모순이다. 왜냐하면 코비드라는 영어 축약어에 질병이라는 단어가 이미 포함되어 있기에, 질병이란 불어 단어를 굳이 부각시키려면 COVID 축약어에서 D를 떼어내고 maladie COV라고 부른다든지, 아니면 기존대로 COVID라는 신종 용어를 남성형 명사로 그대로 쓰는 것이 의미상의 중복을 막는 방법이기 때문이다.

이처럼 코로나19라는 비인간 물질성을 여성형 명사라는 범주로 분류하고자 하는 것은 바이러스라는 물질적 존재자를 인간의 기호로 포섭하는 "비물질적 변환(incorporeal transformations)"[17]에 해당한다. 바이러스의 비물질적 변환은 바이러스라는 물질적 존재자의 성질 자체는 변화

으나 역량의 형성과 같은 복합적인 사물들의 상태로 환원된다. 이것은 건축물이거나 삶의 프로그램 등이다."(Deleuze et Guattari, 1980: 86)

15. 손성원, 「佛한림원 '코로나19' 여성명사 지정에 성차별 논란」, 『한국일보』(2020. 5. 13.). https://www.hankookilbo.com/News/Read/202005131726356400

16. Académie Française. "Le covid 19 ou La covid 19."(07.May.2020). http://www.academie-francaise.fr/le-covid-19-ou-la-covid-19

17. Bryant, Levy. R. 앞의 책, p.129.

시킬 수 없지만 이와 관계 맺는 다른 존재자들인 인간의 활동과 인식, 반응 등에 조작, 수정을 가할 수 있다.[18] 이러한 관점에서 코로나19 사태를 남근 중심적 언어 질서와 재현 체계, 인식 범주에 안착시켜 여성형 명사로 분류하고자 하는 배치의 표현적 경로는 통제 불가능하고 막대한 피해를 입힐 수 있는 재난의 불길함과 불운을 여성적 특질로 돌리는 여성 혐오적 관점의 투영이라 할 수 있다. 이러한 배치의 표현적 측면은 언어적 차원에만 국한되는 것이 아니라, 여성이 이 사회에서 다른 이들과 관계 맺는 방식은 물론 여성의 몸이 갖는 물질적 실존 방식에도 영향을 미칠 수 있다는 점에서 문제적이다.

18. "비물질적 변환은 해당 사물 자체를 변환하는 것이 아니라, 오히려 다른 기계들이 해당 기계 또는 사물과 관계를 맺는 방식을 변환한다."(브라이언트, 2020: 200) 레비 브라이언트는 기계를 존재의 기본단위로 규정한다. 여기서 기계란 존재자들–인간, 비인간, 사물, 동물, 식물 등–을 가리킨다.

사회 봉쇄령이 촉발한 현상들

가정이라는 인간-비인간 간의 복합적 연결 공간 속, 시간성의 리듬들은 구성원들마다 다르게 배분되어 있다. 이러한 "복수(plurial)의 불균질한 시간"성 속에서, 여성들은 가정에서의 시간을 끊임없는 자기 소진적 노동과 에너지의 흡입소, 여유 시간의 증발로 경험하고 있다.[19] 왜냐하면 "가사노동은 매일 정기적으로 발생하고 상당한 시간 투입이 요구되며, 가시적으로 드러나는 행위만으로 수행되는 것이 아니라 하나의 행동인 기획활동까지 포함"하기 때문이다.[20] 이에 반해 남성들은 사회 봉쇄령이나 사회적 거리두기 속 가정에서의 시간을 급격한 노동량의 감소로 인한 지루한 공백과 여가 및 잉여 시간으로 경험하고 있기도 하다. 이를 통해 여성과 남성이라는 성차를 지닌 몸들이 각기 다른 시

19. 레비 R. 브라이언트, 앞의 책, p.242.

20. 김영란·선보영·김필숙, 『가사노동시간 측정 및 행동평가 기준의 젠더불평들성 개선방안』, 한국여성정책연구원, 2018, p14.

간성의 리듬과 접속하는 방식을 통해 신체적, 정신적 에너지의 흐름과 각자가 맡은 노동의 흐름 또한 달라짐으로써 기존의 규범화된 성별화 경로가 더욱 강화되고 있다.

외부와의 대면 연결성이 끊어진 비대면 사회는 외부와의 온라인 연결성을 더욱 강화한다. 이러한 사회에서 잉여 시간의 활용 문제는 매우 중요한 문제로 대두되고 있다. 인터넷, 스마트폰, 웹캠 등의 대중적 보급과 사회적 봉쇄 조치가 이루어진 가정 내 온라인 접속 시간의 증가로 아동 성착취 스트리밍율이 급증하는 현상이 나타나고 있다.[21] 휴교령 이후 가정 내에 머물면서 온라인 사용시간이 늘어난 아동 및 청소년들이 온라인상의 그루밍 성범죄의 주요 타깃이 되는 경우가 빈번히 발생했을 뿐 아니라, "성적 가해자들이 더 폭넓은 잠재적 피해자군에 접근하기 위한 기회를 (사회적 격리 상황 속 온라인 세계로의 이동이라는) 발전 속에서 발견"했기 때문이다.[22] 이는 "아동 성적 학대 관련 자료들을 찾는 사람들의 온라인 활동의 증가"로 이어지고 있다.[23]

남아도는 잉여시간을 보다 더 자극적이며 단기간 내의 피드백이 일어나는 쾌락 유발형, 정복형 시간으로 전환하고자 하는 이들이 포르노

---

21. 민영규, 「코로나19 봉쇄령 후 아동 성 학대 라이브 스트리밍 증가」, 『연합뉴스』 (2020. 4. 11.). https://www.yna.co.kr/view/AKR20200411049500084

22. Europol. "Exploiting isolation: Offenders and victims of online child sexual abuse during the COVID-19 pandemic." (19.June.2020). https://www.europol.europa.eu/publications-documents/exploiting-isolation-offenders-and-victims-of-online-child-sexual-abuse-during-covid-19-pandemic

23. Council of Europe. "Webinar: Online child sexual exploitation and abuse in times of the COVID-19 pandemic." (2020. 5. 25.). https://www.coe.int/en/web/human-rights-rule-of-law/-/online-child-sexual-exploitation-and-abuse-in-times-of-the-covid-19-pandemic

그래피적 자료들을 찾고자 이용자들 간 정보와 자료 공유 네트워크를 활성화하고 있는 것이다. 보다 더 "노골적인 (성적) 자료들을 직접 생산하거나 현실 세계에서 (성적 포식대상이 되는 피해자와의) 만남을 주선하기 위하여" 이용자들 간의 연결성이 더욱 긴밀히 구축됨으로써, 주문형 성착취 영상 제작, 전송이 실시간으로 일어나기도 한다.[24] 한국의 N번방, 박사방과 같은 실시간 주문형 성착취 영상 제작과 유포, 공유 범죄가 팬데믹 사태 이후, 홍콩과 인도에서 텔레그램과 인스타그램을 통해 발생하는가 하면, 스웨덴에서는 온라인상 아동 성착취 모의 정황과 아동의 성적 영상물 유포 사례 또한 늘어났다. 그뿐만 아니라 성착취 산업이 팬데믹 상황에 유동적으로 적응하는 방식으로 진화하기도 한다.[25] 그리하여 브라질에서는 바이러스 감염 우려를 낮추고자 아동 및 청소년 성착취 산업에 '드라이브 스루'와 '배달 서비스' 방식을 도입하여, 가해자의 차량 혹은 집에서 성착취(성매매)가 일어나고 있다.[26] 팬데믹 연결망 속, 성착취 문화는 사라지기는커녕, 온라인 세계로 이동하여 지리적, 물리적 근접성을 넘어 그 속도와 강도가 강화되는가 하면, 배달 대상이 음식이나 물건에 그치지 않고 이제는 아동 및 청소년의 몸으로 확대되는 방식으로 끊임없이 지속되고 있다. 또한 필리핀에서는 아동 및 청소년 성착취에 사용된 IP 주소 개수가 2014년 대비 4배 증가했을 뿐만 아니라, 실직으로 인한 경제적 어려움을 타개하는 방식으로 집에

---

24. Europol, 앞의 글.

25. 이세아, 「'아동 배달' 성매매·성학대 스트리밍…코로나19 틈타 진화하는 성착취」, 『여성신문』 (2020. 5. 24.) https://www.womennews.co.kr/news/articleView.html?idxno=199334

26. 위의 글.

서 자신의 아이들을 성착취 하는 스트리밍 방송 제작 및 송출로 수익을 챙기는 부모들도 나타나고 있다.[27]

코로나19로 인한 사회 봉쇄령은 가정에서의 잉여 시간을 착취의 시간, 정복과 수익창출의 시간으로 전환하려는 이들에 의해 성착취 방식 또한 온라인형, 드라이브 스루형, 하우스형 등으로 진화하고 있다. 신유물론의 관점에서 보자면, 성착취 문화는 단순히 여성과 남성, 아이와 어른이라는 두 인간 개체 간의 권력 작용에 그치는 것이 아니라, 여성 또는 아동 및 청소년의 몸을 둘러싼 억압적 배치 안에 수많은 기술적 매체들-인터넷과 온라인 플랫폼, IP 주소와 카메라, 자동차나 집 등-의 물질적 네트워크를 추동시킨다. 이러한 비인간 물질성의 집합체와 긴밀히 연결되어 있는 성착취 문화는 가정 내 아동 및 청소년의 신체들을 자원으로 투입하여 이익의 흐름을 산출해내는 장치이자 이들의 사회적 취약성을 재공고화하는 구조적 배치이기도 하다.

---

27. 위의 글.

팬데믹 시대, 의료 현장과 여성의 몸

팬데믹 연결망의 최전선에서 고군분투하고 있는 "의료보건노동자 70퍼센트가 여성"들이었다.[28] 바로 이들이 바이러스라는 비인간 물질성과 인간 신체의 비예측적 접촉이 야기하는 예상 밖의 사태들에 대한 새로운 조작과 개입을 시도하며 위기 현장에 실질적으로 대응해나갔었던 장본인들이다. 코로나19의 초기 발원지였던 중국 후베이성의 경우엔, "의료보건노동자 90퍼센트가 여성"들이었다.[29] 이들은 급박한 상황 속 제대로 된 치료와 진단 매뉴얼이 부재했음에도 불구하고 환자들의 생명을 유지하기 위한 조치와 감염 위험성을 차단하기 위한 작

---

28. WHO, GHWN, & WGH. "Delivered By Women, Led By Men: A Gender and Equity Analysis of the Global Health and Social Workforce." (Human Resources for Health Observer Series No. 24. https://apps.who.int/iris/bitstream/handle/10665/311322/9789241515467-eng.pdf?ua=1

29. Wenham, C., Smith J., Morgan and Gender and COVID-19 Working Group. "COVID-19: The Gendered Impacts of the Outbreak." *The Lancet* 395(10227), 2020, pp.846-848.

업들에 끊임없이 관여하고 매 순간 결단을 내려야만 했었다. 이 사회는 여성 의료보건노동자라는 물질적 신체들을 팬데믹 연결망에 최대한으로 접속시켰다. 다시 말해 이 사회는 그들에게 의료 종사자로서의 신념과 규범체계, 교육 매뉴얼, 역할 기대치, 사회적 모성성 등의 추상적이며 관념적인 무형기계뿐만 아니라 방호복, 각종 의료 장비, 음압병동, 드라이브 스루 진단소, 검사 키트 등의 물질적인 "유형기계"들과 접합시킴으로써, 고위험도의 의료 활동을 수행해나가는 효율적이고 희생적인 신체로 산출해 내었다.[30]

고강도의 장시간 노동과 감염자 신체와의 잦은 접촉으로 감염 위험성이 증가하는 매우 척박한 근무환경에도 불구하고, 이 사회는 '코로나 천사', '코로나 영웅'이라는 희생정신과 이타성의 표본인 사회적 모성성을 드러내는 언어적, 표현적 측면들만을 강화하였다. 그러나 정작 물리적 자원의 투여라는 물질적 층위에 해당하는 내용적 측면에서의 강화는 제대로 일어나지 않았다. 그리하여 대한간호협회가 실시한 "'코로나19 관련 간호사 고용 관련 부당처우(조사기간 4월 27일~5월 4일)' 실태조사에 따르면, 환자 수 감소를 이유로 강제휴무를 당한 경우(45.1%)가 가장 많았고 개인 연차 강제 사용(40.2%), 일방적 근무 부서 변경(25.2%), 무급 휴직 처리(10.8%) 순으로 나타났으며, 전체 의료기관 종

30. 레비 브라이언트는 이 세계의 존재자들을 기계(machine)로 개념화하며 이러한 세계 속 존재자들을 유형기계와 무형기계로 구분한다. 유형기계라 함은 물질로 구성되어 있으며 특정한 시간과 공간을 점유하여 일정 기간 존속하기도 하지만 해체 가능한 것을 뜻한다. 이에 반해 무형기계란 특정 시간과 공간의 한계를 넘어서 영속할 수 있는 것이자 자기 동일성을 유지하면서 반복 가능한 것을 뜻한다. 존재자들의 두 가지 종류인 유형기계와 무형기계의 개념들에 대해서 더 알아보기 위해서는 레비 R. 브라이언트, 앞의 책, pp.52-53을 참조하라.

사 간호사 2,490여 명 중 응답자 72.8퍼센트가 부당처우를 경험했다고 답했다."[31] 코로나19로 인한 병원 경영난을 이유로 사회적 해고 대상 1순위로 간호사들을 대거 감원했다는 점에서, 여전히 이들을 의사들에 비해 보조적이며 부수적인 인력으로 여기는 차별적 인식이 만연해 있음을 알 수 있다. 그리하여 이들에 대한 실질적이며 물리적인 자원 투여의 미비가 야기되었던 것이다.

그뿐만 아니라, 코로나19 집단감염 사태가 대구를 중심으로 일어났을 때에, 가장 치열하게 고투해야만 했던 대구 소속 간호사들은 근무기관이 거주지 의료기관이란 이유로 코로나 위험수당이 지급되지 않았을 뿐 아니라, 전문직 수당에서도 파견직 간호사들에 비해 3배 이상 덜 지급받아야 했다.[32] 팬데믹 대위기 상황에 직면한 도시의 사회적 체계 유지를 위해 끊임없이 시간과 에너지를 투여하고 조작에 관여한 것은 바로 이들이었다. 그런데 이 사회는 이들에게 사명감과 희생정신이라는 의무와 책임의 규범들만 주입했을 뿐, 그들의 막대한 노고-시간과 에너지-에 대한 제대로 된 자금 지원도 하지 않았다. 이에 대한 문제 제기 이후에도 정부는 물론 지방자치단체는 여전히 소극적인 태도로 일관하고 있다.[33] 내용적 측면에서 이루어져야 하는 여성 의료노동자들에 대한 재정 지원을 표현적 측면의 과잉-코로나 천사, 영웅이라는 기표의 생산과 부과-을 통해 상쇄하고자 한 것이다. 이러한 물질

31. 윤영채, 「앞에선 '영웅' 뒤에선 '찬밥'...간호사 10명 중 7명 코로나19로 부당처우 경험.」, 『메디게이트』 (2020. 5. 15). https://m.medigatenews.com/news/2745900465

32. 임수민, 「똑같이 헌신했는데 대구 간호사 코로나 위험수당 '0원'」, 『데일리메디』 (2020. 6. 16.). https://www.dailymedi.com/detail.php?number=857181&thread=22r10

33. 위의 글.

적, 내용적 층위에서 유형 기계-임금체계의 개선과 인센티브 지급, 전문직 수당비 인상 등-의 창발이 일어나지 않을 시에, 여성 의료진들은 자신들의 직무를 가장 위험하고 험한 일은 도맡아서 하지만 언제든지 효용가치가 다하면 대체, 폐기 가능한 일, 전문적 의료 노동의 가치를 제대로 인정받거나 보상받지 못하고 희생만 강요당하는 일로 저평가하게 만든다. 이를 통해 직무 만족도를 낮추어 직무 효율성과 생산성이 저하되거나, 직무 자체를 아예 포기하게 만듦으로써 의료보건 분야의 재생산 조건 자체를 불안정하게 만들 수 있다.

여성 의료진들의 작업환경

그렇다면 "서로 영향을 주고받는 신체들 또는 유형적 기계들"[34]로 이루어져 있는 팬데믹 연결망의 물질적 층위, 그 내용적 측면에 대해 더 들여다보도록 하자. 여성 의료 인력의 몸과 접속하는 방호복과 보호장비와 같은 비인간 물질성, 이 둘 간의 횡단-신체적(trans-corporeal) 만남만이 팬데믹 현장에서 의료인의 안전을 지켜주는 유일한 장치이다. 여기에서 횡단 신체성(trans-corporeality)이란 무엇인가? 이것은 "인간이 인간 그 이상인 세계와 항상 맞물려 있음"을 뜻하는 것으로, 물질 페미니즘(material feminism) 이론가인 스테이시 앨러이모(Stacy Alaimo)가 제안하는 개념이다.[35] 이 개념은 방호복과 같은 보호장비라는 비인간 물질성과 바이러스라는 비인간 물질성과의 예측 불가능하고 반갑지 않은 상호

34. 레비 R. 브라이언트, 앞의 책, p.196.

35. Alaimo, Stacy, 앞의 책, p.2.

작용들의 창발 공간의 일종으로 인간 신체성을 접근할 수 있도록 해준다. 이처럼 이질적인 몸과 몸들이 서로 맞물리게 되면서 서로 영향을 주고받는 방식을 부각하는 것이 이 개념의 효용이라고 할 수 있다. 그렇다면 이러한 횡단 신체성의 관점에서 여성 의료진들의 몸의 물질성은 보호 장비라는 물질적 유형기계와 만났을 때, 어떠한 작용을 일으키는가?

영국 가디언지에 따르면, 보호 장비라는 물질적 유형기계가 190cm 키를 가진 남성 신체에 맞추어져 생산 보급됨에 따라, 여성 의료진들의 감염 위험도가 높아지고 있음이 보고되고 있다.[36] 특히 마스크와 같은 호흡기를 가리는 보호 장비의 경우, 의료진의 얼굴 크기에 딱 맞게 제작되어야 바이러스 차단 효과가 보장된다고 알려져 있다. 그런데 이러한 보호 장비가 남성의 얼굴 크기 데이터에 기반을 두고 제작되었기에, 정작 팬데믹 의료 현장의 인력 75퍼센트가 여성들임에도 불구하고 이들은 신체와 맞지 않는 보호 장비들을 사용해야 하는 일이 벌어지고 있는 것이다. 이로 인하여 남성 의료진이라면 겪지 않을 감염 위험 상황에 여성이 더 많이 노출되는 결과를 낳고 있다.[37] 왜냐하면 이 사회는 여전히 인간의 표준형을 남성으로 두고 있기에 70퍼센트 이상이 여성으로 이루어진 의료보건노동환경에서조차 여성의 신체 데이터가 제대로 축적되지 않았기 때문이다. 그리하여 여성 의료진의 평균 신장

36. Topping, Alexandra. "Sexism on the Covid-19 frontline: 'PPE is made for a 6ft 3in rugby player'." *The Guardian* (2020. 4. 24.). https://www.theguardian.com/world/2020/apr/24/sexism-on-the-covid-19-frontline-ppe-is-made-for-a-6ft-3in-rugby-player

37. 위의 글.

과 얼굴 크기 등에 맞는 보호 장비가 아직까지 널리 제작, 생산, 보급되고 있지 않는 상황이다. 다시 말해 여성 신체에 전혀 맞지 않는 보호 장비라는 유형기계와의 접합으로 인하여 매우 높은 강도의 심리적, 신체적 소진과 역능 약화가 야기되고 있다. 여성 의료진이 가진 역능의 "부분적, 국소적 발현"은 여성 의료진의 개체적 특성이나 단독적 행위성(agency)의 결과가 아니라 의료 환경과 보호 장비, 감염환자, 다른 의료진들, 바이러스 등 여러 다른 존재자들과의 상호적 관계에 의한 "협업적 사태"의 효과에 해당하기 때문이다.[38] 이러한 관점에서 현재 의료 환경이라는 물질적 유형 기계들의 복합체는 여성 의료진들이 갖고 있는 잠재적 역능을 제대로 실현하지 못하게 하는 제한적 인자로 작용하고 있다.

현재 코로나19 방역과 진료에 사용하고 있는 방호복은 "D 레벨 방호복으로 숨 쉬기도 매우 어렵고 땀이 차고 입이 마르는 증상이 지속적으로 나타남에도 불구하고 착의와 탈의 과정이 매우 번거로워 물조차 마시지 않"아야 하는 혹독한 작업환경을 요구한다.[39] 또한 방호복 공급 부족으로 한 번 탈착한 방호복은 폐기 대상이 된다. 그러하기에 10시간 넘는 근무시간 동안 방호복을 단 한 번도 벗지 않아야 하며, 물 마시는 행동은 물론 생리현상을 해결하러 화장실에 가는 행동조차 금지된다.[40] 이러한 방호복이라는 물질적 유형기계의 특성으로 정혈(생

38. Bryant, Levy. R. 앞의 책, p.177.

39. 이상철, 「레벨D 방호복 무장하고… "코로나19와 전쟁에서 이기겠습니다"」, 『후생일보』 (2020. 3. 6.) http://www.whosaeng.com/116264

40. 김남희, 「하루 종일 방호복 못 벗는 우한 의료진…생리 중인 여성은 어떡하나」, 『조선일보』 (2020. 2. 15.). http://news.chosun.com/site/data/html_dir/2020/02/15/2020021500959.html

리)[41]하는 "여성 의료진의 경우엔 정혈대(생리대)를 정기적으로 갈 수 없는 상태"로 10시간 넘게 있어야 했다.[42] 이는 각종 질환들-세균 감염, 질염, 정혈통 악화, 습진 등을 유발하여 여성 의료진의 피로도를 높이고 신체적 건강 약화로 이어진다. 그뿐만 아니라 감염자와의 신체 접촉 빈도가 높은 폐쇄병동의 경우엔 사회와 격리된 상태에서 병원에서만 생활해야 하는데, 정혈대가 지원 물품으로 아예 들어오지 않아 여성 의료진은 물론 여성 환자들이 큰 어려움을 겪는 사태도 벌어졌었다.[43] 이는 의료진의 표준형을 남성의 몸으로 인식하는 성 역할 고정관념이라는 무형기계의 작동하에, 정혈 용품이라는 유형 기계의 지원이 이루어지지 않음으로써 벌어진 재난 성차별의 전형적 사례라 할 수 있다. 코로나19 팬데믹 사태의 최전선에는 남성만이 아니라 여성들이 존재하고 있었음에도 불구하고 재난의 얼굴을 남성형으로만 접근하는 기존 재난 시스템의 한계라 할 수 있다.

이처럼 여성 의료진들은 자신들의 신체 사이즈와 생리학적 특성들이 전혀 반영되지 않은 보호 장비와 방호복의 물질성으로 인해 역능 제한을 경험할 뿐 아니라, 남성 의료진에게는 거의 요구되지 않는 돌

41. 정혈은 깨끗할 정(淨)에 피 혈(血)자를 사용하여 여성이 매달 피 흘린다는 사실을 적극적으로 드러내기 위해 헬페미니스트들이 제안한 새로운 용어이다. 기존의 용어들인 생리-포괄적인 신체적 현상을 가리킴-나 월경-한 달에 한 번 지나가는 것을 의미-이라는 용어는 정작 여성이 매달 피 흘린다는 사실을 전혀 반영하고 있지 않기에, 이에 대한 대체어가 대두된 것이다. 이러한 점에서 헬페미니스트들은 사회적 배치의 표현적 영역에 개입하여 새로운 기표와 언어를 생산해내고 있음을 확인할 수 있다.

42. 위의 글.

43. Stevenson, Alexandra. "Shaved Heads, Adult Diapers: Life as a Nurse in the Coronavirus Outbreak." *The New York Times.* (2020. 2. 26.) https://www.nytimes.com/2020/02/26/business/coronavirus-china-nurse-menstruation.html; 김남희, 앞의 글.

봄 노동과 감정노동, 성희롱 등에 노출되어 있기도 하다. 수도권 코로나19 전담병원 간호사들의 경우, 경증 환자들로부터 호텔 수준의 서비스와 속옷 빨래 요구부터 여자가 필요하다는 말까지 듣는 성희롱을 당해야 했다.[44] 숨조차 제대로 쉴 수 없는 방호복을 입은 채로, 전문적 의료노동은 물론 극심한 감정노동과 돌봄 노동을 수행함과 동시에 성희롱에도 지속적으로 노출되어 있는 여성 의료보건노동자들의 노동환경의 열악함과 특수성에 대한 전수조사가 반드시 실시되어야 한다.

또한 여성 의료진들은 코로나19 드라이브 스루 선별진료소에서 불법 촬영이라는 남성폭력에 노출되기도 했다. "대구의 코로나19 선별진료소에서 (남성) 의료 봉사자가 간호사를 불법 촬영하였다는 신고가 접수돼 경찰이 수사에 나서는" 일이 벌어졌었다.[45] 코로나19라는 비인간 물질성의 전파 여부에 대한 신속하고도 안전한 대처를 실시간으로 수행해야 하는 일은 고도의 집중력과 숙련도를 요구한다. 이러한 고강도의 근무환경 속에서 불법 촬영이라는 남성 폭력과도 싸워야 하는 여성 의료진들에게 의료 작업 공간은 과연 어떠한 감응 양식을 낳는가? 여성 의료진들은 코로나19와 접촉하여 감염될 수 있다는 긴장감에 매순간 노출되어 있음은 물론 자신의 신체가 찍혀 유포될 것에 대한 두려움과 공포를 안고서 업무를 실행해야만 하는 이중고를 경험하게 된다. 이로써 의료작업환경은 여성을 위한 자리가 아닌 곳, 여성에게 안

44. 류호, 「코 푼 휴지 던지고 속옷 빨래 요구, 코로나 의료진에 왜 이러세요?」, 『한국일보』 (2020. 8. 25.) https://m.hankookilbo.com/News/Read/A2020082510070002658?1598332857364

45. 이은혜, 「"의료 봉사자가 불법촬영했다" 선별진료소 간호사 신고」, 『뉴시스』 (2020. 3. 17.) https://mobile.newsis.com/view.html?ar_id=NISX20200317_0000959336

전을 보장하지 않는 곳으로 인식될 수밖에 없다. 이는 여성 의료진들의 건강권과 안전권을 제대로 보장하지 않는 의료노동공간에 대한 불신과 신체적 반응들을 양산할 뿐 아니라 이들의 역능과 역량 감소로 이어진다. 왜냐하면 고도의 집중력과 몰입의 힘은 다른 여타의 흐름들을 신경 쓰지 않아도 될 때, 즉 특정한 존재자들과의 배치들에 대한 접속을 선택할 수 있는 자유도가 높을 때에 비로소 가능하기 때문이다. 그런데 바이러스 감염 진단과 예방을 수행해야 하는 고도의 숙련 업무의 단계마다 불법촬영 카메라의 설치 여부와 심리적 경계를 지속해야 하는 일은 업무 몰입도를 낮추는 일일 뿐만 아니라 여성 의료진들의 신체적, 심리적 스트레스와 소진을 장기적으로 가속화하는 일이다.

서구권에서 일하는 아시아 여성 의료보건 노동자들의 경우엔, 아시아 남성 의료진보다 훨씬 더 높은 비율로 인종차별적이며 여성 혐오적인 언사와 폭행에 상시적으로 노출되어 있다.[46] 코로나19 사태 이후, 의료진이 아시아인이라는 이유로 치료와 검사 자체를 아예 거부한다거나 인종차별적 협박과 무시, 조롱, 폭행 등을 일삼는 환자들과 물리적으로 반복 접촉하는 일이 빈번해지고 있다. 이는 아시아 여성 의료진들에게 지속적 무기력과 체념, 두려움 등을 체화하게 만든다. 또한 이러한 위험한 노동환경에 지속적으로 노출되어 있는 여성의 몸을 폭력의 원인으로 여기게 함으로써, 의료노동공간의 백인화, 남성화를 촉진할 수 있다. 그리하여 여성과 비백인 의료진들을 의료작업환경으로부터 직간접적으로 열외하고 추방하는 중장기적 효과를 양산할 수 있다.

46. 정은혜, 「아시아 의료진도 혐오범죄 시달려」, 『뉴욕 중앙일보』(2020. 5. 21.) http://m.ny.koreadaily.com/news/read.asp?art_id=8315412

팬데믹으로 인한 여성 재생산 건강권의 악화

팬데믹 연결망 속 사회적 봉쇄조치들은 의료자원에 대한 여성의 접근성을 낮춘다. 의료 자원이 코로나 긴급대응체제로 전환되면서 피임과 임신, 출산 등과 같은 재생산 건강 의료 서비스의 제한적 시행을 낳을 수 있다. 산전, 산후 정기검진이나 산과 의료조치들을 받기 어려워지거나, 감염에 대한 잘못된 지식과 감염 공포로 산과 의료 기술의 적용 자체를 거부하게 만듦으로써, 모성 사망률과 감염률을 높일 수 있다.[47] 이 뿐만 아니라 봉쇄 조치로 가정에 고립된 여아 및 여성 청소년, 여성들의 경우 성적 학대와 성폭행 위험성이 증가한다. 그럼에도 불구하고 제대로 된 피임약이나 피임장치, 피임 기술에 대한 접근권이 보장되지 않고 있다. 팬데믹 사태로 콘돔과 피임약 등과 같은 물류 이동

47. Beech, Peter. "Covid-19 will worsen women's health, income inequality." The Print (2020. 4. 6.) https://theprint.in/health/covid-19-will-worsen-womens-health-income-inequality/394877/?fbclid=IwAR1Hkgh0YKEy-WX1bs2BVxmX0te_i4oAQg

이 국가 간에 엄격히 제한되어 공급 부족 현상이 일어남으로써, 일상에서 사전 피임 도구를 원활히 구매하기 어려워지는 사태가 발생하기도 했다.[48] 나아가 사전적 사후적 피임약 처방전과 임신중절 의료기술, 응급센터 등이 축소 시행되거나 이러한 피임 의료기술에 대한 접근권 자체를 박탈당한 가정 내 고립과 폭력으로 원치 않는 임신율의 증가가 나타나기도 했다.[49]

팬데믹 사태 속 여성의 재생산 건강권의 위협은 여성 몸의 생존권과 안전권, 시민권에 대한 침해이자, 여성의 몸을 남성폭력의 기입소로 축소되게 만드는 메커니즘 중 하나이다. 이는 전염병 대유행이라는 위기 상황 속 여성의 몸이 가질 수 있는 운신의 폭 자체를 협소하게 만드는 일이자 자연적, 사회적 재난이기도 하다. 또한 이것은 여성의 사회적, 경제적, 심리적, 신체적 취약성을 높이고 여성 몸의 물질성이 가진 다능적 역량을 감소시키는 일이다. 이처럼 여성의 몸은 바이러스라는 비인간 물질성에 의해서만 아니라, 팬데믹 위기 상황 속 묵인되고 방관되는 남성폭력으로 인하여 겹겹이 중첩된 억압의 자장에 의해 포획되어 있다. 이처럼 팬데믹 사태에서 여성들이 겪는 위험과 위기 양상은 남성의 그것과 다름에도 불구하고, 여성의 몸을 관통하고 있는 재난 상황을 부차적인 것, 별것 아닌 것, 나중에 다루어도 될 만한 것으로 여김으로써, "자연문화(natureculture)"의 생태를 바꾸기 위한 변화의 설

48. Purdy, Chris. "Opinion: How will COVID-19 affect global access to contraceptives — and what can we do about it?" Devex (2020. 3. 11.) https://www.devex.com/news/opinion-how-will-covid-19-affect-global-access-to-contraceptives-and-what-can-we-do-about-it-96745

49. BBC News Korea.「부부의 날: 코로나19로 피임을 할 수 없는 여성들」(2020. 5. 21.) https://www.bbc.com/korean/news-52742991

계도에서 이를 누락시키는 일이 빈번히 발생하기도 한다. 여성에 대한 억압적 배치는 "자연처럼 실재적인 동시에, 담론처럼 서사적이며, 사회처럼 집합적"인 것으로서, 매우 복합적인 양태로 작동하고 있다.[50] 다시 말해 현재 팬데믹 연결망은 인간이라는 물질적 존재자들 간의 비대칭적 관계의 심화 경로로 기능하는 측면이 있다.

50. Latour, Bruno, *We have never been modern*. trans. C. Porter. Cambridge: Harvard University Press, 1993, p.6.

위기의 시대를 새롭게 사유하기 - 팬데믹 이펙트에서 팬데믹 어펙트로

팬데믹 사태의 장기화로 인한 세계화 네트워크의 약화와 팬데믹 연결망에 의한 인간-비인간, 자연문화의 밀접한 관계지도의 부상은 코로나19라는 비인간 물질의 행위성이 급변시킨 시대 양상이다. 바이러스라는 비인간 물질성은 인간 예외주의(human exceptionalism)의 일시 중지이자 교란이며 팬데믹 연결망 이전에는 쉬이 도입되기 어렵다고 여겨지던 새로운 행위의 가능성들-전 지구화에서 지역 중심으로 경제 전환, 해외 이동의 최소화, 온라인 학습과 재택근무, 화상 컨퍼런스의 전면적 도입과 시행, 올림픽과 같은 대규모 행사 등 인간 집단 활동과 규모의 대대적 축소, 제한 등-을 제공하는 것이다.

"어떤 현실적인 방법도 없이, 특정 결과에 대한 기약도 없이, 진보와 개선에 대한 어떤 보증도 없이 확산과 변형의 징후들과 함께 미래를 향해 나아가는" 현 시점에서 일어나고 있는 변화의 양상들은 인간

중심적 관점들을 붕괴시키고 있다.[51] 원인과 결과가 일대일로 대응하는 선형적 입출력 모델로 팬데믹 문제를 접근하게 될 시에, 현재 팬데믹 장기화에 대한 대응 모델조차 제대로 구축할 수 없을 것이다. 인간 행위자의 예상 반경을 훌쩍 뛰어넘으며 팬데믹이 예외 상황이 아닌, 뉴노멀로 자리 잡고 있는 현 사태를 이해하고 대응해나가기 위해서는 어떠한 인식 전환이 필요할까? 지금까지 인간 인식구조의 명료성과 즉각성을 보장해왔던 cause-effect개념에서 벗어나 인간과 비인간 간의 얽힘 구조에 기반을 둔 affect 개념으로 이행해야 한다고 본다. 이러한 관점에서 필자는 "팬데믹 어펙트(pandemic affect)"라는 새로운 개념을 제안해보고자 한다. 팬데믹 어펙트 개념은 바이러스로 인한 인간 신체와 비인간 물질성들 간의 상호 감응과 얽힘의 네트워크를 뜻한다. 이는 비인간 물질성과 인간 몸 간의 물질적 교직이 갖는 작용 능력에 초점을 맞추기 위한 것이자 코로나19 대유행이 현재 강화하고 있는 여성 억압적 경로가 아닌, 여성 몸의 역능 지도라는 대안적 경로로 팬데믹 연결망이 작용할 수 있는 방법을 탐색하기 위한 것이다. "우리 주변에서 빠르게 증식해가는 다른 부류의 생명-형식들-신종 병원균, 야생동물 (…)-과 더불어 살아가는 법을 배워야 하는 시련이 우리 앞에 놓여있기에, 인간적인 것이 그 너머에 있는 것과 구분되면서도 동시에 어떻게 그 너머와 연속되는지를 분석하는 정확한 방법"으로 팬데믹 어펙트 개념을 활용하고자 한다.[52] 또한 이 개념은 팬데믹 이펙트(pandemic

51. Grosz, Elizabeth, *Time travels: Feminism, Nature, Power*. Durham, N.C: Duke University Press, 2005, p.26.

52. 에두아르드 콘, 차은정 역, 『숲은 생각한다』, 사월의책, p.25.

effect) 개념을 대체하기 위한 것이기도 하다.

필자는 팬데믹 이펙트를 대대적 전염병에 대한 선형적, 일방적 인과모델이자 예방과 치료, 문제와 해결이라는 즉각적 예측 분석모형과 일대일 대응 모델로 정의내리고자 한다. 원인과 결과(cause-effect)라는 직선적이며 일방향적인 관계로 이루어진 선형적 인과성의 구조에서 원인이란 스스로는 어떠한 영향도 받지 않지만 다른 것들에게는 영향을 미치는 초월적 위치에 놓인 항을 뜻한다. 또한 선형적 인과성은 "같은 원인에는 같은 결과"를 상정함으로써 결과를 예측 가능한 것의 반경하에 놓인 것으로 축소해버린다.[53] 그러나 현재 코로나바이러스의 최초 감염 경로나 최초 원인에 대한 파악조차 명확히 규명되지 않아 여러 가설들이 난무할 뿐 아니라, "안정성이 낮은 RNA 바이러스 계열에 속하는 코로나19의 경우, 변형이 잦고 돌연변이 발생이 빈번한 특성"으로 인해 다양한 변이형들이 계속 나타나고 있다.[54] 그리하여 백신 개발이 이뤄진다 해도 감염 원인에 적확히 일대일 대응하는 예방 효과를 도출해내기란 매우 어렵다. 이러한 점에서 선형적 인과 모델인 문제원인 입력-해결안 출력 모형에 팬데믹 사태가 더 이상 부합하지 않음을 알 수 있다.

이에 반해 팬데믹 어펙트란 비선형적 인과성(nonlinear causality) 모델에 입각한 것으로 원인과 결과의 관계가 일방향적이지 않고 쌍방향적이어서, 결과가 다시 원인에 영향을 주는 상호작용적 관계를 뜻한다. 또

53. DeLanda, Manuel, *A New Philosophy of Society*. London: Continuum, 2006, p.19.

54. 김응민, 「지피지기면 백전백승, 코로나19 '민낯' 드러나나」, 『팜뉴스』 (2020. 4. 16.) https://www.pharmnews.com/news/articleView.html?idxno=100312

한 팬데믹 어펙트는 단 하나의 원인자로 환원되지 않고 다양한 인자 간의 상호작용에 초점을 둔다는 점에서 "분산된 인과성" 모델을 따른다.[55] 현재 코로나19는 A, B, C형으로 변이가 진행된 상태이며 이러한 변이는 지리학적 조건이나 면역학적 요건의 차이를 반영하는 것이다. 다시 말해 이는 "코로나19가 다양한 지역과 국가에 사는 사람들에게 적응해 변이를 일으켰다는 사실을 보여"주는 것이다.[56]

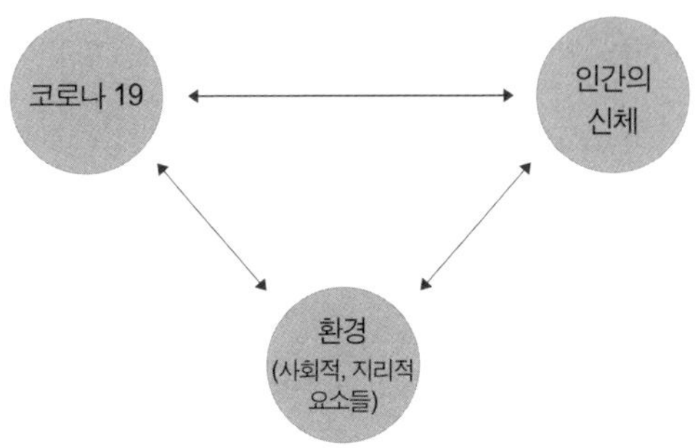

〈Figure 4〉 세 가지 요소들 간의 상호작용

우리는 이 도표의 화살표들이 쌍방향으로 이루어져 있다는 점에 주목해야 한다. 코로나19 는 인간 신체에 일방적으로 감염 효과를 일으키는 초월적 인자가 아니라, 인체의 면역학적 조건에 적응하는 과정에서 변이형을 생산하기도 한다. 즉 인체도 코로나19의 변천에 영향력을 미치는 인자로 작동하는 것이다. 또한 지리학적, 사회적 환경 요건들도 사회적 거리두기로 인하여 그 반경이 축소되는 것에 그치지 않고

55. Bryant, Levy. R. 앞의 책, pp.10.

56. 김응민, 앞의 글.

코로나19의 변이형 생산에 영향을 미치는 인자로 작동하고 있다. 다시 말해 코로나19는 다른 인자들의 영향 아래에서, 다양한 방식으로 실현될 뿐 아니라, 인체의 면역학적 조건들과 사회적, 지리적 환경 조건들이 코로나 바이러스의 전개 방식에 수정을 가할 수 있는 피드백 작용자로 기능하기도 한다. 이를 통해 팬데믹 어펙트는 "인간과 비인간이 맺는 관계에는 일방적 결정이 존재하지 않"음을 보여준다.[57] 코로나19로 인해 구축된 인간-비인간의 촘촘한 연결망은 더 이상 자연 재난과 사회 재난 간의 개념 구분이 유효하지 않음을 드러내어 준다. 왜냐하면 팬데믹 연결망은 "자연/문화"의 구분을 폐기하도록 하는 것이자 바이러스라는 비인간 물질성이 어떻게 우리의 사회적 생태와 배치들을 급변하게 만들 뿐 아니라, 인간의 사회적 생태 변화가 바이러스의 존속과 확산의 주요 인자로 작동하는가를 실시간으로 목도하게 만들고 있기 때문이다.

57. 레비 R. 브라이언트, 앞의 책, p.113.

여성주의적으로 팬데믹 연결망 재구축하기

현재 팬데믹 연결망은 여성의 사회적 취약성이라는 파인 홈을 따라, 가정-의료 영역에서 재난 성차별을 강화하는 형태로 작동하고 있다. 그렇다면 팬데믹 연결망을 어떻게 재배치함으로써 여성에게 있어 종속적인 시공간을 여성의 역능 자장으로 변환할 수 있을 것인가?

첫 번째로 여성의 몸이 재난이라는 인간-비인간 연결망을 어떻게 관통하며 접속하고 있는가에 대한 "성별 분리 데이터의 구축"이 필요하다.[58] 여성의 몸과 남성의 몸 간의 물질성의 차이와 사회적 위치에 따라서, 자연/문화 재난이 각기 다르게 경험될 수 있음을 충분히 고려

58. 황은정, 「젠더 관점에서 본 재난 취약자에 대한 분석 및 지원방안」, 『이화젠더법학』 2, 2015, pp.171-199.; 장은하·김희, 「코로나19와 성 불평등: 해외 사례를 중심으로.」, 『KWDI Brief』 54, 2020, pp.1-9.; Jang, Eun-Ha. "Disaster and Gender: Focused on the vulnerability and empowerment." *Gender Review* 43, 2016, pp.16-25.; Cleveland, Natalie, "An Intersectional Approach to a Pandemic? Gender Data, Disaggregation, and COVID-19." Data2X(2020. 3. 23.)https://data2x.org/an-intersectional-approach-to-a-pandemic-gender-data-diasaggregation-and-covid-19

하는 것이 신유물론적 관점에서의 성 인지적 입장이라 할 수 있다. 기존의 성 인지 정책이 인간에 의한 다른 인간과의 관계 재정립이거나 인간에 의한 비인간 사물의 관리나 적용의 측면으로 국한되었다면, 신유물론의 관점에서 접근될 성 인지 정책에 입각한 데이터 구축이란 인간과 비인간 간의 대등한 네트워크 속 이 둘 간의 접속 양식의 근본적 경로를 변경시키거나 이것의 물질적 효과들에 주목하는 것을 말한다.

팬데믹이라는 자연/문화 재난은 성 중립적인 얼굴로 우리에게 다가오는 듯 보이지만 정작 이것이 여성 및 남성의 몸과 접속, 배치되는 방식은 전혀 그렇지 아니하다. 특히 "공중보건 분야에서의 성 중립적 데이터는 이미 남성 중심적 관점으로 편향된 경우"가 많으며, 이러한 남성 편향적 데이터들은 팬데믹 상황에서 성 불평등 구조를 강화, 은폐하는 데 쓰이기도 한다.[59] "성별 분리 데이터는 팬데믹이 여성들에게 끼치는 영향을 보다 명확하게 보여줄 수 있고, 향후 재난 상황에 대비할 수 있는 정보를 제공"하여 여성들이 겪고 있는 중층적 재난 피해 상황이 더 이상 반복되지 않게 할 수 있다.[60]

이처럼 많은 영역에 걸쳐 숱하게 누락되어 왔던 여성들의 물질적 경험과 신체적 특성, 재난 피해 경험 등에 대한 데이터들의 방대한 수집과 치밀한 분석을 바탕으로, 우리는 어떻게 가정-사회-의료 영역에 개입해 들어갈 것인가? 먼저 가정 영역에서는 코로나19 사태 이후 급증한 여성 대상 남성폭력의 유형들과 피해 규모에 대한 데이터 구축이

59. Cleveland, Natalie, 위의 글.

60. 장은하 · 김희, 앞의 글, p.7.

무엇보다 필요하다. 이를 위해서는 사회적 거리두기와 봉쇄령이 내려졌을 때 여성들에게는 가정이 안전한 공간이 아닌 가장 폐쇄적인 위험 공간이 될 수 있음을 인식해야 한다. 가정 내 남성폭력과 팬데믹 사태로 중층적으로 고통받는 여성들의 안전권과 생존권을 위한 여성 긴급 재난 대안 공간이라는 새로운 유형기계의 설계와 이것의 정확한 건설 규모나 지리적 위치 선정 등이 구체적 데이터를 기반으로 시행되어야 할 것이다. 여성 긴급 재난 대안 공간은 기존의 성폭력, 가정폭력 피해자 지원센터가 갖추고 있지 않은 철저한 방역 시스템과 코로나19 검사 의료진의 상주나 정기적 방문 서비스, 돌봄 서비스 제공, 온라인 교육과 재택근무 공간 등의 체계를 갖추고 있어야 할 것이다. 나아가 의료 영역에서는 남성 의료진의 신체 데이터들만이 의료장비 생산에 일방적으로 반영되고 있는 부조리한 현실을 넘어서려면, 여성 의료보건 노동자들의 동의하에 신체 데이터 수집과 구축이 이루어져야 한다. 이를 바탕으로 여성 의료진의 몸에 맞는 방호복과 마스크 개발, 각종 의료 장비라는 새로운 유형기계의 생산과 상용화가 추진되어야 한다. 나아가 성별에 따른 재난 취약성의 특성과 차이에 대한 자료들과 연구들이 보다 더 축적될 수 있도록 체계적이며 중장기적인 연구 지원도 필요하다. 이렇게 "수집된 데이터를 토대로 여성과 남성의 생물학적, 사회적 조건(의 차이와 성별에 따른 재난피해) 경험의 차이 등을 고려한 성 인지적 재난정책"이 마련될 때, 팬데믹 연결망이 성별 권력 격차의 심화 계기로 기능하는 것을 막을 수 있을 것이다.[61]

61. 황은정, 앞의 글, p.195.

두 번째로 팬데믹 연결망 속 여성의 몸을 어디에 어떻게 연결하고 배치시킬 것인가의 문제에 주목해야 한다. 지금까지 여성의 몸을 사회의 하부계급에 배치함으로써 여성의 취약성을 강화해왔다면, 이제 자연문화 재난 시스템의 의사 결정직은 물론 정치사회경제 조직 전반의 임원직 네트워크에 더 많은 여성들을 접속시키고 배치해야 한다. 이는 인간-비인간 집합체로 이루어진 자연문화 생태계 자체의 배치도를 바꾸는 일이기도 하다. 현재 "글로벌 보건 영역의 고위직급–제도적 의사 결정권과 글로벌 정책 및 거버넌스 포럼, 과학적 절차 등에 참여할 수 있는 자리 등–에서 여성이 현저하게 과소대표"되어 있을 뿐 아니라,[62] 우리나라 역시 "2020년 4월 9일 기준, 감염병 관리위원회 위원 29명 중 여성은 6명에 불과"한 상황이다.[63] 팬데믹으로 인한 인간과 비인간의 긴밀한 네트워크는 일시적 재난 상황으로 급작스레 사라질 수 있는 것이 아니라, 뉴노멀의 형태로 정상화, 일상화 되어가고 있다. 그러하기에 재난 시스템에서만이 아니라 사회 생태계 전반의 조직체제에서 여성을 어디에 배치시키느냐의 문제는 매우 중요한 일이다. 코로나19는 이 사회에 존재하지 않던 성별 위계를 갑작스레 구축하는 것이 아니라, 이미 존재하고 있던 성별 불평등 구조를 극대화하는 것에 가깝기 때문이다. 자연문화 생태계에 현존하던 여남 성별 임금 격차와 성별 직업 분리를 극복하고 정치사회경제 전반의 조직체제에서 여성의 성별 대표성이 확보될 때에만, 재난의 국면에서도 성평등이 비로소 보

62. Global Health 50/50. "The Global Health 50/50 Report 2019: Equality Works". London, UK https://globalhealth5050.org/wp-content/uploads/2019/03/Equality-Works.pdf

63. 장은하 · 김희, 앞의 글, p.8.

장될 수 있다. 이처럼 팬데믹 연결망이 여남 권력 격차가 심화되는 계기로 작동하는 것을 막고 남성 중심적 재난 시스템의 한계를 넘어서기 위해서는 재난 상황 속, 여성의 몸의 물질성이 다른 인간의 몸과 비인간 물질성의 네트워크와 만났을 때 발생하는 특성들을 충분히 반영하는 성 인지적 관점의 정책이라는 무형기계의 개발과 결정, 실행에 더 많은 여성들의 접속과 연결이 보장되어야 한다.

성별에 따른 재난 피해의 양적, 질적 차이에 대한 명확한 이해와 여성 정책결정권의 확대를 바탕으로 가정-의료 영역에는 어떠한 변화가 도입되어야 하는가? 먼저 가정 영역에서는 팬데믹 시국 속 여성에게 돌봄 노동이 과중되는 것을 막기 위한 여러 방안들이 정책으로 제시되어야 한다. 여성이 돌봄 노동과 임금 노동의 이중고로 소진되지 않도록 돌봄의 공공화 방안이 모색될 필요가 있다. 이를 위해서 돌봄 시스템의 예산 확충과 돌봄 서비스의 체계적 정비라는 무형기계의 생산과 조직화가 요구된다. 그뿐만 아니라 남성의 돌봄 노동 참여를 위해, 공기업 및 사기업 내 남성 돌봄 휴직 최소 일수를 법령으로 의무화하고 남성이 이 일수를 채우지 못할 때엔 패널티를 적용하는 등의 적극적 조치를 통해 여남 평등이 가정 내의 노동 분담을 통해 실질적으로 이루어질 수 있도록 해야 한다. 또한 의료 영역에서 공적 마스크의 공급에만 신경 쓸 것이 아니라, 지방자치단체나 정부에서는 성 인지적 관점이 반영된 팬데믹 재난 키트를 개발하여 무료 보급할 필요가 있다. 이 재난 키트에는 정혈대는 물론 사전 피임도구와 사후 응급 피임약, 응급센터 전화번호, 안전한 임신중절을 받을 수 있는 의료지원센터의 전화번호, 임신중절 이후 치료와 정기 검진을 받을 수 있는 센터 연락처, 가정폭력 신고 전화번호 등이 함께 제공되어야 할 것이다. 또한 코로나19의 최전선에 있는 간호사들에게 희생정신의 고귀성에만 방점을 찍는 무형기계의 증식으로 그치는 것이 아니라 제대로 된 인센티브 지급이라는 유형기계의 발명도 필요하다.

이 두 가지 전략들은 기존 권력 패턴을 심화하고 여성의 몸을 포획하는 권력자장으로 팬데믹 연결망이 기능하는 것을 멈추게 만드는 개입의 지도라 할 수 있다. 또한 이것은 담론적, 표현적 층위에서 어떠한 무형기계들-성별 분업의 고정관념들, 가부장적 법령들, 모성 이데올로기, 자기소진적 희생정신 등-이 제거되어야 하고 어떠한 무형기계가 새로이 출현해야 하는가를 구체적으로 제시해줄 뿐 아니라 물질적, 신체적 층위에서 어떠한 유형 기계들이 창발되어야 하는지를 보여주는 발명과 변환의 지도들이라 할 수 있다.

인간-비인간 집합체의 시대

코로나19는 세계 속 모든 존재자들을 기존의 궤도로부터 이탈시키거나 경로 변경시키는 사건이라 할 수 있다. 여기에서 사건(event)이라 함은 특정한 시공간의 제약을 뛰어넘어 세계 전역으로 퍼져나가는 규모적 차원에서뿐 아니라, 모든 존재자가 생성을 겪게 만드는 질적 차원에서의 변동을 가리킨다. 팬데믹 사태가 사건인 이유는 이것이 국소적 관계의 단순 재편이 아니라, “사회적 배치를 구성하는 관계들, 역할이 할당되는 방식, 상호작용하는 방식의 근본적 전환”을 가져오기 때문이다.[64]

필자는 팬데믹 연결망 속에서 벌어지고 있는 여러 양상들을 가정과 의료라는 두 영역에 걸쳐 살펴보고자 했다. 개입해야 할 지점을 보여주는 첫 번째 벡터 지도의 대상은 가정이었다. 왜냐하면 비대면 사회의

64. Bryant, Levy. R. 앞의 책, p.23.

도래는 외부와의 접촉을 약화시켰지만, 대신 가정이라는 내부와의 과밀 접촉을 추동하였기 때문이다. 이러한 내부적 과밀 접촉현상은 가정이라는 공간에 내재해 있는 구성원들 간의 권력 격차와 규범적 역할 기대치의 충돌을 여실히 드러내주었다. 또한 사회적 거리두기 조치는 가정 내 여성 대상 남성폭력의 심화와 아동 및 청소년 성착취 스트리밍율의 증가로 이어짐으로써, 팬데믹 연결망 속 여성의 몸이 직면하고 있는 물리적, 성적, 심리적 취약성의 두께를 다시금 확인하게 만들었다.

벡터 지도의 두 번째 대상은 의료 영역이었다. 전 세계 의료보건노동자 70퍼센트 이상이 여성들임에도 불구하고 이 세상 속 존재의 표준형은 남성이기에, 남성의 신체지수에 맞게 제작된 보호 장비만을 사용할 수밖에 없었고 이로 인하여 여성의료진들은 바이러스 감염 위험에 더 많이 노출되어야 했다. 의료보건노동환경에서조차 여성의 신체 데이터가 제대로 축적되지 않았기에, 여성의 몸에 딱 맞는 보호 장비가 아직까지 널리 제작, 생산, 보급되고 있지 않는 상황이기 때문이다. 또한 여성 의료진들이 D 레벨 방호복을 입게 되면, 정혈대를 교체할 수 없는 노동환경 속 여러 신체적, 심리적 소진과 질병에 노출될 뿐 아니라, 폐쇄병동 격리조치 동안 정혈대를 구호물품으로 지원받지 못하는 열악한 상황에 놓이기도 한다. 이는 재난 현장의 최전선에서 싸우고 있는 여성들의 존재를 지우는 것이자 남성 중심적 구호 시스템의 한계를 여실히 보여주는 것이다. 나아가 팬데믹으로 인한 사회적 봉쇄조치는 피임과 임신, 출산이라는 재생산 건강권의 박탈로 이어짐으로써 원치 않는 임신율의 증가를 가져오고 있다. 또한 사회적 봉쇄조치는 가정 내 성적 학대와 성폭력에 대한 적절한 의료적 조치와 의료기술의 접근권을 약화시킴으로써, 여성의 몸을 위험 속에 고립시키는 결과를 낳았다.

나아가 이 글은 이러한 문제적 지점들에 어떻게 개입할 것이며 이러한 개입이 대안적 시공간을 어떻게 생산해낼 수 있는가의 문제들을 살펴보고자 했다. 이는 인간-비인간의 새로운 연결망에 대한 "양상 지도(modal map)", 즉 "가능한 미래들에 관한 지도"를 제작하는 행위이다.[65] 이를 위해서는 팬데믹 사태 속 여성의 물질적 몸이 관통하고 있는 재난 취약성의 특성, 유형, 규모들을 성별 분리 데이터로 수집, 분석, 연구해야 하며, 이러한 성 인지적 관점을 바탕으로 재난 정책들이 구체적으로 마련되어야 한다. 이는 여성의 재난 피해경험이라는 내용적, 물질적 측면을 컴퓨터 데이터베이스라는 물질적 매체에 기록함으로써, 이 내용의 항구성을 보장하고 정책과 법령이라는 무형기계의 참조점이 되게 만들어 여성들이 겪고 있는 중층적 재난피해상황이 또다시 반복되지 않게 할 수 있다. 또한 재난 시스템은 물론 정치사회경제 전반의 조직 체계에서 여성들이 의사결정권자로서 정책을 제안, 결정, 실행함으로써 남성 중심적 사회적 배치들의 생태계 자체를 바꾸어야 한다. 그래야 재난 상황에서도 성평등이 실현될 수 있기 때문이다. 이는 여성의 몸을 사적 공간이나 임시직, 하부계급이라는 조직 내 전형화된 자리에 접속시키는 것에서 벗어나, 기관이라는 집합적 유형기계 속 의사결정직, 대표직 등에 새롭게 배치함으로써 시스템이 가진 역능과 방향성, 관계 맺는 방식 자체에 변환을 도모하기 위한 것이다.

---

65. 앞의 책, p.266.

이처럼 팬데믹 연결망은 비인간 물질의 역능 자장 안에 인간 신체의 물질성이 함께 얽혀 들어감으로써 어떠한 역동이 끊임없이 발생하는가를 여러 영역에 걸쳐 보여주고 있다. 이러한 시대적 변동들은 더 이상 팬데믹 이펙트라는 선형적, 일방적 인과 모델과 즉각적 예측 분석 모형으로는 파악 불가능한 것이 되어 버렸다. 이제 우리는 이 사회의 배치 자체가 이미 "인간-비인간 집합체"로 이루어져 있음을 통렬히 인식해야 할 시점에 도달했다.[66] 권력자장을 분석하는 데 있어 너무도 쉽게 누락해 버렸던 비인간 물질성들의 행위성을 인식지도와 존재지도 안에 다시 기입해 넣어야 한다. 그때에야 비로소 팬데믹 어펙트라는 인간과 비인간 간의 공동세계 속 여성의 몸과 비인간 물질성의 재배치가 어떠한 가능성의 공간을 열 수 있을 것인가를 제대로 모색할 수 있을 것이다.

66. Latour, Bruno, *Pandora's hope: Essays on the reality of science studies*. Cambridge, MA: Harvard University Press, 1999, p.296.

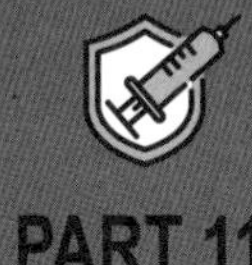

PART 11

코로나19 시대의 건강 담론과 그 의미의 변화

- 박삼헌 -

1. 1991년 공익광고와 '마마'
2. 1988년 세모 스쿠알렌 사태와 건강식품
3. 2021년 남양유업 불가리아 사태와 건강기능식품

1991년 공익광고와 '마마'

1991년부터 1994년까지 가정용 비디오테이프에는 애니메이션으로 제작된, 당시 대부분의 사람들이 빨리 보내기로 휙 넘겨 버리곤 했던 공익광고가 있었다.

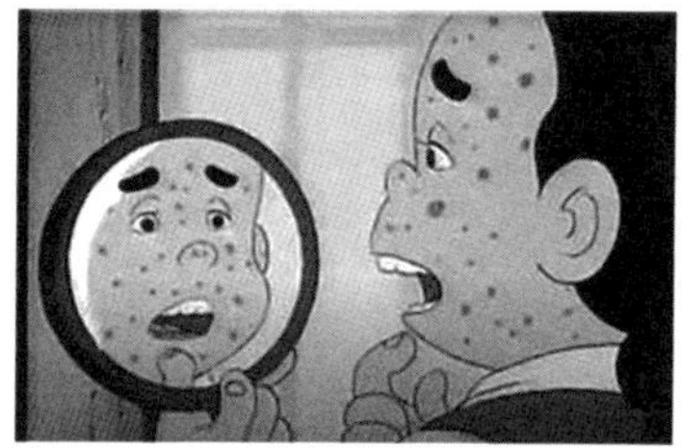

초가집에서 호랑이가 포대에 싸인 아이를 물고 뛰어나오는 장면(위의 왼쪽 그림)과 한복을 입은 남자 아이가 자신의 얽은 얼굴을 거울에 비춰 보는 장면(위의 오른쪽 그림)으로 시작하는 공익광고의 내레이션은 다음과 같다.

옛날 어린이들은 호환, 마마, 전쟁 등이 가장 무서운 재앙이었으나, 현대의 어린이들은 무분별한 불량 불법 비디오를 시청함으로써, 비행 청소년이 되는 무서운 결과를 초래하게 됩니다. 우수한 영상 매체인 비디오를 바르게 선택, 활용하여 맑고 고운 심성을 가꾸도록 우리 모두가 바른 길잡이가 되어야겠습니다. 한 편의 비디오, 사람의 미래를 바꾸어 놓을 수도 있습니다.[1]

'호환'은 사람이나 가축이 호랑이에게 입는 피해를, '마마'는 천연두를 일상적으로 이르는 말이다. 호랑이가 한반도에서 사라진 것은 일제강점기이다. 천연두는 1977년을 끝으로 전 세계에서 단 1건의 환자도 발생하지 않았고, 1979년에 세계보건기구(WHO)가 천연두의 완전 소멸을 선언하였으며, 우리나라도 1979년부터는 예방접종을 중단하였다. 1971년에 태어난 필자로서는 공익광고에서 언급하는 호환이나 마마가 얼마나 무서운 '재앙'인지 실감하기 어려운 아주 먼 '옛날'의 일일 수밖에 없었고, 또 그런 만큼 더더욱 '불량 불법 비디오 시청'이 얼마나 '무서운 결과를 초래'할지도 전혀 실감할 수가 없었다. 당시도 지금도 그저 1990년대 한국의 대중문화와 국가의 관계를 보여주는 하나의 해프닝에 불과할 뿐.

다소 뜬금없는 이야기로 시작했지만, 코로나19라는 전염병의 유행 그리고 그것을 극복하기 위한 백신 개발 및 접종에 전 세계가 집중하고 있는 2021년 현재, 천연두가 인류의 힘으로 박멸한 최초의 전염병

1. 1991년~1994년, 문화부 제공, 대원동화(주) 제작, https://youtu.be/t-I6IgC1btg

이라는 점을 상기한다면 마마가 아주 먼 옛일이 되어버려 실감할 수 없었던 1991년의 공익 광고처럼 언젠가는 코로나19도 종식되고 실감하기 어려운 날이 오길 간절히 바라는 마음을 담아 코로나19 시대의 건강담론과 그 의미를 이야기해보고자 한다.

1988년 세모 스쿠알렌 사태와 건강식품

1988년 10월 15일 한겨레신문에 서울대 소아과장 문형노 교수의 인터뷰 기사가 실렸다. 문 교수는 "지난 8월 10일 이후 두 달 사이에 판매원들의 권유에 따라 캡슐 껍질을 깨서 액체 상태의 스쿠알렌을 먹다 이것이 기도를 통해 폐로 잘못 들어가 흡인성 폐렴에 걸린 영아 환자가 6명이나 잇따라 발견되었다"고 말하며 "의학상식이 없는 판매원들의 그릇된 선전으로 더 이상 환자가 피해를 보지 않도록 소아과학회에 이 사실을 정식으로 보고하겠다"고 밝혔다. 또한 "스쿠알렌을 많이 먹으면 좋다는 것은 전혀 근거가 없으며 오히려 여기에 녹아 있는 비타민류가 체내에 과잉 축적되면 몸에 해롭다"고 지적하였다.[2]

이 기사가 보도되고 이틀이 지난 17일, ㈜세모의 간유가공품(스쿠알렌) 대리점 및 외판원 300여 명이 서울대 병원 소아병동 3층 회의실을

---

2. 「스쿠알렌 잘못 복용한 영아 환자 6명 심한 흡인성 폐렴 증세」, 한겨레신문, 1988. 10. 15., 8면.

점거하고, 문 교수가 한겨레신문에 제보한 기사 내용의 해명을 요구하며 철야농성을 벌였다. 이들은 "회사 쪽이 문 교수의 해명서를 받아오지 않으면 스쿠알렌 공급을 중단하겠다고 알려와 생계가 위태롭게 됐다"며 문 교수에게 "생체검사 없이 확진 근거가 없는 내용을 그대로 보도케 한 데 대해 해명한다"는 내용의 해명서를 받아내었다.[3]

21일과 22일 ㈜세모는 조선일보, 동아일보 등 주요 일간지 1면에 "세모스쿠알렌을 애용하시는 분들과 관심 있는 분들에게 알립니다"라는 광고를 게재하면서 문 교수의 해명서를 공개하였다.[4] 해명서는 "모든 음식물이나 기름 등이 흡인성 폐렴을 유발할 수 있으나 세모스쿠알렌이 흡인성 폐렴을 유발한 것처럼 기사화 한 것에 대하여 ㈜세모의 스쿠알렌 판매원에게 잘못됨을 사과"한다는 것이다. 요컨대 스쿠알렌과 흡인성 폐렴의 인과성이 의학적으로 규명되지 않음에도 그렇게 발언한 것에 대한 해명이다.

하지만 22일 '서울대 병원 소아과 전공의 일동'은 그 해명서가 "12시간 이상 불법 감금된 상태에서 협박 및 구타에 의해 작성된 것"임을 명확히 하고, "우리는 우리가 진단한 흡인성 폐렴이 스쿠알렌에 의해 유발되었음을 의심치 않기에 이에 의문을 제기하는 누구와도 공개적인 학문적 토론"을 하겠다는 의사를 한겨레신문에 밝혔다.[5]

3.「기사제보 교수에 해명서 요구」, 한겨레신문, 1988. 10. 19., 10면.

4.「세모스쿠알렌을 애용하시는 분들과 관심 있는 분들께 알립니다」, 조선일보, 1988. 10. 21., 15면.

5.「스쿠알렌 〈(주)세모〉 흡인성 폐렴 및 판매원 폭력 농성사태에 대하여」, 한겨레신문, 1988. 10. 22., 11면.

스쿠알렌((주)세모)흡인성 폐렴 및 판매원 폭력 농성사태에 대하여

1. 스쿠알렌을 복용 도중 발생한 흡인성 폐렴에 대해 10월 15일자 한겨레신문의 보도이후 서울대 병원에서 10월 17일부터 18일에 걸쳐 철야 농성을 하며 불법 감금, 구타 등 폭력을 행사한 (주) 세모 관계자들의 작태를 개탄합니다
2. 10월 20~21일에 걸쳐 각 일간지에 실린 해명서는 새벽 4시반까지 12시간 이상 불법감금된 상태에서 협박 및 구타에 의해 작성된 것임을 알리며 우리는 우리가 진단한 흡인성 폐렴이 스쿠알렌에 의해 유발되었음을 의심치 않기에 이에 의문을 제기하는 누구와도 공개적인 학문적 토론을 환영하는 바입니다

1988년 10월 21일

서울대 병원 소아과 전공의 일동

(자료1) 한겨레신문, 1988. 10. 22., 11면.

이어서 26일 서울대 전공의협의회 회원 120여 명도 '스쿠알렌 오용 흡인성 폐렴' 공개토론을 지지하였다.[6] 즉 의학적으로 그 인과성을 증명할 수 있다는 것이다. 그러나 서울대 병원 소아과 전공의 일동이 제안한 공개토론의 후속 기사가 한겨레신문에서조차 보이지 않는 것을 보면 아마도 공개토론은 개최되지 않은 듯싶다.

하지만 세모 스쿠알렌 사태 이후 스쿠알렌을 비롯한 건강식품 시장이 증가하는, 이른바 '건강식품 증후군'에 대처하기 위한 건강식품관리법 제정을 촉구하거나,[7] 건강식품의 '유해 여부' 검사 의뢰 등을 전하는 기사들이 자주 등장했다.[8] 그래서인지 정부는 1989년 5월 23일 건강식품에 대한 품질향상과 규제를 위한 공정규격기준을 정하였고,[9] 1990년 3월 14일에는 '건강보조식품 사전승인제'를 실시하였다.[10] 참고로 같은 달 20일 "서울형사지법 윤석종 판사는 건강식품 스쿠알렌

6. 「'의학소견에 대한 폭력' 규탄 '스쿠알렌 오용 흡인성 폐렴' 공개토론 지지」, 한겨레신문, 1988. 10. 28., 11면.

7. 「건강식품 증후군 허와 실, 매출급증, 효과는 미지수 "단순 가공품일 뿐 의약품 아니다"」, 조선일보, 1989. 1. 10., 8면.

8. 「식품 '유해여부' 검사의뢰 폭주 소비자보호원 등 각종 기관에 올해 들어 7천여 건 신청」, 한겨레신문, 1989. 11. 29., 8면.

9. 「건강식품 규격기준 · 검사강화 보사부 종합대책마련」, 경향신문, 1989. 5. 24., 14면.

10. 「건강보조식품 사전승인제 실시」, 경향신문, 1990. 3. 14., 14면.

을 의약품인 것처럼 과대 광고한 혐의로 기소된 ㈜세모(대표 유병언)[11]에 대해 식품위생법을 적용, 벌금 300만 원을 선고하였다."[12]

그렇다면 세모 스쿠알렌 사태가 발생했던 당시에 건강식품은 어떤 존재였을까. 1980년대에 들어서 육류 소비의 증가와 넘쳐나는 가공식품은 비만으로 대표되는 성인병 환자의 양산 원인으로 제기되었는데, 건강식품은 그러한 음식 문화의 허점으로 생긴 새로운 식품군이었다. 따라서 세모 스쿠알렌 사태는 건강식품이 1981년 4월 수입자유화 조치로 자동수입 인증품목이 된 이후 수입이 급격히 증가하는 한편,[13] 88올림픽을 전후로 국내 기업도 그 원료를 수입하여 생산하기 시작한 '서양산' 건강식품 대중화의 한 단면을 보여준다(자료2).

(자료2) 매일경제, 1989. 7. 10., 9면.

11. ㈜세모의 대표 유병언은 이로부터 14년이 지난 2014년 3월 14일, 안산 단원고 학생 325명을 포함해 476명의 승객을 태우고 인천을 출발해 제주도로 향하던 세월호의 침몰로 다시 한번 세상에 그 이름을 알리게 된다.

12. 「㈜세모 벌금 3백만 원 스쿠알렌 과대광고 혐의」, 한겨레신문, 1990. 3. 21., 11면. 이외에도 건강식품을 '특효약'으로 선전 판매하는 1개 업체.

13. 「건강식품 마구잡이 수입, 상반기 8백만 불어치」, 매일경제, 1989. 8. 21., 13면.

그것은 급속한 경제성장 속에서 소득이 늘어남에 따라 소비 능력도 함께 증가하였고, 그 소비 능력이 '건강'에 대한 '욕망'으로 이어지면서 스쿠알렌, 알로에와 같은 '서양산' 건강식품의 폭발적 구매로 나타난, 건강담론을 둘러싼 1990년대 한국의 사회상인 것이다. 그렇다면 이 시기의 건강담론과 건강식품은 어떤 관계가 있었는지 보다 구체적으로 알아보자.

1990년 2월 알로에, 스쿠알렌, 효소, 맥주효모 등 각종 건강식품을 제조 판매하는 업체들은 '건강식품협의회'가 아니라 '건강보조식품협회'를 창립하였다.[14] 1989년 7월 식품위생법시행령에서 기존의 건강식품이 건강보조식품으로 규정되었기 때문이다. 이에 따르면 건강보조식품이란, "건강보조의 목적으로 특정성분을 원료로 하거나 식품원료에 들어있는 특정성분을 추출, 농축, 정제, 혼합 등의 방법으로 제조, 가공한 식품을 말한다."[15] 어디까지나 건강을 '보조'하는 것이지 그 자체가 건강을 담보할 수는 없다는 것이다. 이것은 단순한 건강식품이 성인병 등의 특효약으로 둔갑하는 사례가 빈번하게 발생하던 당시의 상황을 법률적으로 해결하려는 노력의 결과이기도 하다.[16] 당시 대중미디어는 다음과 같이 건강식품에 대한 일반인들의 '무지'를 지적하고 있다.

---

14. 「인터뷰 건강보조식품협회 이연호 회장」, 매일경제, 1990. 2. 12., 20면.

15. 김명철 외 19명, 『건강기능식품 평가의 과거·현재·미래』, 식품의약품안전청 영양기능식품국 영양기능식품기준과, 2008, 12면. ㅋ

16. 「"특효약에 돈 안 아낀다" 심리 악용」, 조선일보, 1990. 3. 14., 20면.

건강에 대한 일반인들의 높은 관심과 무지는 연세대 가정의학교실이 최근 실시한 "일반인들의 건강 추구 행위에 관한 연구" 결과에서도 잘 나타난다. 일반 성인 남녀 512명을 대상으로 한 조사결과, 조사대상자의 63%인 321명이 건강유지 및 증진을 위해 최소한 한 가지 정도는 지속적으로 실천하고 있는 것으로 나타났다.

이들이 택하고 있는 건강 추구 행위는 △별도의 음식을 먹는 경우가 가장 많았고(70.1%) △영양제나 보약이 그다음(24.4%)이었으며 △정작 필요한 운동과 정기건강진단은 각각 4.4%와 1.2%에 지나지 않았다. 음식류의 경우 인삼(12.6%) 약수, 생수(12.1%) 삼계탕(7.4%) 채식(6.4%) 보신탕(5.5%) 꿀(4.9%) 등에 이어 영지버섯, 개소주, 잉어, 자연식품, 흑염소, 뱀탕 등의 순이었다.

이 연구를 수행했던 연세대 윤방부 교수는 "운동이나 정기건강진단 등의 방법 대신 과학적으로 규명 안 된 방법에 지나치게 의존하는 것으로 나타난 이번의 연구결과는 충격적"이라고 말했다. 즉 이들 대부분이 월 5만 원 이상씩의 정기적인 비용을 들여 추구하는 건강 행위가 지나치게 비과학적이라는 것. 건강식품 파동을 가져온 최근의 사태 또한 이 같은 경향과 무관하지 않다는 것이다.

이번의 건강식품 파동에서처럼 시중에 나도는 건강식품은 고혈압, 암, 당뇨병 등 현대 의학으로 거의 뚜렷한 해결책이 없는 성인병에 그 초점이 모아져 판매되고 있다는 데 문제의 심각성은 더하다. 이들 성인병은 한결같이 만성인 데다 치료가 거의 힘들기 때문에 환자는 오랜 기간 동안 인내해야 하고 균형 잡힌 식사나 적당한 운동 등 올바른 생활태도를 지속적으로 유지해야 하는 것이 중요하다. 고려대 김성수 교수(스포츠 의학)는 "대부분의 성인병이 영양분의 과다 섭취나 운동 부족으로 인한 비만에서 비롯된다"며 "균형 잡힌 식사와 적절한 운동이 성인병 예방 및 치료의 지름길"이라고 강조했다. 즉 적절한 운동은 체내 축적된 콜레스테롤 농도를 떨어뜨리기 때문에 대부분의 성인병은 초기단계에서 운동으로 다스려야 한다는 것.(밑줄은 인용자)[17]

여기에서 연세대 가정의학교실 교수라는 의학적 권위는 '운동이나 정기건강검진 등 과학적 방법'이 아니라 건강식품이라는 '비과학적' 방법으로 성인병을 치료하려는 일반인들의 건강 인식이 문제라고 지적한다. 그런데 여기에서 중요한 것은 그 비과학적 인식의 대상이 인삼, 약수 생수, 삼계탕, 채식, 보신탕, 꿀, 영지버섯, 개소주, 잉어, 자연식품, 흑염소, 뱀탕 등 전통적 국내산 건강식품이라는 점이다. 여전히 알로에, 꽃가루, 스쿠알렌 등 외국산 건강보조식품의 수입 물량이 급증하고 있음에도,[18] 전통적 국내산 건강식품만을 비과학적이라 비판하고 있는 것이다. 이것은 서양산 건강식품을 긍정하는 태도와 함께 적절한 운동과 정기건강검진이라는 과학적 방법의 계몽적 활동, 즉 '서양=과학=선진'이라는 인식이 1990년대 건강담론에서 유효하게 작동하고 있음을 보여준다. 이 같은 1990년대 건강담론은 대중미디어를 통해서 국민들에게 내면화되었고, 그 결과 서양산을 중심으로 한 건강보조식품은 한국 사회에서 '알찬 사업'으로 자리 잡았다(자료3).

17. 「건강식품 따로 없다」, 동아일보, 1990. 3. 16., 12면.
18. 「알로에 등 수입 급증」, 조선일보, 1991. 9. 21., 22면.

(자료3) 조선일보, 1991. 1. 13., 2면.

하지만 건강담론이 변화하듯 건강보조식품에도 유행이 있는 법. 이제 코로나19 유행에 따른 건강담론의 변화와 건강보조식품의 변신에 대해 알아보도록 하자.

2021년 남양유업 불가리아 사태와 건강기능식품

2020년 1월 20일 국내 첫 코로나19 환자가 발생하고 2월 들어서 본격적으로 확산되기 시작하자 김치와 마늘, 양파 등이 신체 면역력을 높여 코로나 감염을 예방해 준다는 '소문'이 SNS를 통해 퍼졌고, 김치나 마늘 판매량이 급상승하였다.[19] 그로부터 1년이 지난 지금은, 그것이 그저 그런 '가짜뉴스'에 불과했음을 알고 있다. 하지만 불과 얼마 전 4월 13일에도 남양유업이 "불가리스 발효유 제품이 코로나19 항바이러스 효과가 있다는 점을 국내 최초로 확인했다"는 발표를 했다가 과학적 근거가 없다는 비판을 받아 공개 사과하고 식품의약품안전처(이하 식약처) 고발로 불가리스 관련 2개월 영업정지 처분을 받았다.[20]

---

19. 「[이슈톡] '면역력 높여준다' 소문에 김치 판매량 급증」, 2020.02.03, https://imnews.imbc.com/replay/2020/nwtoday/article/5656741_32531.html.
20. 「[핵심은] 소비자 우롱한 남양유업 불가리스와 공모자들」, 2021. 4. 21., https://www.seoul.co.kr/news/newsView.php?id=20210420500217&wlog_tag3=daum.

남양유업 불가리스 사태는 코로나19가 유행하기 시작한 지 1년이 훌쩍 넘는 시간 속에서도 여전히 코로나19와 극복하지 못한 우리들 일상의 힘듦을 노렸던, 한 기업의 잘못된 마케팅이 빚은 해프닝이다. 그러나 대중 미디어나 인터넷을 통해서 면역력 관련 광고가 급격히 증가하고 있는 현재의 상황을 생각해 보면, 앞으로도 제2, 제3의 불가리스 사태가 발생할 가능성은 여전히 존재한다. 코로나19로 일상생활의 위생 및 면역관리에 대한 관심이 급증하면서 스스로 건강을 지키는 셀프 메디케이션(Self Medication)이 건강 트렌드로 떠오르고 있기 때문이다.

본래 셀프 메디케이션은 초고령화 사회에 대한 인류의 대처 방식으로 2000년에 WHO가 제시한 개념이다. WHO는 셀프 메디케이션을 "자신의 건강에 책임을 지고 가벼운 신체의 부조화에 대해 스스로 대응하는 것"[21]이라고 정의하였다. 이후 세계 제일의 고령화 사회인 일본은 2017년부터 개인이 병의 자체 처방을 위해 일정 정도 이상의 약을 구입할 경우 세금을 공제해주는, 이른바 셀프 메디케이션 세제(稅制)를 도입하기도 하였다.[22]

그러나 코로나19 확산으로 일상생활의 위생 및 면역관리에 대한 관심이 증가함에 따라 셀프 메디케이션은 모든 연령층으로 확대되었다. 스스로 자신의 건강을 챙기기 위해 건강관리에 집중 투자하고 소비를 아끼지 않는 개념으로 확대된 것이다. 셀프 메디케이션 확산에 따라

21. Guidelines for the regulatory assessment of medicinal products for use in self-medication. Geneva, World Health Organization, 2000(WHO/EDM/QSM/00.1).

22. 「건강 위해 약 먹으면 稅혜택, 일본 '셀프 메디케이션' 특별세 눈길」, 2019. 7. 22., https://www.medigatenews.com/news/1324365232.

개인 위생관리와 운동, 의료기기로 건강을 챙기려는 이들이 늘면서 관련 산업도 확대되는 추세인데, 대표적 분야가 건강기능식품이다.

2021년 1월 18일 글로벌 시장조사기관인 유로모니터에 따르면, 2020년 국내 건강기능식품 시장 규모는 6조 1,905억 원으로, 처음으로 6조 원대를 돌파할 것으로 추정된다. 이는 2019년(5조 9,646억 원)에 비해 3.8% 많은 수준이다.[23]

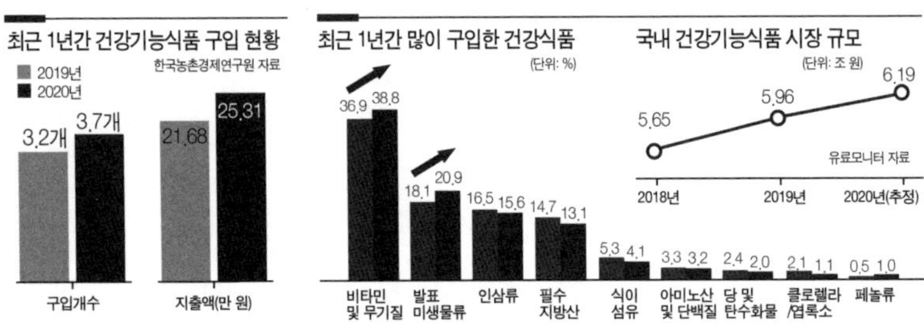

「코로나 '셀프 메디케이션' 시대…몸집 불린 건강기능식품 시장」에서 인용.

감기나 인플루엔자 등에 걸려서 코로나19 감염 위험을 감수하고 병원에 가느니 차라리 건강기능식품을 섭취하여 병을 예방하려는 분위기가 확산되면서, 평소 영양제를 챙겨 먹지 않았던 사람들도 영양제를 사기 시작하였고, 이미 먹고 있던 사람들은 종류를 늘린 것이다. 그렇다면 건강기능식품은 이전의 건강보조식품과 무엇이 다를까.

1989년부터 건강보조식품으로 분류되어 식품위생법의 관리를 받

23. 「코로나 '셀프 메디케이션' 시대…몸집 불린 건강기능식품 시장」, 2021. 1. 18., http://news.heraldcorp.com/view.php?ud=20210118000749.

던 건강 관련 식품은 2000년 11월 29일 발의된 "국민건강 증진을 위한 건강기능식품에 관한 법률안"을 통해서 '건강기능식품(Health Functional Food)'이라는 새로운 이름을 갖게 되었다. 단순히 '보조'에서 '기능'으로 단어만 변경된 것이 아니다. 이를테면 건강식품을 바라보는 인식의 변화가 반영된 결과라 할 수 있다. '보조'라는 단어는 애초부터 주된 역할을 하지 않는 수동적 의미를 포함한다. 이에 비해 '기능'이라는 단어는 그 자체가 주된 역할을 하는 적극적 의미를 포함한다. 그 결과 건강식품은 '보조'가 아니라 '기능'의 의미로서, 건강에 반드시 필요한 존재로 다시 규정되고 있는 것이다. 또한 '기능'이라는 단어는 '보조'라는 단어보다 기계적인 의미도 강하다. 그렇다면 '보조'라는 단어에서 '기능'이라는 단어로의 변경이 어떤 건강식품의 변신을 초래하였는지 구체적으로 살펴보자.

2004년 1월에 공포된 건강기능식품법 시행규칙에 따르면, 건강기능식품은 "인체에 유용한 기능성을 가진 원료나 성분을 사용하여 제조(가공을 포함)한 식품"이다. 여기에서 기능성이란, 의약품과 같이 질병의 직접적인 치료나 예방을 하는 것이 아니라 인체의 정상적인 기능을 유지하거나 생리기능 활성화를 통하여 건강을 유지하고 개선하는 것을 말하는 것으로, '영양소 기능', '질병 발생 위험 감소 기능', '생리활성 기능'으로 구분된다. 영양소 기능은 인체의 성장 증진 및 정상적인 기능에 대한 영양소의 생리학적 작용이고, 생리활성 기능은 인체의 정상 기능이나 생물학적 활동에 특별한 효과가 있어 건강상의 기여나 기능 향상 또는 건강유지, 개선 기능이다. 질병 발생 위험 감소 기능은 식품

의 섭취로 질병의 발생 또는 건강 상태의 위험이 감소하는 기능이다.[24]

다음 표는 이 법률에 따라 건강기능식품으로 구분된 '기능성' 표방 식품군을 정리한 것이다.

건강기능식품으로 구분된 기능성 표방 식품군

<table>
<tr><th>분류</th><th>구분</th><th>분류</th><th>구분</th></tr>
<tr><td rowspan="16">건강보조식품</td><td>정제어유 가공식품</td><td rowspan="8">건강보조식품</td><td>효모 식품</td></tr>
<tr><td>화분 가공식품</td><td>효소 식품</td></tr>
<tr><td>유산균 식품</td><td>감마리놀렌산 식품</td></tr>
<tr><td>배아 가공식품</td><td>옥타코사놀 식품</td></tr>
<tr><td>알콕시글리세롤 식품</td><td>식물추출물 발효식품</td></tr>
<tr><td>단백질 식품류</td><td>버섯 가공식품</td></tr>
<tr><td>알로에 식품류</td><td>자라 가공식품</td></tr>
<tr><td>베타카로틴 식품</td><td>프로폴리스 식품</td></tr>
<tr><td>로얄젤리 가공식품</td><td>특수영양식품</td><td>영양보충용 식품</td></tr>
<tr><td>스쿠알렌 식품</td><td rowspan="6">인삼제품류</td><td>농축 인삼류</td></tr>
<tr><td>조류 식품</td><td>인삼 분말류</td></tr>
<tr><td>레시틴 가공식품</td><td>인삼 캡슐(정)류</td></tr>
<tr><td>포도씨유 식품</td><td>농축 홍삼류</td></tr>
<tr><td>엽록소 함유식품</td><td>홍삼 분말류</td></tr>
<tr><td>매실추출물 식품</td><td>홍삼 캡슐(정)류</td></tr>
<tr><td>키토산 가공식품</td><td></td><td></td></tr>
</table>

(주) 김명철 외 19명, 『건강기능식품 평가의 과거·현재·미래』, 식품의약품안전청 영양기능식품국 영양기능식품기준과, 2008, 28쪽에서 인용함.

24. 「건강기능식품」, 질병관리청 국가건강정보포털, https://health.kdca.go.kr/healthinfo/biz/health/gnrlzHealthInfo/gnrlzHealthInfo/gnrlzHealthInfoView.do.

내용을 보면 그동안 비과학적 영역으로 다뤄지던 전통적 국내산 건강식품도 포함되어 있음을 알 수 있다. 예를 들어 자라 가공식품은 양식한 자라를 식용에 적합하도록 가공한 것 또는 이를 주원료로 하여 섭취가 용이하도록 액상, 페이스트, 분말, 과립, 정제, 캡슐 등으로 가공한 것을 말한다. 그동안 비과학적으로 인식되던 전통적 국내산 건강식품을 과학적으로 접근해 건강기능식품으로 재규정하고 있는 것이다. 요컨대 건강기능식품법 시행 의미에 대해 정부가 "과학적으로 규명된 건강기능식품을 섭취하는 것이 국민건강을 증진시킨다는 사회적인 요구와 함께 의료비 절감에도 도움이 될 것임을 명확히 했다는 점"[25]은 이제 한국 사회가 서양산만이 아니라 전통적 국내산 건강보조식품도 '과학적 근거의 정도에 따라 기능성 등급을 결정하는 것', 즉 '과학적'으로 관리하기 시작했음을 보여주는 것이다. 이것은 건강기능식품 중에서도 과학적으로 면역력을 증강시켜주는 효과가 증명된 비타민과 무기질 종류의 구입 비율이 다른 건강기능식품보다 많은 것에서도 알 수 있다. 코로나19 확산으로 혹시 모를 감염 가능성 때문에 병원 방문을 꺼리는 사회적 분위기가 확산되면서 '면역력 증강'을 중시하는 건강담론이 등장하였고, 이 과정에서 셀프 메디케이션이라는 새로운 트렌드가 모든 연령층에 형성되면서 건강기능식품도 '과학적'으로 소비되기 시작했다. 따라서 식약처에서

건강기능식품 인증 마크

25. 앞의 『건강기능식품 평가의 과거 · 현재 · 미래』, p.25.

인증하는 건강기능 관련 인증마크는 그 '과학적' 소비를 시각화한 것이라 할 수 있다.

그렇다면 코로나19의 초기 방역에 성공한 한국 사회가 그렇지 못했던 미국, 프랑스, 영국, 일본 등 선진국을 상대화했던 것처럼, 코로나19로 변화한 한국의 건강담론도 서양산 건강식품을 상대화하는 계기가 되었다고 평가한다면 지나친 '국뽕'일까? 이에 대한 평가는 독자들에게 맡기기로 한다.